# 건축의
# 경험

the experience
of architecture

# 건축의
# 경험

the experience
of architecture

헨리 플러머 지음 ㅣ 김한영 옮김

이유출판

# 차례

굴뚝을 타고 옥상 전망대로 오르는 나선형 계단. 윙스프레드(1937),
위스콘신 주, 프랭크 로이드 라이트Frank Lloyd Wright 작.

# 가능성의 장소

결정되지 않은 공간의 위험성과 필요성

모든 건물에는 공간을 누비며 움직이는 인간의 자발적 능력을
부추기거나 위축시키는 힘이 담겨 있다. 이는 우리가 쉽게 간과하는
건축의 본질적인 측면인데, 가령 우리가 지금 이 장소를 어떻게 점유하고,
통과하며, 어떻게 사용해야 할지를 결정할 때마다 우리에겐 자발적으로
'행동'할 기회가 생긴다. 문을 열거나 창문을 닫고, 계단을 오르거나
다리를 건너고, 보행 중 높은 단을 오르거나, 도시의 광장에서 갈림길에
서거나 시선을 사로잡는 뭔가를 선택하려는 아주 간단한 시도에서도
그런 기회가 생겨나는 것이다. 유감스럽게도 이제는 그런 숱한 시도가
너무 지루하고 평범해진 탓에 우리가 그 사실을 알아채지 못할 뿐이다.

다행히도 건축은 이런 습관적인 행동을 즐겁고 신나는 이벤트, 즉 본래적 의미의 행위로 변화시킬 때가 있다. 건물을 이루는 볼륨과 공간, 바닥과 계단, 문과 창문은 우리의 즉흥적 행동을 의식의 영역에 더 가깝게 끌어당긴다. 그 과정에서 우리의 민첩성과 상상력, 운동신경과 감각기능, 예견하고 숙고하는 능력 같은 휴면 상태에 빠진 재능을 일깨운다. 우리는 건축의 지시에 수동적으로 반응하는 대신 창의적으로 대응하고, 습관을 의식적 행위로 바꾸는 과정에서 우리 자신을 '피행위자'에서 '행위자'로 격상시킨다. 이 순간 우리는 행위 자체로 살아있다는 느낌에 전율하곤 한다.

이 차이는 철학에 머물지 않는다. 공간적 활동은 우리가 가장 소중히 여기는 경험의 기초가 된다. 예를 들어 불규칙한 계단을 오르는 중에 숙달되지 않은 근육들이 사용되며 민첩한 곡예사처럼 움직이게 될 때, 우리는 자신의 생명력을 확인한다. 또는 걷다가 마주치는 여러 갈래의 길이 우리에게 복수의 전망을 제시하고 공간을 탐험하는 능력을 회복시켜줄 때 어떤 일이 일어나는지 생각해보라. 마찬가지로 문을 열거나 덧문을 열어젖힐 때에도 우리는 힘의 원천을 느낀다. 문의 움직임과 그 결과를 미리 알 순 없지만, 그 일은 우리에게 즐거움을 주고, 맘껏 조작하는 자유를 느끼게 해준다. 또한 비밀스러운 내부 공간을 품은 건물은 우리에게 은밀한 발견의 기회를 제공한다. 서랍이나 옷장을 여는 간단한 일에서부터 다락으로 올라가거나 지하실로 내려가는 일, 건축의 작은 세부장식을 들여다보면서 숨은 의미를 찾거나 그림이 그려진 일련의 방들을 발견하는 일에 이르기까지 그런 '알아냄'의 기회는 다양하다. 이 모든 경험에서 우리는 공간의 주역이 되어 주도권을 행사하고, 사건의 원인이 되고, 행위의 주체가 되어 자신의 현재좌표를 결정한다.

건물의 이 같은 작용은 얼핏 봐서는 잘 드러나지 않기에 범속하다 못해 거의 무의미하게 여겨질 수 있다. 그러나 이런 작용은 우리를 '없는' 존재로 내모는 대신 우리의 실존을 지탱해준다. 우리가 '사물'이 아니라 '사람'임을 확증해주는 소중한 경험이다. 발생 가능한 결과가 둘 이상인 조건에서 매일 자신이 선택한 대로 움직일 때 (예컨대 경로를 결정하거나 창문을 열어젖힐 때) 우리는 그런 기초적인 행위를 통해 자신의 기본 능력을 표현하고 품위와 책임감을 느끼며 스스로의 경험과 운명에 어느 정도 지배권이 있음을 거듭 확인한다. 갓난아기에서 노인에 이르기까지 모든 사람은 항상 남들의 지배를 받는 것이 아니라 자신에게도 스스로를 통제할 능력이 있다는 것을 알 필요가 있다.

불행하게도 현대 세계에서는 그런 경험을 반복적으로 확인할 수 있는 기회가 점차 사라지고 있다. 한때는 인간적 활동을 허락했던 열린 공간이 자연의 풍경과 건물에 넘치도록 풍부했지만 지금은 그에 반하는 두 흐름에 위협당하고 있다. 한쪽에서는 공리주의 utilitarianism가 건물을 과도하게 축소하거나 억제하고, 다른 쪽에서는 관전자주의 spectatorism가 건물에 과도한 오락성과 연극성을 부여한다. 우리의 물질주의 문화는 건축물을 경제성과 단순 제조업에 기초한 일용품으로 만들어 결국 우리가 공간에서 펼칠 수 있는 다양한 행동을 표준화한다. 다른 한편으로 우리의 오락 문화는 건물을 비즈니스에 유리한 매력적인 조립품으로 바꾸고 있다. 이 매혹 덩어리들은 온갖 현란한 장치로 우리를 사로잡고 미리 준비해놓은 호화로운 쇼를 구경하는 수동적인 관객으로 전락시킨다. 건축이 단지 개인적인 가치를 표현하거나 명예욕을 충족하기 위한 대상이 아니라는 것을 우리는 잊고 있다.

프랑스의 철학자 가스통 바슐라르는 그의 저서인 『공간의 시학The Poetics of Space』에서 건축은 이른바 세계와 '우리 몸의 열정적 접촉'이 이루어지는 배경이라고 말했다.[1] 그런 접촉이 발생할 때 건축은 더 이상 우리가 거리를 두고 바라보기만 하거나 실용적인 필요 때문에 이용하는 대상이 아니라, 우리가 살아있는 힘의 주체로서 세계와 협연할 수 있게 해주는 촉매가 된다.

공간에서 일어나는 일상적 활동은 우리가 지금 강렬하게 살아있으며 매 순간 뭔가 다른 것을 할 수 있음을 직접 자각하는 토대가 된다. 공간의 힘을 창조적으로 사용할 수 있게 해주는 환경으로 인해 우리는 주변의 물체에 둘러싸인 또 하나의 물체로 전락하는 대신 자신의 신체적 존재성을 투사하고 실현한다. 건축은 이 진실을 거의 잊었지만 철학, 시론, 심리학 같은 인접 학문의 사상가들은 이를 거듭 일깨워왔다. 일상의 활동이야말로 우리가 행복감을 되찾는 기본 방식이며, 이렇게 자유를 행사할 때에만 우리는 가장 진실하게 우리 자신일 수 있다는 사실을 말이다.

여러 가지 경로 중 하나를 선택하는 능력의 중요성은, 현대 문화에서 이 능력이 사라지고 있는 현상에 주목해 그 회복 방안에 관심을 기울였던 사람들의 통찰 덕분에 부각될 수 있었다. 시인인 윌리엄 칼로스 윌리엄스와 찰스 올슨, 철학자인 한나 아렌트, 미셸 푸코, 대니얼 데닛, 환경운동가 겸 미생물학자인 르네 뒤보, 정신과 의사인 브루노 베틀하임, 에릭 에릭슨, 로널드 랭, 에리히 프롬이 대표적이다. 진화생물학자들은 조상들의 세계가 오늘날의 건축처럼 체험의 측면에서 단조롭고 무자극적이었다면 생물종으로서 우리에게 부여된 특성들은 진화를 이룰 수 없었을 것이라 주장한다. 다양한 자극과 도전이 우리의 생물학적 재능을 결정하고 호모사피엔스의 적응력을 높여준다는 것이다. 따라서 광범위한 기회와 모험은 지금도 필수적이다. 이 요소들이야말로 우리가 스스로의 결정으로 인간의 잠재력을 완전히 발현할 수 있게 하는 기본 요인이기 때문이다.

**건축이 인간의 마음에 자발적 능력을 일깨울 수 있다는 것. 이것이 이 책의 주제다.** 일찍이 랭은 공간 속에서 '행위의 발단'이 되라고 우리를 부추긴 바 있다.[2] 이 주제는 원래 막연하고 정의하기도 어렵지만 그 중요성만큼은 의심의 여지가 없다. 우리는 자신의 행동 방향을 선택할 수 있는 생명의 주체로서, 건물이 우리의 실존을 어떻게 강화하거나 위축시키는지를 더 잘 이해할 필요가 있다. 그래야 우리는 지혜로운 기술들을 회복해 인간적 필요와 조화를 이루는 지속가능한 세계를 만들어나갈 수 있다. 다행히도 이 점에 관해서는 우리가 참조할 수 있는 업적이 유구한 역사 속에 존재한다. 고대에서 현대에 이르기까지 도시와 농촌에, 역사적 기념물과 이름 없는 토속건축물 그리고 촌락에 그런 흔적이 산재해 있다.

지난 백 년에 걸쳐 많은 용감한 건축가들이 건물 안에서 실현되는 인간의 행위agency에 특별한 중요성을 부여하면서 이 전통을 이어왔다. 20세기의 선구자인 프랭크 로이드 라이트와 르코르뷔지에를 들 수 있고, 또한 안도 타다오에서 페터 춤토르에 이르는 오늘날의 건축가들도 지나칠 수 없다. 그러나 이런 인본주의적인 노력의 결과물이 대개 건축계의 주변부에 머무르는 사람들의 손에서 나온다는 건 어쩔 수 없는 사실이다. 파리의 '유리의 집'에서 스크린의 다양한 조합을 시도한 피에르 샤로, 암스테르담의 고아원에서 여러 벽면을 공유하는 방과 복도를 실험한 알도 반 아이크, 아펠도른의 센트럴 비히어 본사 사옥에서 다기능 공간과 창문, 바닥,

통로를 선보인 헤르만 헤르츠베르거, 베로나의 카스텔베키오 뮤지엄과 베네치아의 퀘리니 스탐팔리아 재단 건물에서 곡예하는 듯한 계단과 놀라운 방식으로 작동되는 문을 설계한 카를로 스카르파, 우르비노 대학의 기숙사에서 참여유도형 소로와 복도를 제시한 쟌카를로 데 카를로, 요코하마에서 전통 차양막의 재해석과 지형을 활용한 다층식 보행로를 계획한 야마모토 리켄, 매사추세츠의 블랙맨 하우스에서 다양한 계단과 입체적인 광장을 보여준 모리스 스미스 등이 그들이다.

## 사람은 피아노 건반이 아니다

우리가 건축에 제기할 수 있는 근본적인 문제로 돌아가보자. 그중 하나는 건축이 인간의 행동을 결정하는가 아니면 그 권한을 인간에게 되돌려주어 사람들이 자신의 공간적 행위를 지배할 수 있게 하는가이다. 건물은 우리가 자신의 행동을 결정할 기회를 억제할 수도 있고, 정반대로 우리에게 그 가치를 알고 책임질 수 있는 바람직한 기회를 제공할 수도 있다. 건축은 유용한 경험의 선택을 제한하는 식으로 우리를 억제할 수도 있고, 여러 가지 기분 좋은 가능성을 따져보는 능력을 되찾게 할 수도 있다. 여기엔 결단력의 문제, 즉 건물의 점유자가 현재 자신이 당면한 운명을 지배하기 위해 스스로 결정을 내릴 수 있는가 하는 문제가 관련되어 있다.

　　건축이 인간의 자유에 미치는 영향은 고의로든 아니든 그 자유가 거부당하고 있을 때 특히 명백해진다. 사회가 개인의 자유를 침해하는 현상을 신랄하게 비판한 작품으로 표도르 도스토옙스키의 단편 『지하로부터의 수기』가 있다. 작가는 개인의 의지를 가로막는 건물의 비인간성을 자세히 묘사하면서, 인간 본성의 핵심은 변덕과 예측 불가능성 그리고 타인의 결정에 따라 뭔가 정해지는 상황을 거부하는 성향에 있다고 말한다. 어떤 문명이 아무리 안락하고 풍요로워 자기만족에 취해 있다고 해도, 만일 개인이 사회와 마주하여 자신의 개인성을 주장하고 확인하고 싶어 하는 인간 고유의 욕구를 채우지 못한다면 그 사회는 개인의 살아있는 느낌을 위축시킬 것이다. 도스토옙스키는 이렇게 말했다. '누가 알랴마는 아마(확신은 못하겠지만) 인류가 열렬히 추구하는 지상의 목표는 단지 그 목표에 도달하려는 과정의 연속에 불과한지 모른다.…타당한 목적이 아니라 삶 그 자체에 목표를 두는 그런 삶은 말할 필요도 없이 하나의 공식으로 축소된다. 둘 더하기 둘이 넷이 되는 공식. 신사 양반들! 이런 방식은 이미 삶이 아니라 죽음의 시작이 아닌가.'[3]

　　도스토옙스키는 건축이 그 매혹적인 형식이나 편리함과 무관하게, 인간의 의지를 감퇴시킬 목적에 쓰이는 문화적 도구임을 지적한다. 작가가 '개미집'이라 묘사한, 완전히 효율적으로 돌아가는 기계 사회, 훌륭하다고들 예찬하지만 실은 '양계장'과 다를 바 없는 비인간적인 피난처에 살거나, 심지어 완벽한 기술과 아름다운 외관을 갖춘 번쩍거리는 '수정궁' 안에서조차 사람이 운명에 매여 산다면, 그의 정신적 욕구, 특히 무기력을 극복하고 자율성을 행사하려는 욕구는 더욱더 절박해진다.[4] 사람이 '피아노 건반'처럼 다른 사람이 통제하고 연주하는 물건이 아님을 스스로 입증할 수 있는 유일한 방법은 자신에게 주어진 '제한 없는, 완전히 독립적인 선택,' 즉 어떤 목표에도 얽매이지 않고 심지어 자신의 물질적 이익에 반할 수도 있는 선택을 행사하는 것이다.

　　이같은 관찰은 위대한 진리를 일깨워준다. 스스로 선택한 행위를 펼치고 자신의 운명에 대한 통제권을 손에 쥐는 것이야말로 우리 인간의 가장 근원적인 욕구라는 것이다. 사람들은 수동성을 초월하고 공간 속에서 자신의 활동을 만들어내고자 하는 충동을 타고난다. 피행위자로 전락하지 않고 행위자가 되고자 하는 이 노력은, 여러 면에서 호모사피엔스를 지구에 존재하는 다른 모든 생물과 구별해준다. 인간과 대조적으로, 비활성 물질은 제자리에 놓여 있기만 하고, 기계는 프로그램에 따라서만 움직이고, 동물은 주로 본능의 제약을 받는다. 인간만이 자발적 창의력을 발휘해 일련의 선택사항을 따져보고, (개인적 안락이나 동물적 충동과 불화하더라도) 행동 방향을 자유롭게 선택하고, 더 나아가 도중에 방향을 수정하거나 되돌릴 줄 안다.

세계가 환경을 미리 결정해놓고 순응을 요구할 때 우리가 할 수 있거나 우리 자신에게 기대할 수 있는 일은 세계의 결정권을 지키고 강화하는 것뿐이다. 프리드리히 니체에서 장 폴 사르트르에 이르는 위대한 실존주의 사상가들처럼 도스토옙스키도 이 상황에서 우리가 근본적으로 다시 각성하고 시급히 해야 할 일은 바로 **선택을 선택하는 것**이라고 주장한다. 루서 핼시 굴릭은 '선택의 본질은 목표가 아니라 선택함에 있다'고 말한다. '결과는 행위 속에 있으니, 행복은 성취함에 있는 것이 아니라 그 과정 속에 있다. "인생은 탐색이다"... 우리의 행동을 가치 있게 만드는 것은 행위에서 나오는 물리적 결과가 아니라 그 행위를 하는 것이다.'[5]

## 몸에서 힘을 앗아가는 공간

우울한 얘기를 또 하게 되지만 건축과 권력의 상호관계를 파악할 수 있는 또 다른 관점이 미셸 푸코의 철학에 있다. 서늘한 제목의 저서 『감시와 처벌Discipline and Punish』에서 푸코는 교활하고 은밀한 공간들이 인간의 자기 통제권을 빼앗는 현상을 분석한다. 그는 사람들이 갈수록 조직화되고 또 은연중에 문화적 규범을 받아들이는 현상 이면에는 남들이 직접적으로 내리는 명령 못지않게 우리의 문화가 다듬고 보존해온 물리적 환경이 크게 작용하고 있다고 지적한다.

19세기에 형벌 기관들이 수감자를 효과적으로 감시하기 위해 완벽하게 개량한 건축 기술들을 살펴본 뒤, 푸코는 오늘날 모든 기관과 건물 안팎에 우리의 행동을 체계적으로 교정하는 방식이 만연해 있다는 사실에 주목한다. 사회의 '규율성'이 전반적으로 증가하는 추세에 발맞춰 이런 메커니즘은 시간이 지날수록 암암리에 인간의 거동을 거의 1분 단위로 활용하는 수단이 되고 있다. 이 주장은 건축의 공간과 인간의 힘이 직접적으로 연관되어 있다는 통찰에서 나온다. 특히 건물의 형식이 인간의 행동을 구속하고 간소화하면서 시간이 지날수록 일정한 형태를 부여함으로써, 우리의 자발적 행위 능력을 분쇄하고 제거한다는 것이다.

군인을 훈련할 때 똑같은 행동을 반복시키며 개인을 사실상 기계화하듯, 일반인도 '몸에서 힘을 앗아가는' 공간에 넣으면 똑같이 고분고분해진다. 그런 공간은 '에너지, 즉 몸에서 나올 수 있는 힘의 경로를 뒤집고, 그 힘을 엄격한 주종 관계에 편입시킨다.'[6] '지배의 공식'처럼 작동하는 흔한 환경 가운데 일련의 반복적이고 지루한 공간이 있다. 이런 공간은 인간의 활동을 은밀히 지배하면서 효율적인 사용에 어긋나는 어떤 산만함도 말끔히 제거한다. 인간의 행동은 조련사들에 의해 '반복 작업을 능숙하고 빠르게 실행'하게끔 표준화된다.[7] 남은 자극이라고는 의무로 주어진 단 하나의 반응이나 획일적이고 매력 없는 대안뿐이다. 강요된 동작이나 불필요한 동작만으로 '선택'을 제한한다는 점에서 둘 다 명령이나 다름이 없다.

대중문화에 유리하다는 이유로 이 모든 강압적 형식들이 널리 퍼지고 보편적으로 받아들여졌다는 건 가슴 아픈 사실이다. 사람을 조용히 훈련하여 쓸데없는 활동을 차단하는 도구로서 건축을 구상하면, 그 건축의 가치는 질서와 경제성에 그치고 실익과 능률만을 추구하는 데 그친다. 안정된 소비 사회에 순응하기 위해 자신의 몸을 점점 생산적이고 유순하게 만들며 자신의 힘에서 의지를 제거할수록 우리는 점점 더 오토마타(자동기계)와도 같은 삶에 자족하고, 도스토옙스키가 개미, 양 등과 동급이라고 말한 길들여진 동물animaux domestiques로 조련되는 것이다.

우리는 푸코의 비판을 상업용 건물이나 공공기관 같은 가장 기능적이고 황량한 건축에만 적용하거나, 현대 건축의 현란한 이미지와 기분풀이용 키치에 대한 비판으로 한정하기 쉽다. 하지만 이런 추세는 우리의 주의를 흩뜨려 물리적 환경에서 급속히 사라지고 있는 근원적인 것, 즉 **인간의 작용력**human causation**의 상실**을 감춘다는 면에서 더욱 걱정스럽다. 강압적인 공간은 자유를 확실히 구속하지만, 이국풍의 건물이 우리의 넋을 빼앗을 정도로 눈을 자극하는 경우에는 그것이 굴욕인지조차 모호해진다.

건축이 제공하는 볼거리는 처음에는 잔인한 현실 세계에서 위안을 주는 듯 보이지만, 실은 훈련소 못지않게 위압적이다. 우리의 경험을 축소하여 다른 누군가의 창의성을 수동적으로 향유하게 하기 때문이다. 지금 내가 구체적으로 지목하는 대상은 우리의 눈을 자극하도록 설계되어 행위의 가능성을 박탈하고 우리의 신체적 자유를 억압하는 건물들이다. 찰스 올슨은 『인간계 Human Universe』에서 이 차이의 중요성을 명확히 한다. '관전자주의는 문화의 기본 조건인 참여를 밀어낸다... 텔레비전 앞에서든 영화관에서든 개인의 모든 에너지와 창의력은 볼거리에 매수당한다. 수동성이 모든 것을 정복한다... 만일 인간이 다시 한 번 의지를 갖고 삶의 주인으로 거듭나고자 한다면 자신이 세계에 어떤 작용을 가할 수 있는지를 온전히 밖에서 안으로, 자신의 살갗을 통해 파악하고, 세계를 개조하는 자신의 고유한 능력을 다시 외적으로 확인해야 한다. 우리는 삶이라는 운동에 속한 이 부분을 다시 고찰해야 한다... 인간의 행위, 그 가공할 만한 에너지의 배출을 새롭게 고찰해야 하는 것이다.'[8]

세계적인 대도시의 변화하는 실루엣, 그리고 오늘날 건축 학교와 언론에 깊이 파고든 선정주의를 일별하기만 해도, 현대 사회가 사진 찍기에 적합하도록 아름답게 꾸며진 최종 결과물만 강조한다는 것을 쉽게 확인할 수 있다. 인간의 잠재적 창의성은 이미 건축가에게 도난당했다. 이 매력적인 물건들은 공인된 건축의 역사에서 큰 비중을 차지할 뿐 아니라 경제 성장에 꼭 필요하다는 이유로 건축 유람객을 끌어들이는 역할만 강조한다. 우리의 문화는 개성을 숭배하고 명품 디자인을 찬양하지만, 이 경향은 소비지상주의 문화에서 더욱 우리의 힘을 앗아가는 현상을 가속하고 강화하는 역할만 한다.

안타깝게도 사람들은 우리가 무엇을 잃어버렸는지 거의 깨닫지 못하고 있다. 푸코가 말한 대로 훈련이 너무 잘된 탓이기도 하고, 오락의 수동적인 즐거움에 깊이 빠져 있어서이기도 하다. 복종이 불러일으키는 이 불길한 쾌감과 몸과 힘의 분리 현상을 더욱 강화하는 요인이 있다. 선정적 효과를 노린 텔레비전, 영화, 컴퓨터, 게임이 갈수록 사람들을 사로잡으며 사회전반을 거의 점령해버린 상황이 그것이다. 이 모든 효과로 인해 우리는 타인이 설계해놓은 이미지에 속한 존재로 바뀌어가고, 그저 예측할 수 있는 패턴으로만 그에 반응한다. '우리의 민주주의를 심각하게 위협하는 것은 국경 밖에 있는 전체주의 국가들이 아니다. 진정한 위협은 외부의 권위, 규율, 획일성, 의존성 등과 같은 요소가 우리 자신의 개인적 태도 안에, 우리 자신의 제도 안에 존재한다는 것'이고, 그래서 철학자 존 듀이는 **자유를 얻기 위한 진짜 '전쟁터'** 는 '우리 자신과 우리 제도의 내부에 있다'고 결론짓는다.[9]

## 생물학적 재능

우리 자신의 행동을 평가하고 결정하는 것, 나아가 개인적 관심사와 한계에 따라 더욱 현명해지고자 하는 선천적 욕구와 능력은 인간의 집단적 진화에 그 뿌리가 있다. 얼마 전까지만 해도 누군가의 인지와 지각능력이 정해진 패턴으로 굳어져서 변화하는 기회와 위협에 적응하지 못하면 그 사람은 때 이른 운명을 맞이할 가능성이 높았다. 이 과정은 자연선택에 힘을 실어주고 우리의 유전체를 향상시켜 위험과 선택 가능성을 영리하게 살피고 예측할 수 없는 자극에 창의적으로 대응할 수 있게 했다.

인간의 의식도 원래 세계를 탐험하고 개조하려는 반복적인 충동에서 진화했고, 그 과정에서 우리의 인지, 감정, 운동 능력도 더욱 발달했을 것이다. 인간의 상상력 역시 실현 가능한 미래를 탐구하고, 상상하고, 주도적으로 실행하고, 그 행위에 책임을 지는 반복적인 과정을 토대로 발달했다. 대니얼 데닛은 『의식의 수수께끼를 풀다Consciousness Explained』에서 다음과 같이 말했다.

'우리처럼 우리의 조상들도 다양한 방식으로 정해진 바 없이 자기를 탐험하면서 즐거움을 얻었고, 끊임없이 스스로를 자극하면서 무슨 일이 벌어지는지를 보았다. 뇌의 적응성과 더불어 주변 환경을 구석구석 탐험하는 타고난 활동성과 호기심 덕에... 우리가 자기 자극이나 자기 조작의 전략들을 생각해내고, 이를 통해 뇌의 내부적 소통 구조를 혁신적으로 변화시킬 수 있는 특별한 습관과 성향까지 갖게 된 것은 결코 놀라운 일이 아니다. 이후에 그런 발견들이 우리 모두가 이용할 수 있는 문화의 일부, 즉 밈(meme. 유전적 방법이 아닌 모방을 통해 전파되는 문화요소—옮긴이)이 된 것도 마찬가지다.'[10]

인류의 조상들이 수많은 환경 압력에 영리하게 대응하는 동안 우리의 유전체는 서서히 변하면서 인간의 원초적 기능들을 키웠다. 조상들과 환경의 그 상호작용이 우리의 현재 모습을 만든 것처럼, 미래에는 현대의 문화적 환경이 압력으로 작용해서 우리를 변화시킬 것이다. 기술적인 정교함과는 반비례하여 점점 무기력해지고 부자연스러워지는 이상한 세계에 우리는 적응을 해야 할 것이다. 그 비용이 아무리 크다고 해도 말이다. 그러나 아직 우리는 진화의 역사가 물려준 많은 특성을 갖고 있고, 그 범위는 인간의 해부 구조와 생리 기능에서부터 행위 중에 우리 자신을 창조하고 확인하고자 하는 원초적 충동에 이르기까지 광범위하다.

**인간의 몸은 현대 세계와 같은 황량한 지반 위에서라면 결코 진화하지 않았을 것이다.** 이 지반은 대단히 안전하고 안락하지만, 또한 단조롭고 상투적이고 평온무사한 까닭에 우리에게서 많은 것을 박탈하고 우리에게 해로움을 끼친다. 단조로운 지반은 유연한 생물학적 재능이 발현될 기회를 차단하는데, 공간을 누비는 사람이 발밑의 까다로운 지면에 민활하게 반응하는, 작지만 기적과도 같은 민첩성을 둔화하는 것이다. 우리에게 재빠르게 움직이는 능력이 있는 것은 우리의 조상들이 일찍이 울창한 열대우림에서, 오스트랄로피테쿠스가 배회하던 동아프리카의 삼림지대와 풀이 무성한 사바나에서, 그리고 빙하기의 얼음을 견뎌낸 선사시대의 동굴 주거지에서 기나긴 시간 동안 생존을 위해 대담하고 영특한 동작들을 해냈기 때문이다. 그 모든 지형에는 위험이 가득했다.

루이스 멈퍼드는 『기계의 신화The Myth of the Machine』에서 이렇게 말했다. '만일 애초에 인간의 주거지가 고층 건물처럼 망연하리만치 획일적이고, 주차장처럼 아무 특색이 없고, 자동화된 공장처럼 생명이 없는 세계였다면, 인간은 분명 심상을 기억하고 언어를 주조하거나 지식을 얻을 만큼 충분히 다양한 경험을 하지 못했을 것이다.'[11] 이 말은 푸코도 지적했던 가혹하고 비인간적인 환경들을 겨냥하고 있다. 하지만 그런 환경에서 우리가 인간의 근원적 재능들을 허비하고 있다는 멈퍼드의 지적은, 오늘날 볼거리 위주로 가고 있는 건축에도 적용할 수 있다. 바로 그런 건축이 우리의 눈을 아찔한 무기력 상태에 빠뜨리기 때문이다.

우리에겐 놀라운 능력이 있다. 세계를 자세히 살펴보고, 그 지형에 담긴 다양한 선택의 여지를 해석하면서 매 순간 즉흥적으로 판단하고, 주위 공간의 모호한 양상들을 조사해서 밝히는 능력이다. 이 능력은 호모사피엔스의 생물학적 정체성이 형성되던 시기에 자연선택의 재료가 된 수십억 번의 오래된 행위들에서 나왔다. 각각의 도전은 매번 조금씩 다른 조건들을 내놓으면서 예기치 않은 문제에 창의적으로 대응하길 요구했다. 우리 조상들은 매 순간 공포와 위협이 도사리고 있지만 먹을 것과 즐길거리도 감추고 있는 변화무쌍한 풍경을 배회하고 탐구했다. 우리는 조상의 이런 노력이 새겨져 있는 유전암호의 수혜자들이다. 우리가 인간의 조건으로 알고 있는 이 경이는 우리의 조상이 세계와 역동적인 관계를 유지하며 생존해야 했던 경험의 소산이다. 그들의 환경은 인간이 매 순간 혁신에 의존해야 할 정도로 변화무쌍했다. 그 세계는 사람의 유전적 잠재력을 충분히 가동하여 우리 인간을 좁은 분야의 전문가가 아닌 여러 분야의 적응자로 진화시켰다. 우리는 가끔 원시 세계의 투박한 조건에 부딪히게 되는데, 그럴 때면 우리는 그 조건에서 끊임없이 빠져나오려는 노력을 통해 우리의 기원과 다시 접촉하게 된다.

르네 뒤보 역시 인간 본성의 진화론적 기원에 대해 글을 쓸 때 바로 이 점을 강조했다. '인간의 모든 재능 중 단연 중요한 것은... 실현 가능한 행동 방향 중 하나를 선택하는 능력이다. 이 능력이 예나 지금이나 인간의 진화를 결정하는 주요 인자일 것이다... 모든 인간은 유전적 구성과 과거의 경험을 소유한 고유하고, 선례가 없고, 흉내 낼 수 없는 존재지만, 개인의 신체와 정신의 잠재력 중 구체적으로 어느 것이 그의 삶으로 구현될지는 주어진 환경이 결정한다. **자유의지는 과거와 현재의 조건들이 개인의 생각과 기대를 구현하도록 허락하는 한에서만 자유로운 행위를 낳는다...** 자유를 실행할 때 물리적, 사회적 환경이 그토록 큰 역할을 하기 때문에, 환경을 설계할 때에는 선택의 범위를 최대한 넓혀주는 조건들을 제공해야 한다.'[12]

## 자유와 자유의지

정신과 신체의 능력이 높은 종일수록 행동의 패턴이 더 유연하며, 그 유연성은 호모사피엔스에서 정점에 이른다. 분명 우리의 선조들은 독립성을 발휘하려는 반복적인 노력을 통해 스스로를 제어하고 충동적 본능을 초월한 후에야 동물계를 벗어날 수 있었다. 다른 동물은 주어진 상황에 습관이나 충동에 따라 반응하는 반면에 인간은 그 상황에 적합한 행동 방침을 신중히 생각할 줄 안다. **'인간의 실존은 행동방식이 유전자의 메커니즘에서 풀려났을 때 시작된다'**고 에리히 프롬은 말했다.

'다시 말해, 인간의 실존과 자유는 애초에 불가분이다... 태어날 때부터 인간은 여러 행동 가능성 사이에서 하나를 골라야 하는 상황에 직면한다. 동물은 가령 굶주림 같은 자극을 받으면 일련의 연쇄 반응에 돌입하고, 거의 정확히 결정된 행동 경로를 거친 뒤 반응을 끝낸다... 그러나 인간에게는 그러한 연쇄 반응이 끊겨 있다... 인간은 여러 행동 방향 중 하나를 선택한다. 인간은 본능이 미리 정해놓은 행동이 아닌, 가능한 여러 경로들을 마음속으로 저울질해야 한다. 결국 생각을 시작하는 것이다.'[13]

자유는 또한 우리가 외부 세계에 관여하는 기본 양식이다. 물리적 환경에 놓인 자유는 행위자가 주체 의식을 느끼고 자존감을 성취할 수 있는 유일한 조건이자 실존의 가장 기초적인 요소에 해당한다. 인간은 그런 자유를 매 순간 자발적으로 누리면서 자신의 개인적 능력을 끊임없이 확인하고, 그 과정에서 활동하고 평가하고 새롭게 대처하는 능력을 발전시킨다. 물리적 세계에 작용을 가하면서 그 세계와 어울려 행동할 수 있을 때, 우리는 외로움과 고립감이 불러일으키는 불안을 떨칠 수 있고, 마치 우리가 외부의 힘들에 내맡겨진 먼지 입자인 양 작고 무능하게 느껴지는 무기력 상태를 극복한다.

이렇게 인간적 의미를 확인하려는 시도가 거듭 거부될 때 우리 인간은 행위 능력이 마비되고 자유를 위협받는다. 정신과 의사들은 우리가 자율성을 포기하고 세계에 복종해야만 소속감을 충족할 수 있게 되었다고 말하기도 한다. 『자유로부터의 도피Escape from Freedom』에서 프롬은 이 모든 현대병의 근원은 실현되지 못한 자유가 안겨주는 좌절감이라고 단언했다. 우리의 독립성을 실현할 기회가 점차 감소하는 반면에 프롬이 '개별화'라 묘사한 과정은 더욱 확대되고 있다. 우리에겐 자율성을 실현할 기회가 두 배로 필요한 셈이다. 우리는 과거에는 가능했던 세계와의 통일성을 잃어버렸다. 계통발생의 차원에서는 동물의 상태를 벗어난 종으로서, 문화의 차원에서는 부족사회의 삶을 뛰어넘기 위해 분투하는 사회적 존재로서, 그리고 개인의 차원에서는 유년기의 의존을 극복하고 성장하는 개체로서, 우리는 동물에게 주어진 유대관계, 즉 삶의 기본적인 안전장치마저 잃어버렸지만, 설상가상 자율적 존재로서 실존성을 발휘할 기회마저 빼앗기고 말았다.

프롬에 따르면, '자유로부터 도피'하게 되는 다양한 경향 중 하나는, 제어할 수 없는 환경에서 느끼는 무력감을 견디기 위해 권위적 기관이나 문화 전반의 권력에 자진해서 복종하고 주변 사람과 사물을 지배하려는 충동이다. 그와 더불어 편재하는 현상이 인간의 파괴성 증가다. 세계 내에서 느끼는 무력감을 극복하기 위해 세계 또는 자기 자신을 말 그대로 짓이기고 파괴하는 것이다. 그러나 무력감을 해소하는 가장 보편적인 방법은 그보다 훨씬 소극적이다. 사람들은 대개 자신의 조건을 그대로 인정하고, 자극을 힘없이 수용하는 삶에 순응하면서 자족하는 관전자가 된다. 물론 이 마비된 실존에는 터무니없는 대가가 따른다. 자존감을 상실하고, 자신을 하나의 사물로 환원해서 결국 자아를 폐기하는 것이다.

우리의 의지를 억압하는 이 모든 작용과 개인성을 왜곡하는 환상들은 너무 광범위하게 퍼져 있는 탓에 우리의 인식에 쉽게 들어오지 않는다. 군중 심리에 굴종하는 뚜렷한 경향 외에도 소비자 사회가 교묘히 조작해낸 수동적 상태에서는 보다 에두른 추종의 흐름이 수면 위로 드러난다. 바로 광고에 순응하고, 일용품에 물질주의적 강박을 느끼고, 오락에 병적으로 집착하는 새로운 경향이다. **나는 건축이 이런 곤경을 해결할 수 있다고 과장하려는 게 아니라 건축이 이런 문제를 완화하는 데 한몫할 수 있다고 주장하는 것이다.**

랭에서부터 에릭슨에 이르는 정신과 의사들에 따르면, 이런 문제를 극복하는 방법은 단 하나다. 개인적 행위의 가능성과 책임을 통해 우리가 존재하고 있음을 끊임없이 재확인하고 우리가 누구인가에 대한 믿음을 유지하는 것이다. 인간의 자아는 자신의 주도권과 능력을 발휘하면서 직접 활동하고, 그 효과를 보면서 자기 자신을 실현하는 만큼만 강해진다. 이런 맥락에서 프롬은 다음과 같이 결론짓는다. '자발적 특성을 가진 활동만이 자아를 강인하게 하고 자아가 본래의 모습을 되찾을 수 있는 토대가 된다… 중요한 것은 활동 자체이며, 결과가 아닌 과정이다. 우리의 문화는 정반대를 강조한다… 개인이 자발적 활동을 주도하고 세계와 관계를 맺어 자아를 실현하면, 그 개인은 더 이상 고립된 원자가 아니다. 그와 세계는 구조화된 전체의 일부가 된다. 그럴 때 개인은 올바른 위치를 찾고, 자신과 삶의 의미를 의심하는 불안한 마음도 떨칠 수 있다. 이 의심은 고립의 상태, 생에 대한 좌절에서 발생했으므로, 개인의 삶이 강압이나 타율성에서 벗어나 자발성을 획득할 때 비로소 사라진다. 이로써 그는 자신이 활동하고 창조하는 개인임을 의식하고 생의 의미는 오로지 삶의 행위 그 자체에 있음을 인식한다.'[14]

## 행위agency의 존엄과 기쁨

우리가 행위를 펼 수 있는 영역은 많지만, 건축은 기본적으로 우리가 일생을 다할 때까지 개인성을 잃지 않고 주변 세계에 참여할 수 있도록 해준다. 이 변증법적 관계에서 단연 중요한 것은, 우리에게 주어지는 그 가능성들에 충분한 호소력이 있어야 우리가 개인적 행위로서 선택에 착수할 수 있다는 것이다. 다시 말해 그때 개인은 자신의 운명을 스스로 책임지고 좌우할 수 있으며, 그런 자발적인 순간을 통해 진정한 생명력과 기쁨을 경험할 줄 아는 주체로서 그 행위를 하게 된다.

행위에 대한 이해를 심화하고 행위의 공간적 의미를 밝혀낸 철학자 중 한 명이 장 폴 사르트르다. 『존재와 무Being and Nothingness』에서 사르트르는 결정론과 자유의지론의 피곤한 싸움을 뒤로 하고 행위를 자유의 핵심으로 확정한 뒤, '행위가 목적과 동기를 결정한다. 행위는 자유의 표현'이라고 주장했다.[15] 더 나아가 우리가 자유를 경험하는 것은 행위가 결정되어 있지 않기 때문이라고 덧붙였다. 인간의 행위는 조건이나 동기에 의해 어느 정도 구체화될 순 있어도, 결코 완전히 결정되는 건 아니라는 뜻이다. 실존하는 사람은 '자신의 행위를 통해 자유를 배워야' 하고, 마찬가지로 행위를 할 능력이나 마음이 없을 때에는 그 자유를 잃을 수 있다. 자유는 언제나 부단히 갱신되어야 하는 불안정한 상태에 있는 것이다. 자유는 우리가 물려받거나 소유하는 것이 아니라, 우리가 행사하고 경험하는 순간에만 생겨난다. **'그러므로 나의 자유는 영속적으로 불확실하다'**고 사르트르는 말한다.[16]

권력의 본질에 초점을 맞춘 철학자 한나 아렌트도 이와 비슷한 생각을 제시한다. 아렌트는 『인간의 조건The Human Condition』에서 행위는 인간의 독특하고 고유한 특징이라고

강조한다. '가장 일반적인 의미에서 행위를 한다는 것은 무언가를 주도적으로 시작해서...,
움직이게 하는 것을 의미하기' 때문이다.[17] 이어 그녀는 행위란 사람이 일을 시작하는 것이
아니라 자기 자신을 시작하는 것이라 말한다. 이런 행위를 통해 사람은 '자기가 누구인지를
보여주고, 개인의 고유한 정체성을 적극적으로 나타내며 그렇게 해서 인간 세계에 자신의
모습을 드러낸다'고 규정한다.[18] 이런 의미에서 행위는 이중의 창조로 이어진다. 어떤 행위를
혁신함과 동시에 그 자신을 혁신하는 것, 다시 말해 그가 누구인지를 드러내는 동시에 무엇을
할 수 있는지를 드러내는 것이다. 이때 그는 존재한다. 즉 그가 원형생물이나 기계 이상의 어떤
것으로서 실존한다는 자각과 확증이 더욱 깊고 넓게 확장된다.

행위가 어려움과 불안을 동반해도 인간에게 꼭 필요한 이유는 단지 행위를 함으로써만
우리의 실존이 구체성과 충만함을 획득한다는 데에 있다. 행위를 통해서만 사람은 자아 투사의
능력을 자각한다. 단테가 『제정론De Monarchia』에서 주장했듯, '자연의 필요에 의한 것이든
자유의지에서 나온 것이든 간에 모든 행위에 깔린 기본적인 의도는 자아상을 드러내는 것이다.
따라서 모든 행위자는 자신이 직접 행위를 하는 한에서 행위를 통해 기쁨을 느낀다. 존재하는
모든 것은 자신의 존재를 욕망하고, 행위자의 존재는 행위를 통해 어떤 식으로든 강화되기
때문에 기쁨은 반드시 따라온다... 그러므로 사람이 어떤 행위를 하면 반드시 잠재해 있는
자아가 (행위를 함으로써) 명확해진다.'[19]

물론 우리에겐 틀에 박힌 일과와 문화적으로 요구되는 행동 규범들도 분명 필요하다.
사회의 조화를 유지할 뿐 아니라 세계 내에서 불확실하고 외롭다고 느낄 때 드는 개인의 불안을
줄여주기 때문이다. 하지만 이때 우리의 행동은 유익하긴 해도 본질상 수동적이다. 물론 이
지혜롭고 중요한 순응 패턴들이 없다면 우리는 개인적으로 원활히 살아갈 수도 없고, 함께 일을
할 수도 없을 것이다. 그 패턴들은 우리의 에너지를 아껴주고, 우리를 타인과 교류하게 하고,
간간이 자극과 즐거움을 불러오는 등 하루하루 광범위한 이익들을 제공한다. 우리는 이런 순응
상태에 의존하지 않고는 살아갈 수 없지만, 또한 오로지 이 상태만으론 만족하지 못한다.

우리는 일상에 매이지 않을 때에만 행위를 개시하고 수행하는 능력이 내 손에 있음을
확인할 수 있다. 그 행위가 다른 사람들에게 단순하거나 사소해 보이는 것은 중요하지 않다.
사실 그런 행위의 겉모습은 아무 상관이 없다. 행위는 외부에서 관찰할 수 있는 것이 아니라
사람이 자기 자신을 투사하고 실현하는 동안 내적으로 경험되는 것이기 때문이다. 이 시도를
반복하면서 우리는 자기 자신을 표현하고 더 나아가 자기 자신을 만든다. 철학자 가브리엘
마르셀이 인간을 호모사피엔스(생각하는 사람)가 아닌 호모비아토르Homo Viator(여행하는
사람)라고 묘사한 것은 인간 존재의 이러한 역동성에서 비롯된 것이다.[20] 여행자 인간에게
닥치는 매 순간의 결정은 불안과 설렘을 동시에 불러일으킨다. 그 과정을 통해 그가 선택하는
것은 바로 그 자신의 한 모습이며, 그 결정들로부터 자아가 출현하고 성장하기 때문이다. 이와
매우 비슷하게 신학자 폴 틸리히도 삶을 자아실현을 향한 여행으로 표현하며 다음과 같이
말했다. '인간은 결정하는 동안에만 진정한 인간이 된다.'

## 건축 공간 안에서의 행위

선택과 결정이 어우러지는 경험에 대해 우리는 주로 철학과 심리학, 사회, 정치의 관점에서

접근해왔지만, 그런 경험은 물리적 환경의 관점에서도 매우 중요하다. 만일 행위가 인간 존재에 핵심적이라면 건축에도 불가결해야 한다. 우리가 사는 건물이야말로 자발적 행위의 첫 번째 원천이기 때문이다. 조상들의 거친 풍경과는 달리 우리가 공간적 시도를 펼치는 현장은 주로 집안, 사는 동네의 골목과 거리, 복도와 방들이며, 그 잠재력은 대부분 건축가들 또는 개발업자들의 생각에 따라 구현되어왔다.

모두가 인정하듯이 건물은 그것을 짓는 사람들과 문화 전반의 가치에 가시적인 형태를 부여해 삶에 대한 어떤 태도를 표현하지만, 그 안에 거주하는 사람들은 그 태도가 어떻게 표현되었는지 거의 알지 못한다. 건물은 공간적 행위의 기회를 관대히 허락하거나 인색하게 차단해서 우리를 고취시키거나 위축시키는 역할을 하는데 그 효과는, 매시간 지속된다. 1943년에 윈스턴 처칠은 하원에서 아주 정확하게 진술했다. '우리는 건물을 짓고, 그 후에는 건물이 우리를 짓는다.'

푸코의 용어인 '권력의 미시물리학'(푸코의 권력 개념은 경제적 관계가 아니라 원초적인 힘의 관계를 가리킨다ー옮긴이)은 우리가 진공 상태에서는 공간을 누비며 활동할 수 없으며, 오로지 물리적 환경이 제공하는 여러 기회와 제휴해서만 활동할 수 있다는 사실에 기초한다.[21] **어떤 의미에서 세계는 우리가 세계에 작용을 가하는 꼭 그만큼만 우리에게 작용한다.** 우리의 환경을 구성하는 시설물의 볼륨과 빈 공간은, 살아있음을 느끼면서 세계에 참여하려는 우리의 가장 단순한 욕구를 지탱하기도 하고 꺾기도 한다. 삶의 거의 모든 장소는 저마다 일정한 형식을 가지며 공간에서 활동할 수 있는 가능성에 영향을 미친다. 서 있거나 몸을 기울이고, 걷고, 오르고, 모이고, 물러나고, 요리를 하고, 식사를 하고, 읽고, 쓰고, 일하고, 놀고, 씻고, 쉬고, 앉거나 기대고, 혼자 있거나 함께 있는 등 모든 움직임은, 그 공간의 볼륨이 그럴 기회를 품고 있는지 여부에 달렸다.

이 책의 목적은 건축 형식이 우리의 가장 단순한 공간적 행위들에 어떻게 영향을 미치는지를 면밀히 살펴보는 데 있다. 나는 다양한 환경에서 선택한 건물들의 구체적인 볼륨과 디테일이 어떻게 우리의 결정권을 부추기거나 없애버릴 수 있는지 살피면서 주로 부추기는 사례를 강조하고자 한다. 이미 심각하게 소멸되긴 했지만 그런 사례는 현재뿐 아니라 다가올 건축의 시대에 소중한 자원이기 때문이다. 우리의 건축물이 상업성이나 미적인 기획 이상의 가치를 지닌 척이라도 하려면, 건축가는 사람들이 그들 자신의 인간적 실존을 확인할 수 있도록 공간을 주조하는 일에 더 큰 관심을 기울여야 한다.

**나의 제안은 자발적인 행동의 관점에서 건축을 재고하자는 것이다.** 이 작업은 다섯 갈래로 나뉜다. 지면의 형태에 따른 기민한 움직임, 움직이는 건축요소의 처리, 복합적 차원의 해석, 미지의 공간의 발견, 행동의 장이 갖는 포괄적 자유다. 이 주제들이 이 책의 다섯 장을 구성한다. 각 장은 다섯가지 서로 다른 인간행동을 탐구하는데, 자기 자신과 세상에 새로운 것이 계속 생겨나기 때문에 이 행동들은 일견 사소해 보일지라도 작은 기적을 만들어낸다. 각 이야기에는 전망이 불확실한 모험이 포함되어 있지만 나의 제안을 선택하고 적용해서 완성할 때 그 결과물은 아렌트가 말한 '우리가 한때 영광이라고 불렀던 눈부신 빛'의 자취가 살아있는 그런 위업이 될 수도 있다.[22]

이 책의 더 큰 목적은 사람이 공간과 어떻게 상호 작용하는지를 더 잘 이해하고, 건축이 인간의 의도가 펼쳐지는 영역이자, 사람들이 자유로우면서도 대단히 활기차게 참여하고 탐험할 수 있는 가능성의 총체임을 재발견하도록 촉구하는 데 있다. 이와 관련하여 나는 건축을 유용하거나 아름다운 대상으로만 보는 이전의 견해들에 이의를 제기한다. 대신 힘을 담아내는 그릇으로 건축을 파악하되 그 안에 담긴 기회들을 파악해서 활용하기엔 대단히 까다로운 그릇으로 봐야 한다고 주장하고자 한다.

신중한 선택을 유도하는 건물에서 우리는 섬세한 상호작용을 발견한다. 이는 보거나 만질 수 있는 물리적 윤곽이 아니라, 건물의 형태들과 그 사이에 잠복해 있는 것이다. 따라서 우리는 그런 상호작용의 시나리오를 상상하고, 예견하고, 시험하고, 기억할 순 있어도, 눈으로 보거나 생각하는 것만으로는 그것을 건져 올리지 못한다. 또한 그런 상호작용은 본질상 무익하기 때문에 유용하게 써먹을 수도 없다. 어떤 건물이 아름다운가 수수한가, 실용적인가 사치스러운가는 행위의 관점과는 거의 무관하다. 힘 있는 형태가 우리에게 제공하는 정말 귀중한 선물은 그 안에서 우리가 창조하는 행위 자체이기 때문이다. 중요한 것은 구체적인 볼륨 자체가 아니라 그 형태 주위에 잠복해 있지만 그 형태로 인해 깨어나는, 거미줄 같은 미세한 행위들이다. 우리가 보고 붙잡을 수 있는 형식들은 행위 그 자체가 아니라 우리의 행위를 끌어들이는 자석과 같은 무엇이다.

인간의 의지에 활짝 개방된 공간은 건축가에게 남다른 관대함을 요구한다. 이런 호의는 고도로 능률적이고 상투적인 패턴을 구현한 건물에서는 인색하리만치 찾아보기 어렵다. 또한 시각적으로 가장 현란하고 명성이 자자한 많은 건물에서도 이런 호의를 느끼기 어렵다. 제품이 기발하고 독창적일수록 사용자들에게 남겨지는 창의성은 줄어드는 경향이 있기 때문이다. 이는 재능과 양심을 겸비한 모든 건축가에게 딜레마를 안겨준다. 다른 사람들에게 행위를 돌려주려면 자발적 이타심이 필요할 뿐 아니라 어느 정도의 겸손은 물론이고 익명성까지도 감내해야 하는데, 둘 다 소비자 사회에서의 이익과 명성을 크게 위협하기 때문이다.

행위를 펼칠 수 있는 진정한 공간에 도달하기 위해 건축가는 건물을 상상하고 구상하는 방법을 근본적으로 수정해야 할지도 모른다. 건축가는 사전에 모든 경험을 완벽하게 결정해놓은 절대적인 형식을 만들고자 하는 대신에, 미래의 점유자가 열린 상태로 자발적 결정을 해나갈 수 있도록 보다 헐겁고 자유로운 형식들을 창조해야 할 수도 있다. 응고된 형식의 틀 속에 깊이 내재한 경험의 가능성이 어느 순간에든 튀어나올 수 있도록, 무한하고 거의 '우발적인' 기회와 시나리오들을 하나의 구조로 엮어야 한다. 이 같은 구조물은 누군가 미래의 순간에 실질적으로 완성해주길 기다리므로, 완전히 마무리된 물건과 반대되는 의미에서 미완성으로 남는다.

그런 설계 과정에서 나온 결과물은 하나의 물적 대상에 그치지 않는다. 그러한 건축은 건축가가 부여할 수는 있지만 결코 제어하거나 통제할 수는 없는 에너지, 즉 미지의 힘인 두 벡터가 만나는 비물질적 교점node이 될 것이다. 형태가 발산하는 목적은 결코 형태 자체가 아니라 매번 다르게 즉흥적으로 완성되는 실행 가능한 행위들의 보이지 않는 흐름이 될 것이다. 올슨의 표현을 빌리자면 그 목적은 '결코 이 순간 이상도, 이 순간의 당신 이상도, 그렇게 이해하고 행위하는 당신 그 이상도 아니다. 혹 절대자가 있다면, 그는 바로 당신 그리고 지금 이 순간일 것이다.'[23]

계곡물 위에 놓인 계단과 층계참. 낙수장Fallingwater(1935),
펜실베이니아 주. 프랭크 로이드 라이트 작.

# 1

## 민첩성을 자극하는 지면

축조된 환경의 바닥면은 움직이는 몸을 창의력의 주체로 일깨우는 일차적
원천이다. 그 위에서 우리는 먼 과거로부터 물려받은 균형 감각과 민첩성을
발휘한다. 오늘날에는 평평한 바닥과 반복되는 계단처럼 누구나 예상할 수
있는 균일한 지면이 모든 곳을 점령하고 있다. 필요성을 넘어 과도해질 때
그런 지면은 우리의 몸에서 힘을 떼어내 우리를 단조롭고 기계적인 운동에
복속시킨다. 보다 자극적이고 장난스러운 지형, 예컨대 불규칙한 계단, 변하는
경사, 예상치 못한 높이 변화는 바닥과 서로 작용하면서 즉흥적인 행위를 할
수 있는 기회를 주고, 공간에서 발휘할 수 있는 신체적 힘을 소생시킨다.
이때 움직이는 행위는 목적 그 자체가 되어 정해진 일과를 수행할 때에도
우리는 생명력의 주체가 된다.

〈줄 타는 사람Tightrope Walker〉(1923), 베른 시립미술관, 파울 클레Paul Klee 작.

바닥은 우리가 사는 세계의 기초이자 모든 움직임의 스프링보드다. 세계의 지형 위에서는 아무리 단순한 신체적 움직임이라도 그 표면에 의존한다. 평탄하고 예측할 수 있는 지면에서는 움직임의 기대가 사라지지만, 층이 졌거나 골이 파인 지면, 기울어지거나 구부러진 지면 위에서는 기대치가 사뭇 높아진다. 특히 이런 불규칙한 바닥에 놀랍고 매혹적인 특징들이 있어 우리가 습관적으로 반응하는 대신 발밑의 윤곽에 대응하며 창의적으로 움직여야 할 때는 그 기대치가 더욱 커진다.

평탄하지 않은 지면과 협상을 벌일 때 우리의 움직임은 결코 운동량의 총합으로 환원되지 않으며, 모종의 탄력적인 진동이 전 과정을 에워싸고 지배한다. 상체와 팔다리는 긴장하고 휘어지면서 끊임없이 위치를 바꾸고, 새로 출현하는 지형에 따라 정밀하게 몸을 조정한다. 다리 안에 숨겨진 경이로운 운동신경이 가동해서 신장하고 수축하면, 한 발이 앞으로 튀어나가 다음 순간의 편한 자리에 안착하고, 그런 뒤 즉시 같은 과정이 되풀이된다. 발바닥과 발가락은 영장류처럼 매번 새로운 지표면을 움켜잡고 이용하기 위해 지면의 감촉을 최대한 포착하고, 도약하는 몸의 걸음걸이와 흐름을 미세하게 조율한다. 이 미세한 창조적 움직임은 신경 말단이 풍부한 곳에 집중되므로 몸통에서는 약간 굼뜨고 사지에서는 예민하게 일어난다. 걷는 동작은 단순한 물리적 움직임이 아니라 수평적 진행에 몰두하는 그 모든 운동신경과 감각자극의 총합이며, 이 수많은 변수의 조합은 한 걸음 걸을 때마다 그 움직임에 특유의 분위기를 부여한다. 중심을 옮기면서 힘을 주었다 푸는 동작은, 물리적 결과라기보다 오히려 걷는 행위에 독자적인 권능을 부여하는, 알아채기 힘든 힘이다.

몸과 지면이 상호작용할 때, 표면이 불규칙해서 자주 변하면 우리의 근육 운동은 창의적 행위로 바뀌고 우리의 움직임은 끊임없이 새로워진다. 그러나 이 경우에 똑같이 중요한 것이 있다. 우리가 걷는 표면의 독특하고 울퉁불퉁한 성질이다. 이 성질에 따라 바닥이 유쾌한지 따분한지, 그 위를 걸어볼 만한지가 결정된다. 전에는 본 적이 없더라도 특이한 지형에 즉시 알아볼 수 있는 확실하고 도전적인 자극이 있을 때 우리의 동작에는 특별한 강렬함과 새로운 깊이의 운동감각이 더해진다. 풀숲을 어슬렁거리며 발밑의 땅과 유희하면서 신체적 기술들을 한껏 부리다 보면 인간만이 아는 가장 중요한 자유를 경험한다. 그런 경험을 통해 우리는 우리의 근원으로, 태어난 이후 처음 했던 더듬거리기로, 더 나아가 인류 최초의 모험으로 되돌아간다.

인간의 능력은 아득한 옛날, 흙과 나무와 중력뿐인 땅 위에서 생겨난 까닭에 우리는 가끔씩 불확실한 지형으로 되돌아갈 필요가 있다. 자극과 모험으로 가득한 지형은 때로 기계적인 것으로 변해버린 습관적인 동작을 날려버린다. 갓난아이부터 노인에 이르기까지 사람은 누구나 보호 장치가 없는 장소에서 자신의 능력에 맞는 도전을 하고, 팔다리의 감각과 뇌의 한계를 시험해서 그 능력들을 의지의 연장延長으로 만들 필요가 있다. 자신의 능력을 창조하는 이런 탐색은 외로운 시행착오, 갑작스러운 돌발 사태와 격렬한 갈등을 낳지만, 동시에 미지에 맞서고 자기신뢰를 쌓는, 단순하지만 근원적인 행위에 해당한다.

무엇보다 중요한 사실이 있다. 불확실한 바닥에서 일렁이는 모든 파도는 몸 자체를 다시 일깨워서 살과 뼈의 정열적인 얽힘으로, 흔들리는 존재 속에서 자신의 틀을 찢고 나오려고 분투하는 형상으로 만들고, 그렇게 해서 우리의 실존을 회복시킨다는 것이다. 존재의 그릇인 몸이 그 순간 활기와 실재성을 띤다는 것을 알아챌 때, 자아의 생기와 실재성도 덩달아 높아진다. 끊임없이 변하는 조건들에 대응하고 적응하기 위해 긴장하고 노력할 때 우리의 몸은 실제로 **지금 여기에 존재한다.**

몸은 본능과 근육에 매인 존재지만, 또한 예측할 수 없는 지면에 대처하기 위해 창의적 능력을 일깨우는 존재라는 걸 자각한다. 우리의 몸이 아름답든 추하든 거기에는 항상 힘이 고동친다.

또한 이런 재빠른 동작 중에는 무의식 속에서 충동의 불빛을 깜박이며 종종 은밀하게 작동하는 힘, 즉 자아의 근본적 동기들이 모습을 드러낸다. 까다로운 지형을 어슬렁거리는 자발적 행위를 할 때 '나'라는 존재가 수면 위로 떠올라, 그 놀라운 행위들을 통해 자신을 표현하고 스스로의 운명을 책임지는 것이다. 이 단순한 경험은 가장 깊숙한 곳에 있는 자신의 또 다른 자아를 드러내고 존재에 절묘한 변이를 일으킨다. 숨어있는 열망과 두려움, 능력과 한계를 드러낼 뿐 아니라 자신이 잠재적으로 누구인지를 보여주면서 정체성을 다시 형성하고 강화하는 것이다.

## 우리를 길들이는 평탄한 지면

이 세계의 지형은 우리의 몸에 힘을 줄 수도 있고 앗아갈 수도 있다. 세계의 윤곽이 있어야 행동을 할 수 있는 기회가 발생하기 때문이다. 보행을 위해 만들어진 보통의 지면, 예컨대 집안의 바닥, 리본처럼 이어진 인도, 거리와 광장의 넓은 보도 등은 우리의 현존에 대응해서 능력을 자극하는 것이 아니라, 우리의 활동에서 자발성을 제거한다. **이렇게 균일한 표면 위에서는 우리의 힘이 썰물처럼 빠져나간다.**

완벽하게 수평을 이룬 평평한 바닥에서는 표면과 상호작용하거나 먼 옛날 진화가 물려준 놀라운 민첩성을 가동할 일이 없다. 표준화된 표면은 발을 둔하게 내딛든 다리를 지루하게 뻗든 매번 같은 접촉만을 허용한다. 지루한 발소리 하나하나가 지면과의 주고받기를 단념케 하고, 우리의 책임을 흐리고, 말 그대로 우리의 동물영혼(정념을 발생, 유지 및 강화하고, 영혼과 육체의 상호작용을 매개하는 데카르트의 개념. '생기'라고도 한다―옮긴이)을 억눌러 분쇄하고, 우리 내면의 자발성을 없애버린다.

평평한 바닥은 점차 사람의 몸을 훈련시켜 로봇 같은 동작을 하게 한다. 아무도 매끄러운 평면에서는 곱드러시거나 넘어지지 않고, 그 텅 빈 결 위를 활강할 땐 속도가 줄어들지 않는다. 이렇게 평평한 면은 몸을 누그려뜨려 힘을 앗아가기 때문에, 이런 식으로 움직이는 중에는 어느 누구도 창의력의 주체로서 살아있다는 걸 느끼지 않는다. 같은 이유로 이런 바닥은 기계나, 기계처럼 움직이기를 마다하지 않는 사람들에겐 최상의 지형이다. 편하고 익숙한 동작을 방해하는 요인이 말끔히 제거되어, 습관에 길들여진 발에게 보상을 해주기 때문이다. 대중문화의 판에 박힌 움직임에 이보다 더 잘 어울리는 바닥은 없다.

나는 지금 평평한 바닥을 없애자고 제안하는 게 아니다. 그런 바닥에는 실용성, 접근성, 안전성 같은 유익함이 있다. 내가 주장하고자 하는 것은 우리 주위에 그런 바닥만 있으면 인간의 실존을 위협하는 새로운 요소가 된다는 것이다. 안전하고 예측 가능한 지면 위에서 일생을 보낸다면 얼핏 듣기에는 목숨을 보존하는 데 유리하겠다는 생각이 들 수도 있다. 그러나 역설적으로 우리가 알고 있는 모든 생명은 서서히 변화하는 구조로 되어 있어 단조로운 유지를 거부하고 지속적인 변화를 요구하기 때문에, 한결같은 상태가 주는 편안함을 편안함으로 느끼지 못한다. 단조로운 지면은 우리의 민첩한 기능들을 잠재우고 살아 움직인다는 느낌을 감소시켜 우리 자신을 무력하고 기계적인 존재로 느끼게 한다. 더 솔직히 표현하자면, 위험을 제거해서 목숨을 보존하는 습관적 지면이 모든

곳에 퍼지는 현상은 인간의 정신을 고갈하고 잘못된 길로 인도하는 과정이 된다.

## 토속 마을의 계단과 골목길

창의적인 동작이 물리적인 운동보다 유익하고 그래서 건축의 기본 책무에 속한다는 생각은 버나드
루도프스키Bernard Rudofsky의 『사람을 위한 거리Streets for People』에 잘 나타나 있다. 그에
따르면 산책의 인간적 가치는 무엇보다 뚜렷한 목표나 목적 없이 돌아다닐 수 있는 자유를 허락하는
데 있다. 걸어서 이룰 수 있는 업적 중 특히 '계단을 내려가는 행위는 소요逍遙의 가장 높은 형식'
이며, '이렇게 만들어진 비탈면은 함께 걷는 사람들에게 단순한 연출 기법을 넘어 고도로 훈련된
대화법을 요구한다.'[24] 루도프스키는 이탈리아의 도시들, 특히 로마의 계단들이 창의적인 보행을
신성시했다는 사실을 발견하고, 그 예로 미켈란젤로Michelangelo의 캄피돌리오 광장과 12세기의
산타마리아 아라코엘리 교회로 올라가는 다양한 경사의 계단들, 알레산드로 스페키Allessandro
Specchi의 두 작품인 스페인 계단과 지금은 철거된 리페타 항구의 계단 등을 열거한다.

　　높은 곳을 꾀바르게 올라갈 수 있는 기회들은 주로 자연의 풍경 안에 있다. 지질과 침식
작용은 비탈과 언덕과 산들을 저마다 독특하게 만들어놓은 뒤 그 위에 나무뿌리를 얽어놓고 돌을
흩뿌려놓았다. 잘 보존된 야생지대에는 인간이 출현했던 지면과 똑같은 도전적인 기회들이 남아 있어
인류의 진화에 결정적으로 중요했던 민첩함, 균형, 지구력 같은 능력을 지금도 불러일으킨다. 이런
종류의 지면은 일상 세계에서 대부분 사라졌지만, 1964년에 뉴욕 현대미술관에서 열린 전시회
〈건축가 없는 건축 Architecture without Architects〉에서 루도프스키가 많은 사람에게

바위를 깎아 만든 내리막 계단(왼쪽)과 디테일(오른쪽), 아코마 푸에블로, 뉴멕시코 주.　　**민첩성을 자극하는 지면**　25

(위 왼쪽부터 시계 방향으로) 벼랑 중턱의 계단. 구부러진 계단과 흙으로 만든 턱,
감각적인 지붕의 계단, 단의 높이와 형태가 계속 변하는 층계. 그리스, 산토리니, 이아.

주지시켰듯이, 산간 지대의 토속/전통마을에는 그런 지면이 남아 영원한 매력을 발한다. 그런 마을에서는 거의 변형되지 않은 울퉁불퉁한 지형이 마을의 바닥을 뚫고 스며 올라온다.

예를 들어 아코마 푸에블로의 스카이시티(25쪽)는 뉴멕시코 주 앨버커키 서쪽에 우뚝 솟은 사암 대지 위에 세워진 12세기 부락으로, 지금도 원래의 접근 수단을 이용해 아찔한 벼랑 틈과 습곡을 굽이굽이 통과해야 닿을 수 있다. 비좁은 벼랑 틈새와 반들반들한 바위 위로 꾸불꾸불 나 있는 길은 활기를 불러일으키는 동시에 한순간의 방심도 허락하지 않는다. 암반의 자연스러운 경사와 바위 턱을 대충 깎아 만든 디딤돌이 오가는 사람에게 퉁명스러운 도움을 내어준다. 비교적 편한 지형 끝에 도사리고 있는 위험한 구간들은 암벽 등반을 방불케 한다. 손잡는 데가 발 딛는 데만큼 중요하고, 모든 근육이 가동된다. 이런 경험은 암반 대지의 정상에서도 완전히 끝나지 않는다. 이 길들도 드러난 암반 위를 오르락내리락 하는 탓에 모든 발걸음이 매 순간 모험이 된다.

이베리아 반도에서 그리스와 모로코를 거쳐 튀니지에 이르는 지중해의 수많은 언덕마을에도 힘은 덜 들지만 그와 유사한 협로가 동판화처럼 새겨져 있다. 거의 잊힌 듯한 이 건축 문화에는 인류의 근원적 유산의 자취가 살아 숨 쉰다. 극적인 지형변화가 지면의 굴곡과 형태를 주조해놓았고, 인간은 그 땅을 약간만 길들이고 일부분씩만 포장해 활동 공간을 마련했다. 가장 교묘하고도 짜릿한 예로 그리스 산토리니 섬에 흩어져 있는 화산지대 절벽마을의 아슬아슬하게 깎인 오솔길들이 있다. 가파른 지형을 따라 불안한 비탈길들이 예측할 수 없이 오르내리고, 앞뒤로 손을 잡는 듯 작은 입방체 건물들의 지붕을 지나간다. 이아(26쪽)는 섬의 북서쪽 곶을 깎아 만든 작은 마을로, 이곳의 길들은 산토리니에서도 가장 대담한 계단에 속한다. 각각의 층계는 끊임없이 넓어졌다 좁아지고, 예측할 수 없는 경로로 구부러지고 휘어지면서 매 걸음 박자가 달라지는 리드미컬한 악절을 전개한다. 어느 소절에서는 깎지 않고 남겨둔 둥근 바위를 기어오르고, 또 어느 소절에서는 난간도 없이 벽을 타고 오른다. 디딤판과 높이가 번번이 달라지는 탓에 보행자는 불안하지만 흥미로운 비탈과 밀착해서 상호작용을 하고, 오르는 중에 한층 더 짜릿함을 느낀다.

이아 마을의 계단은 분명 위험하지만 인간의 손에서 나온 계단 중 가장 큰 생동감을 자아내기도 해서, **실제로 살아있다고 느끼기 위해서는 살아있음이 위태로워질 필요가 있다는 사실**을 일깨워준다. 하지만 그 모험의 가치를 도박과 혼동해서는 안 된다. 오르기는 강박적 충동이 아닌 자유로운 선택의 소산이기 때문이다. 오르는 사람은 운명에 순순히 복종하기보다는 자신의 가능성을 능동적으로 구현한다. 그는 언제든 내려가거나 멈출 수 있고 더욱 신중히 계획해서 이동하거나 루트를 달리할 수 있다. 또한 공간에서 활동하는 대가로 부상당할 수도 있음을 인정하고, 알면서도 자신의 운을 시험한다. 부상을 당할 수 있고 목숨이 위태로울 수도 있는 곳에서만 우리는 모험에 필요한 활동의 자유를 충분히 확보할 수 있는 것이다. 오직 그런 곳에서만 숨겨진 약점과 두려움을 발견하고 극복할 기회를 만나게 된다.

『비범한 건설자들The Prodigious Builders』에서 루도프스키는 산토리니의 제멋대로인 계단과 현대 세계의 단조롭고 무기력한 계단을 대비한다. '평생 기계인형처럼 걸어 다니느라 자연이 인간과 동물에게 준 경쾌한 걸음걸이를 잃어버린 사람들은 산토리니의 놀라운 쉼터들, 그 층계참들과 함께 계단이 만들어내는 춤추는 리듬을 발바닥 신경으로 인지하지 못한다. 계단의 다양한 폭, 높이, 깊이는 도시에서 사는 사람들에겐 절망감을 불러일으킨다. 그는 짧은 층계를 오르는 데에도 붙잡을 수 있는

난간과 난간기둥이 필요하다. 실제로 우리의 건축 법규에도 그렇게 명기되어 있다.'[25]

소라노, 페루쟈, 우르비노(위), 오스투니(29쪽) 등 이탈리아의 언덕마을에도 좀 더 세련되고 잘 다듬어졌지만 나름대로 대담한 모험을 부추기는 계단들이 풍부하다. 주거밀집지역의 암반을 깎아 만든 좁은 길을 타고 장대한 층계들이 다단식 폭포를 이루며 떨어진다. 각 층계는 돌연 빨라졌다 느려지고, 좁아졌다 넓어지고, 완만히 돌거나 갑자기 꺾이고, 방향과 성격이 확연히 다른 지류들로 나뉘고, 때론 높은 집들을 향해 가파르게 오르면서 저마다 독특한 보행을 이끌어낸다. 끊임없이 변하는 보폭에서 기계적인 동작은 모두 사라지고, 매번 새롭게 바뀌는 리듬이 오르는 사람을 일깨우며 주의를 사로잡는다. 다리의 각 부위는 균형을 잡기 위해 뒤틀리는 상체, 흔들리는 팔의 움직임과 조화를 이루면서 복잡하지만 대단히 창의적인 행동을 끌어내고 그렇게 해서 보행자의 움직임을 소중한 존재의 순간으로 변환한다. 그 결과는 일종의 황홀이다. 다이앤 애커먼Diane Ackerman이 『심층 유희Deep Play』에서 말했듯이, '모험, 재미, 경이, 위험과 시련이 연합해서 강렬한 각성이 회오리치는 상태, 오로지 긴장된 지금 이 순간에만 존재하고 내가 정말 살아있다고 느끼는, 마법같이 놀라운 상태'를 유발하는 것이다.[26]

지구가 그렇듯 언덕 마을의 지면은 평평해 보일 때에도 전체적으로 경사져 있으며, 도시의 외곽은 건축 가능성이 적은 습곡 지형이어서 더욱 험하다. 이와 마찬가지로 이탈리아 광장의 잊을 수 없는 존재감도 주변을 둘러싼 건물의 형태만큼이나 발밑의 현저한 기울기에서 비롯한다. 시에나 캄포 광장의 가파르고 우묵한 바닥(30쪽), 아레초 중앙 광장의 남쪽 경사, 몬테풀치아노의 중앙 광장 Piazza Grande에 융단처럼 깔린 경사진 돌바닥을 생각해보라. 모두 가장자리 부근에서 기울기가 달라진다. 바슐라르는 『공기와 꿈Air and Dream』에서 이렇게 말했다. '눈이 알아챌 수 없을 만큼

이탈리아 우르비노의 휘어진 계단.

다섯 개의 계단이 합쳐지고 갈리는 오스투니의 계단.

부채꼴 모양의 우묵하고 경사진 바닥면, 시에나, 캄포 광장.

설핏 기울어진 바닥'을 거닐 때, '두 발에 작은 날개가 돋아 점점 자라는 걸 느끼게 된다. 가볍고 섬세한 에너지가 두 발에 깃들어 새처럼 날아오르게 된다. 뒤꿈치에 아주 단순한 동작만 가하면 하강이 상승으로, 걸음이 비상으로 바뀐다.'[27]

　언덕 마을의 보도에는 표면의 전체적인 형태 외에도 발의 촉감에 한층 더 창의적인 도전을 요구하는 요소가 있다. 신발창을 통해서도 고르지 않은 결이 느껴진다. 둥글어지거나 패인 부분들의 앙상블을 따라 우리의 발은 튀어나온 표면을 감지하고 사이사이에 갈라진 틈들을 가볍게 넘어간다. 우리에게 완전히 익숙해져버린 매끄러운 콘크리트 보도와는 달리, 벽돌이나 돌들의 쪽매붙임이 보도 위에 부조를 새겨 넣은 탓에 보행자는 끊임없이 주의를 기울여야 한다(위). 토속적인 질감과 불규칙한 경사도가 설계에 의도적으로 반영되진 않았을 것이다. 단지 자연발생적인 기술과 단단한 재료 때문에 남겨진 지질학적 선물이라고 해도, 그 불확실성은 이 세계의 바닥면이 어떻게 우리의 움직임을 창의적으로 유도하는지 입증한다.

## 중력의 흐름

세계에서 계단이 많기로 유명한 마을 중에서도 유난히 작고 아기자기한 마을이 이탈리아의 스페를롱가에 있다. 이 마을의 매혹적인 순백색 미로迷路는 로마와 나폴리의 중간에 위치한 티레니안 연안에 있다. 밀집한 주거지역에 수많은 계단 길이 실금을 그린다. 비탈을 따라 나 있는 구불구불한 경로들은 창문과 현관 입구가 양보해준 비좁은 틈새를 지나고, 눈부시게 흰 담장들을 지나 벼랑으로 뚝 떨어지고, 건물 아래에 난 터널에서 좁고 어두워지고, 층계참에서 만난 여러 개의 길이 돌연 갈라져 아주 대조적인 방향으로 질주한다.

　층계를 오르내릴 때 디딤판들의 독특한 경사와 흐름이 각 국면에 잊을 수 없는 개성을 부여하고, 그에 걸맞은 독특한 운동감각을 이끌어낸다. 완만하게 도는 층계 너머에 반대 방향으로 급격히 휘는 커브들이 숨어 있다. 계단식 폭포를 이룬 층계에는 빨래와 꽃들이 흥겹게 도열하고, 길 양편으로 현관 역할을 하는 작은 디딤돌들이 불현듯 긴장감을 불러일으켜 걸음을 늦추고 동작을 멈칫하게 한다(위). 근처의 언덕 사면에는 가파른 각도로 비스듬히 갈라진 거친 바위틈이 나 있어 계단을 오르는 발길에 스타카토를 찍어준다. 모퉁이를 돌자마자 여러 길이 만나는 교차로가 나오고, 뒤엉켜 있던 길들이 더 빠르거나 느려진 속도로 퍼져나가며 좌우로 가늘게 진동한다. 이 모든 길에서 인간의 행동을 자극하고 보상하는 것은 계단 자체라기 보다는, 보행자에게 끊임없이 집중하고 민첩할 것을 독려하는 독특한 형태의 진로와 점증하는 놀라움이다.

　이 마을의 비탈에는 분명 물리적 영역을 넘어서고 시각을 초월한 어떤 것이 고루 퍼져 있다. 흔히 보는 건물의 밋밋한 바닥과는 달리 스페를롱가의 바닥에는 강화된 중력의 힘과 긴장감이 충만하다.

층계마다 대기 속에 존재하는 활기찬 중력이 눈이 아니라 움직이는 몸에 뚜렷이 다가오고, 그 안을 통과하는 동안 우리의 몸은 힘의 흐름 속으로 들어가 그 일부가 된다.

양자 이론에 비유하자면, 지면이 갈라져 불완전해진 곳은 어떤 의미에서 더 이상 비활성 상태나 정지 상태가 아니다. 껍질을 뚫고 들어온 에너지가 원소에 활기를 불어넣고 운동과 변화의 힘으로 작용할 때 원자의 '최외곽 껍질'이 '불안정'해지고 '이온화'되는 것처럼, 이런 지면 역시 중성의 물체에서 자성을 띤 지역으로 변한다. 따라서 불확실한 경사면에 있는 모든 접속 지점과 계단식 폭포에는 중력의 흐름, 즉 우리가 눈으로 볼 순 없지만 그것의 존재를 예상하고 그 경험을 근육으로 기억할 수 있는 전압과도 같은 힘이 가득하다. 흐르는 강물 속에서 그 흐름을 거슬러 올라갈 때 강물에 부딪히거나 떠밀리는 것을 느끼는 것처럼, 여기서도 중력의 흐름에 몸이 쏠리는 것을 느낀다. 높은 곳에서 허공을 가르며 내려갈 때에는 밑에서 힘껏 잡아당기는 가속력을 느끼고, 높은 곳으로 튀어 올라갈 때에는 뒤에서 잡아끄는 힘을 느낄 수 있다.

레드오크로 만든 나선형 계단으로 주방 및 식당으로 통하는 층계로 이어진다.
워튼 에셔릭 스튜디오(1926년 설립), 펜실베이니아 주 맬번.

스페를롱가의 응축된 중력 속에서 우리의 움직임은 공간에서 발아하는 식물의 새싹처럼 푸르고 싱싱해진다(33쪽). 중력이 흐르는 곳에서 우리는 파도와 너울을 힘겹게 헤쳐나가고, 때론 급류나 실개울을 거슬러 올라간다. 수시로 변하는 중력의 저항과 압력을 헤엄치며 가를 때, 우리의 멋진 힘들이 공간에 또렷이 새겨진다. 유희하는 힘들이 몸에 부딪히면 감각이 분명해지고 신체 기능이 깨어날 뿐 아니라, 그 농밀한 흐름을 통과하는 동안 우리는 살아있는 힘의 주인이 된다. 에릭 에릭슨도 이 점을 강조했다. '중력을 받아들이라. 저글링을 하거나, 점프를 하거나, 높은 곳을 오를 때 몸은 익숙하지 않은 차원들을 깨닫는다. 그때 유희는 신성한 해방감, 넘치는 공간감을 불러일으킨다.'[28]

독특하면서도 끝없이 변하는 계단의 배열이 사람에게 매번 다른 힘을 미치는 탓에, 그 흐름에 몰두하면서 마음이 끌리는 곳을 탐사하려면 한 걸음 한 걸음 발레 같은 스텝을 밟아야 한다. 보행자는 도약할 때마다 시공간 속에서 재빨리 속도를 변경하고, 상체와 두 팔로 복잡한 힘을 만들어 그 속력을 상쇄하고, 착륙할 때에는 매번 디딜 곳이 넓은지 좁은지, 거친지 미끄러운지 예측할 수 없는 발판 위에서 민첩한 동작으로 균형을 잡아야 한다. 우리의 동작은 더 민첩해져 원시인의 습성과 진화의 결실을 동시에 보여준다. 우리는 허공을 나는 깃털처럼 가벼워지기도 하고, 축 늘어진 살덩이를 되돌려 받은 듯 무거워지기도 한다. 이때 우리는 더 육감적인 실존성을 띠고, 두 가지 측면에서 우리의 몸으로 귀환한다. 우리는 피부 안쪽으로 더 깊숙이 자리잡는 동시에, 마치 피부라는 틀에서 해방된 듯 그 경계를 넘어선다. 잠시 우리는 다른 사람이 통제하는 힘의 꼭두각시가 아니라 자기 자신을 표현하는 힘의 중심이 된다. **이 중력의 장에서 즐기는 동작을 펼칠 때마다 우리는 허공에 '나는 실존한다'라고 쓴다. 나는 '사물'이 아니라 '사람'이라고.**

## 곡예하는 계단

시간과 노력을 필사적으로 아끼는 우리의 문화에서 건물과 도시에 중력의 장을 끌어들이려는 시도는 모험적이기 이전에 비현실적인 일이다. 또한 신체적 어려움이 있는 사람들을 포함해 모든 사람이 건물을 이용할 수 있어야 한다는 점도 무시할 수 없다.[29] 우리는 가끔 주의를 흩뜨리지 않고 빠르게 이동해야 한다. 평평한 바닥은 안전하고 편하기 때문에 발밑에 늘 신경 쓰지 않고도 움직일 수 있다는 명백한 장점이 있다. 몇몇 건축가는 마치 이 상반되는 요구를 모두 수용하려고 한 듯 놀라운 천재성을 발휘해 평평한 바닥과 순간적인 집중을 요구하는 대담한 동작을 결합해왔다. 그 특별한 바닥 위에서 사람들은 쉽게 이동하면서도, 때로는 고공 줄타기와 같은 팽팽한 동작들을 하면서 자기 자신의 몸으로 복귀한다.

규모는 작지만 깜짝 놀랄만한 방식으로 이를 구현한 예로, 조각가이자 가구제작자인 워튼 에셔릭이 펜실베이니아 주 맬번의 집에 설치한 층계가 있다. 레드오크를 거칠게 깎아 만든 이 층계는 3개의 평면을 연결한다(34쪽). 이 나선 구조물에는 정확히 똑같은 디딤판이 없고, 캔틸레버 기둥에 들어간 나무 블록들이 나선으로 비틀린 수직의 기둥과 공조하면서 오르는 사람의 상체의 비틀림을 그대로 흉내 낸다. 중간에서 계단은 두 갈래로 나뉘어, 왼쪽으로 틀면 주방과 식당이 나오고 반대쪽으로 돌면 스튜디오 위에 지어진 다락방 침실이 나온다. 주방으로 오르는 층계 중간에 전화기를 내려놓고 메모할 수 있는 돌출식 선반이 있어, 조심스레 발을 옮기며 상체를 회전하고

균형을 잡아야 한다. 벽에 붙어 있는 마스토돈의 뼈를 포함해 부드럽게 파도치는 나무 난간들은 일정한 선이나 두께에 얽매이지 않고 자연스럽게 올라가 도중에 손잡을 데를 즉흥적으로 정할 수 있게 해준다. 이 계단을 오르는 사람은 정신을 바짝 차리고 민활해야 하지만 그 보상으로 적지 않은 자부심과 몰입을 경험한다. 이 계단에서 다친 사람은 없느냐는 질문에 에셔릭은 이렇게 답했다. '없습니다. 너무 위험하니까요.'[30]

　카롤로 스카르파의 건축에도 아담하지만 생기를 일깨워 굳어진 습관에 균열을 내는 예가 있다. 그의 바닥은 평평한 면들로 이루어져 있지만 예상치 못한 높이의 평면들이 불쑥 튀어나오곤 한다. 스카르파는 베네치아의 퀘리니 스탐팔리아 재단 건물을 개조할 때 기존의 바닥을 완전히 덮지 않고 바닥재를 덧대 살짝만 높였다(위). 새 바닥은 고수위 때의 범람을 막아주는 낮은 물막이 벽과 그 너머로 이어진 수로에 둘러싸여 침수를 막아주는 기능도 하지만, 또한 물의 도시에서 배 안으로 성큼 걸어가는 듯한 경험을 할 수 있도록 오르내리는 운동을 유도하기도 한다. 곤돌라를 타고 수롯가에 도착하면 배에서 천천히 게걸음으로 내리거나 물보다 높은 계단 위로 올라서는 등의 특별한 절차를 거쳐야 한다(37쪽). 건물을 떠날 때에는 이트리아産 석회암이 바닥보다 높은 곳에서부터 손님을 안내하기 시작한다. 사슬처럼 헐렁하게 이어진 네모난 디딤돌들이 걸음을 비틀고 회전시킨다.

리모델링한 바닥의 계단과 물막이 테두리(36쪽),
운하로 통하는 계단(위), 퀘리니 스탐팔리아 재단(1963), 베네치아, 카를로 스카르파 작.

이 평석들은 귀퉁이가 비스듬히 잘려 있어 각 쌍의 조합이 계속 변하고 흐름을 복잡하게 하는 탓에, 내려가는 발걸음은 일련의 예측할 수 없는 순서를 밟게 된다. 중간에서 계단은 양쪽으로 갈라져 수로에 닿아 있는 두 개의 철문에 이르는데, 물이 올라와 계단을 에워쌀 때 모험은 최고조에 달한다. 미술관 뒤편의 작은 정원에서도 이 빗나감의 조형언어가 똑같이 되살아난다. 흐르는 물과 풀밭이 있는 이 테라스에 들어설 때도 예측할 수 없는 디딤판들에 따라 방향을 틀어야만 한다.

　이탈리아의 산 비토 달티볼레 외곽에 있는 브리온 가족묘지에도 하단의 보도에서 상단의 잔디밭으로 올라가는 길이 짧지만 대담한 층계로 이어져 있어 지형이 선사하는 위험과 기쁨을 맛볼 수 있다(39쪽). 지그재그 식 계단은 양 다리에 각기 다른 디딤판을 제공하고 수직의 운동 속에 낯선 지그재그 요소들을 끌어들여 어슷한 보행을 이끌어낸다. 카를로 스카르파가 '공간에서 오르기climbing in space'라고 표현한 이 이원적인 운동감각은 베네치아 산마르코 광장의 올리베티 전시장에서 다시 한 번 빛을 발한다(127쪽 아래). 층계 모서리들이 만드는 각도의 변화는 오르는 사람을 미세하게 오른쪽으로 끌어당겨 중이층中二層의 모퉁이 사무실로 이끈다. 두 다리가 디딤판을 하나씩 밟고 오르면서 자연스레 오른쪽으로 당겨지는 동안에, 이중의 운동은 힘과 근육을 수직 방향만이 아니라 수평 방향으로도 가동시켜 오르는 행위를 더욱 입체적으로 만든다. 맨 아래에 살짝 떠 있는 넓은 대리석 판은 두 방향, 즉 홀의 중심을 지나 광장으로 나가는 길과 제2의 입구인 층계로 출발하는 길을 가리키면서 착륙과 이륙을 암시하므로, 결국 이 층계에는 공간적 운동에 활력을 부여하는 보이지 않는 굴절이 도합 네 개나 통합되어 있는 셈이다.

　중요한 접속 부위에서 인간의 민첩성을 실험하는 이 모든 사건은 월리스 스티븐스Wallace Stevens가 「삶은 운동이다」라는 시에서 노래했듯이 '육체와 공기의 결합을 축하하는' 행위로, 베로나의 카스텔베키오 미술관에서 가장 눈부시게 빛난다.[31] 미술관의 바닥은 그 주변을 흐르는 얕은 수로 덕에 벽체에서 풀려나 있어, 각각의 표면이 물 위에 떠 있는 듯한 착각을 불러일으킨다. 또한 방과 방이 만나거나 방과 복도가 이어진 곳에도 단절된 틈새들이 있어 장소에 대한 감각을 느끼게 하고 고상함을 부여한다. 이 가능성의 테두리는 안뜰의 북서쪽 모퉁이에 있는 옥외 공간에서 특히 모험적이 된다. 다양한 높이의 길들이 연쇄적으로 이어진 순환로는 이 성의 상반된 역사적 시기들을 확인하는 곳이기도 하다(40쪽). 가장 낮은 길은 토레 델 마스티오 회랑과 레지아 회랑에 있는 미술관의 날개동과 정원을 잇고 있지만, 공간 속에서 몸을 비틀고 미끄러져야 하는 우회적인 행보 때문에 그 연결은 간접성을 띤다. 꾸불꾸불한 길은 발굴된 해자 위를 건넌 뒤, 오래된 성벽 밑을 지그재그로 통과하고, 일련의 다리 위에서 고대의 출토품들을 다양한 각도로 굽어본다.

　공중을 사선으로 가로지르는 다리는 공중 비행에 가까운 동작들을 이끌어낸다. 다수의 계단길이 합쳐지며 시작하는 다리는 반대쪽에서 강과 나란한 흉벽의 산책로로 이어진 뒤 성벽을 따라 정상에 오른다. 이 복잡한 움직임의 장에서 정점을 이루는 것은 스칼라 가문이 14세기에 조각한 칸그란데 1세의 기마상이다(41쪽). 하지만 여기에도 이 장대한 조각상의 아래와 주변을 도는 계단이 있어서 관람자는 밑에서 올려다볼 수도 있고 철과 콘크리트로 된 캔틸레버 위에서 몸을 내밀고 자세히 살펴볼 수도 있다. 캔틸레버의 돌출부는 사람의 몸무게 때문에 위아래로 깐닥거려서 신체의 기능을 발휘할 수 있는 기회가 풍부한 곳임을 강조하고 지금껏 조용했던 미술 감상의 흐름에 모험과 긴장을 풀어놓는다.

브리온 가족묘지로 오르는 지그재그 식 계단(1977), 브리온 묘지, 이탈리아, 카를로 스카르파 작.

아치형 벽체 아래에서 퍼즐처럼 이어지는 바닥면과 브릿지(40쪽)
스칼라 가문의 칸그란데 1세의 조각상 주변과 하부를 휘도는
종잡을 수 없는 경로(아래), 카스텔베키오 미술관(1973), 베로나, 카를로 스카르파 작.

## 생기 넘치는 일본의 지면

간결하면서도 활기가 도는 상승감으로 바닥에 변화를 주는 스카르파의 건축은 일본의 전통 건축과 정원을 예찬하는 태도와도 일맥상통한다. 일본식 바닥포장의 변화는 비가 많은 기후에서 젖은 땅을 피하려는 실용적 목적에서 나왔지만, 또한 영역을 구분하려는 문화적 사고에도 기인한다. 가장 낮은 곳에 돌이나 다진 흙을 깔고(도마), 복도와 베란다의 중간 높이로 툇마루를 놓고(엔가와), 가장 높은 층에는 앉고 식사하고 잠을 자는 돗자리(다다미)를 깐다(위). 이렇게 분리된 층은 각각의 영역을 나누고 그 경계에 미묘한 차이를 갖는 중력의 흐름을 발생시켜, 온종일 3개의 영역을 넘나들 때마다 신중함과 더불어 심리적으로 의미 있는 도약을 하게 만든다.

일본의 집이나 사원에서는 새롭게 나타나는 바닥면을 오르내릴 때마다 한층 더 복잡하고 민첩한 동작을 발휘해야 한다. 신발류를 갈아 신어야 하는 의례 때문인데, 흙먼지의 유입을 줄여 각 층을 그 아래층보다 더 깨끗하고 청결하게 유지하는 데 그 목적이 있다(43쪽). 야외용 신발은 마당이나 길이 마루와 만나는 곳에 벗어 두고, 실내화는 다다미 앞에서 벗는다. 이 때문에 층을 오르는 동작에는 다양한 신발류를 벗거나 신고, 출발할 때를 대비해 몸을 돌려 신발을 가지런히 놓는 행위가 포함되고, 경우에 따라서는 야외용 신발을 선반이나 선반용 댓돌 위에 올려놓으면서 균형을 잡는 행위도 자연스럽게 스며든다. 오르는 도중에 몸을 비틀고 구부리고 회전하는 이 모든 복잡한 절차는 간단하게 끝날 수도 있는 동작을 고양하여 다양한 힘이 서로를 상승 또는 상쇄하며 평형을 맞추는 창의적인 행동으로 둔갑시킨다.

툇마루와 서원書院(42쪽), 현관의 댓돌과 벤치(위),
기타무라 저택(1944), 교토, 스테지로 기타무라 작.

위: 다실茶室 앞의 댓돌, 기타무라 저택.
아래: 연못의 징검다리, 헤이안 신사(1895), 교토.

일본의 정원은 사람의 평형감각을 색다르게 자극한다. 특히 독특하게 배열된 징검돌
(토비-이시)은 간격이 계속 달라지며 가볍고 우아한 동작을 유도한다(44쪽). 발을 헛디디면
곤란해진다는 것을 분명히 보여주는 것은, 바로 고운 진흙이 발에 묻지 않도록 깔아놓은 돌들이다.
조심해야 할 환경으로는 부드러운 이끼로 덮인 곳, 인위적으로 긁어모은 자갈밭 또는 연못이나
시냇물 등이 있다. 특히 교토의 기타무라 저택에서 다실로 이동하거나, 헤이안 신사에서 변칙적으로
배열된 원통형 징검다리를 건너거나, 카츠라리큐(계리궁)에서 차를 마시기 전에 손 씻는 의례를
행하기 위해 시냇가로 걸어 나갈 때에는 항상 유의해야 한다.

일본의 돌길은 습관적이거나 부주의한 동작을 피하고 걷기에 생기를 불어넣어주는 데
그 본질이 있다. 디딤돌들은 크기, 형태, 결이 저마다 특이하고 모든 돌이 조금씩 다른 탓에 걸음마다
즉흥적으로 발을 디뎌야 한다. 이 불확실성을 가중하는 것은 계속 변하는 돌의 배열과 경로다. 돌은
대개 일직선으로 뻗어 있거나 간격이 균일하게 배열되어 있지 않고, 방향이 들쑥날쑥하고 간격도
예측하기 어렵다. 돌들의 경로는 어렴풋이 이어지다 돌연 한쪽으로 꺾이고, 예상치 못한 경로로
바뀌거나 틀어지고, 대조적인 방향의 다른 돌길과 교차한다. 이 모든 요소는 움직임을 늦추고 특별한
발 기술을 자극해 공간 속의 행위를 확대한다.

가장 불안정한 동작은 툇마루 앞에서 점점 높아지는 디딤돌을 밟을 때 발생한다. 가츠라 궁에
있는 중서원과 고서원에서 두 개의 돌길을 따라 높은 툇마루에 오를 때 이 동작은 유난히 짜릿해진다
(위). 납작한 돌은 갈수록 높고 둥근 돌로 바뀌고, 진로 역시 위태로우리만치 비틀거리는 까닭에
오르는 사람은 아키라 나이토가 '나비의 변덕스러운 날갯짓'이라고 말한 것처럼[32] 위아래로 연신
깐닥거리게 된다.

가츠라 궁에서 돌을 활용한 또 다른 예는 정원의 다채로운 결을 가로지를 때 자신의 존재감을 드러낸다. 쇼카테이賞花亭로 향하는 디딤돌에서 보듯이 길옆에서 유혹하는 이끼와 뿌리가 눈길을 끌어 이동 중에 실수할 여지가 커진다(위). 네모난 화강암 판들이 깔린 온린도園林堂 주변의 길에서 우리는 촘촘히 맞춰진 띠 모양의 작은 돌들과 자갈이 깔린 배수로를 가로지른다(47쪽). 이 모든 요소 때문에 지나는 사람들은 길고도 소중한 여정을 체험하는 듯한 기분에 사로잡힌다. 멈추거나 틀고, 이쪽저쪽으로 돌고, 자세히 보기 위해 허리를 숙이고, 디딤돌 위에서 균형을 잡으며 우리의 동작은 풍부해지는데, 요즘 방문객은 그 와중에 카메라의 초점까지 조절한다.

목적지가 없는 정원 산책은 2,500여 년 전 중국에서 기원해 7세기에 일본으로 건너간 바둑이란 게임과 유사하다. 바둑을 두는 사람은 판 위에 백돌과 흑돌을 놓아 먼저 중요한 전략적 거점을 확보한 뒤 상황에 따라서 집을 만들어나간다. 정원 산책에서도 마찬가지다. 정원사가 최초에 놓은 디딤돌들이 바둑의 첫수 같은 기능을 하고, 이후 다른 돌들을 놓아가며 예측할 수 없는 안무를 완성한다. 키요유키 니시하라가 지적하듯이, 바둑에서 포석이라 부르는 대략적인 기본 배치는 **야쿠모노**('의도적인 것')식 정원 설계에서 최초의 돌 배치와 기본적으로 동일하다. 그 포석은 '미래의 상황을 예측하고 그에 따른 행동을 전개하기 위한 거점들'이다.[33]

민첩한 동작은 다실 앞에서 다시 한 번 정점에 도달한다. 이제 곧 일상의 삶과 동떨어진 세계에 들어갈 거라는 자각과 함께 말이다. 돌계단의 맨 윗단에서 방문객은 신을 벗은 뒤 몸을 구부리고 니지리구치(무릎걸음 입구)라고 불리는 작은 문을 가까스로 통과한다. 이 행동은 겸손한 몸가짐을 위한 것이지만 또한 기민성을 요구하기도 해서 들어가는 사람은 몸의 뒤틀림을 느끼고, 바람직한 경우에는 동작의 우아함까지도 의식하게 된다. 이 통과의례를 하기 전에 훨씬 더 놀라운 묘기를

해야 하는 곳이 있다. 쿄토의 오모테센케에서 '후신不審'이란 다실로 가는 사람은 중간에 서 있는 벽의 미닫이 문, 나카쿠구리中潛(중문)를 정교하게 통과해야 한다(48쪽 위). 방문객은 문 앞쪽에서 돌계단을 오른 뒤, 양쪽 어디에도 바닥이 없는 허공 중에서 네모난 구멍으로 몸을 내밀면서 동시에 발을 앞쪽으로 뻗은 다음, 뒷발을 끌어당겨 체중을 이동한 뒤 반대쪽 돌 위에 서서 균형을 잡는다.

일본 정원에서는 아주 간단한 다리도 곡예의 요소를 감추고 있다. 이끼나 자갈, 물이 흐르는 '강' 위를 긴 돌판 하나로 건널 때 우리는 그 원시성에 큰 기쁨을 느낀다. 예컨대 카츠라궁의 시라카와 다리(48쪽 아래)는 하나의 화강암 덩어리로, 채석장에서 살짝만 끌질해서 가져온 뒤 상단면을 거칠게 마감해 발을 자극하고 마찰력을 높였다. 개천을 건너 아마노하시다테天橋立로 가는 카츠라의 또 다른 다리(49쪽 위)는 위로 약간 휘어져 있어, 오르내리는 운동감각을 가볍게 자극한다. 더 가파르고 곡선의 궤적이 훨씬 높은 다리도 있다. 시작과 끝에 수직에 가까운 계단이 놓여 있고 그 중간에 흙이 덮여 있는 이런 다리 위에서 경험하는 중력의 모험은 중국에서 유래했다.

나무뿌리와 이끼 위에 놓인 디딤돌. 쇼카테이 정자로 가는 길(46쪽).
온린도의 정사각형 화강암 디딤돌(위). 가츠라 궁.

위: 후신안不審庵 다실로 가는 길의 나카쿠구리(중문), 오모테센케, 교토.
아래: 시라카와 다리, 가츠라 궁.

48

위: 아치형 흙다리, 가츠라 궁.
아래: 지그재그 나무다리, 무린안 별장, 교토.

일본 스타일의 사뿐한 발동작을 유도하는 사례 중 지그재그의 다리는 특별한 위치에 있다. 교토의 무린안無隣庵 별장 정원(49쪽 아래)에는 널들이 짝을 이뤄 몸을 좌우로 끌어당기는 다리가 있고, 오카야마의 코라쿠엔 정원에는 널들이 가윗날처럼 교차하는 다리가 있다. 물 위에 놓인 이 좁은 건널판들은 부분적으로 겹치면서 좌우로 이동하고, 계속 새로운 각도로 방향을 튼다. 보행자는 잠시 똑바로 걷다 이내 몸을 비틀어 발을 어슷하게 디디며 원심력을 제어하고 새로운 위치 에너지를 감지한다. 물 위에서 흔들리며 잠깐씩 걷는 직선 보행과, 옆으로 이동하며 상체를 재조정하는 동작이 계속 반복되는 동안 근육, 힘줄, 관절이 우아하게 상호작용하고, 결국 이 모든 것이 균형을 잃었다가 회복하는 경험을 고조한다.

## 아찔한 가장자리

열린 곳 특유의 강력한 자유를 구현하는 것이 바로 일본식 정원의 다리다. 바로 이 자유가 또 다른 운동감각의 묘미를 보여주는데, 보호벽이나 난간이 있다면 그 느낌이 반감될 것이다. 위험한 경계로 다가갈 때 우리는 그 아래로 떨어질지 모른다는 두려움을 의식한다. 이 공포는, 그곳에 보호물이 없으니 자칫하면 위험이 도사리고 있는 곳으로 추락할 수 있다는 자각에서 나온다. 마음속 가장 깊숙한 곳에서부터 전율이 인다. 가장자리로 다가가는 사람은 아찔한 현기증에 균형이 더욱 위태로워져 걸음을 옮길 때마다 각별히 주의를 기울이고, 위험을 예측하고 극복하기 위해 의지력을 끌어올린다. 우리는 이런 종류의 모험에 도전할 때마다 같은 경험을 되풀이하고 성공한다. 두려움과 위험을 이겨내는 이 경험이야말로 에릭슨의 표현을 빌리자면, '숙달의 여지를 회복하고 창조하는' 일의 토대이자, '살아있는 모든 것의 본질'이다.[34] 그는 '인간의 유희는 위험한 선택들의 경계에서 발생하고, 항시 심각한 갈등과 함께 우리를 자유롭게 하는 선택을 수반한다'고 말을 잇는다.[35]

난간이 없는 다리는 더 깊은 곳에서 꿈틀대는 알 수 없는 힘도 끌어올린다. 공중을 나는 듯한 이 경험은 바슐라르가 말한 '공기의 정신'에서 나온다.[36] 우리는 단지 걷는 게 아니라 다리와 그 밑에 있는 것들 위로 솟아오른다. 인간의 원초적 충동인 비행의 황홀감을 누리는 것이다. 우리는 잠시 땅을 떠나 지상의 속박에서 벗어나고 세계를 발아래에 두고 높이 난다. 이 순간만큼은 공중에 떠 있는 듯하다. 느낄 순 있어도 측정할 수 없는 높이로 용감히 솟아오를 때 우리는 중력의 지배를 극복하고, 자연의 법칙이 미치지 않는 상태에서 한동안 머문 뒤 대지 위에 살포시 안착한다.

일본의 전통 건축에는 이처럼 긴장과 위험을 활용하는 요소가 하나 더 있다. 탁 트인 마루의 바닥이 난간도 없이 짙푸른 원시의 정원 위에 떠 있다(51쪽). 사람들은 건축과 자연이 함께 만들어낸 가능성의 테두리에서 앉거나 걷고 모임을 갖거나 명상을 할 수 있다. 시야를 방해하는 장애물은 전혀 없지만, 아래로 굴러떨어지는 것을 막아줄 보호물 또한 전무하다. 발을 살짝 헛디디거나 균형을 잃으면 가차 없이 아래로 곱드러진다. 실제로는 지면에서 약간 높을 뿐이지만 우리의 지각과 심리가 느끼는 높이는 엄청나다. 밑에 펼쳐진 멋진 경치는 이용할 수 있는 대상이 아니라 바라보고 영감을 얻기 위한 것, 즉 접촉할 수는 없되 꿈으로만 다가갈 수 있는 장소이기 때문이다. 여기서 느끼는 위험성이 몽상을 심화한다. 두 종류의 다른 세계를 가르는 경계가 바로 앞에 있다는 자각을 증폭하기 때문이다.

다리나 마루의 열린 가장자리는 열린 미래를 암시함으로써 자신의 운명을 다시 제어하게 되었다는 짜릿한 느낌을 되살린다. 마음만 먹으면 쉽게 뛰어내릴 수도 있고, 그럴 권한이 자기 손에 있으며, 심지어 아차 방심해서 발을 헛딛거나 너무 끝으로 다가가면 사고가 날 수 있음을 알기 때문이다. 이렇게 간단히 인간의 존엄과 책임을 일깨우는 사례가 서양에는 거의 없지만, 드문 사례로 펜실베이니아 주 밀런의 낙수장에서 프랭크 로이드 라이트가 계곡물 위에 띄워놓은 작은 디딤판이 있고(20쪽), 일리노이 주 플래노에 미스 반 데어 로에가 설계한 판즈워스 하우스의 떠 있는 테라스가 있다(52~3쪽). 흰색의 철골 위에 하얀 석회암을 깐 이 테라스는 마법의 양탄자가 풀밭 위에, 때론 범람한 강물 위에 떠 있는 듯한 느낌을 불러일으킨다. 라이트의 발판과 미스의 테라스에는 보이진 않아도 예민하게 느낄 수 있는 도취감과 위험성이 공존한다. 위험 속에 외줄과도 같은 가능성이 비친다. 혹 떨어질 수도 있지만 저도 모르게 절묘한 행위로 대처해 위험과 두려움을 이겨낼 수 있다는 의식이다.

난간없는 가장자리는 건축에서 대부분 사라졌고, 특히 도시의 공공장소에서는 거의 자취를 감추었다. 안전상의 문제에 소송과 관련된 이유가 더해져서다. 이런 제약에서 벗어난 멋진 예로 베네치아를 들 수 있다. **폰다멘테**(운하와 보도의 경계를 이루는 도로시설-옮긴이)의 돌바닥은

트인 마루와 츠쿠바이(손 씻는 물그릇), 기요미츠데라清水寺의 조주인成就院, 교토.

수로와 해수면에 닿을 듯해서 걸음을 옮길 때마다 모험을 부르는 유혹이 찰랑거린다. 물가의
보도에서 곁으로 뻗은 계단들은 수상택시와 곤돌라를 맞으러 물속으로 내려간다. 주기적으로
범람하는 시기에는 긴 나무판이 줄지어 깔리는 탓에 보행로는 불안정한 인도교人道橋로 돌변한다. 이
낭떠러지 끝에서 균형을 잡을 때 보행자의 현기증은 칼날처럼 예리한 불안으로 바뀌지만 또한 진정한
인간으로서 존재할 권리를 상징적으로 일깨운다. 이때 우리는 예측 불가능성을 기꺼이 수용하면서
미래를 예측하고 창조하는 자유를 한껏 누린다. 우리의 운명이 우리 자신에게 고스란히 돌아오고,
잠시라도 우리는 원자로 이루어진 기계장치나 순종하는 육체가 아니라 이 세계에서 열정적으로
살아가는 힘의 주체가 된다.

떠 있는 트래버틴 데크, 판즈워스 하우스(1950), 일리노이 주, 미스 반 데어 로에 작.

## 하늘 도시와 인간의 둥지

자살충동을 제외하고 공중에서 느낄 수 있는 현기증과 모험의 온갖 자유를 극대화하는 곳이 있다. 유럽의 산꼭대기에 있는 작은 도시들이 그렇다. 가끔 낭떠러지의 가장자리로 밀려나 있기까지 한 예로 코르시카 섬 최남단의 보니파시오, 알프마리팀의 사오르주와 라로케트 쉬르시아뉴 로트 강변의 로카마두르와 생시르크 라포피(프랑스), 몬테프리오와 알아마 데 그라나다(안달루시아), 마르방과 몬사라쉬(포르투갈), 그리고 이탈리아의 언덕마을 베르나차(54쪽 위 왼쪽)와 치비타 디 바뇨레조 등이 있다. 골짜기나 해안 절벽 위에 포개져 있거나 아슬아슬하게 매달려 있는 것처럼 보이는 이 높은 마을들은 원래 방어의 목적으로 생겼지만 지금은 일상적 삶에 고지대의 고귀한 느낌을 불어넣어준다.

(위 왼쪽부터 시계 방향으로) 이탈리아 베르나차, 그리스 산토리니 이아.
산토리니 포이니키아의 연속적인 계단식 옥상 테라스와 집들, 테라의 절벽에 지어진 집으로 내려가는 계단.

바슐라르가 『공기와 꿈』에서 언급했듯이 '공기의 역동성'을 부여받은 세계에서 '공기의 상태'로 사는 장엄함이라고 할 만하다.[37]

가장 원시적이지만 가장 활기찬 공중 마을의 예를 확인하려면 산토리니로 돌아가야 한다. 이 섬의 검붉은 화산 절벽에는 등고선을 따라 자리잡은 수백 개의 하얀 마을이 점점이 흩어져 있다. 이아 마을과 테라 마을(54쪽 위 오른쪽과 아래 왼쪽), 그 사이에 자리 잡은 작은 마을 포이니키아(54쪽, 아래 오른쪽), 그리고 본섬과 마주하고 있는 벼랑 꼭대기의 티라시아 마을에는 좁은 길, 계단, 옥상, 안뜰 층층이 겹쳐 있고, 각 마을이 가파른 원형 경기장을 절벽에 눌러놓은 듯 수십 개의 다른 마을들을 굽어본다. 마을과 마을 사이에는 푹 꺼진 공간이 있고 때론 바다가 깊숙히 들어와 있어 사람들은 위험과 더불어 즐기는 기분을 느끼게 된다. 바다 위 수백 미터 높이에 매달려 있는 길을 더욱 불안하게 만드는 것이 있다. 갈라진 벽과 벼랑 아래로 흘러내린 잡석들, 다시 말해 지진활동의 증거들이다.

정상에 위치한 성당은 공중의 삶을 영적 차원으로 끌어올린다. 그런 성당에는 속된 세계에서 멀리 떨어져 천국과 더 가까운 곳에서 살고자 하는 열망이 스며있다. 노르망디의 몽생미셸과 그리스 아토스 산의 수도원들, 프랑스 르퓌앙벌레의 화산원뿔구 정상에 서 있는 작은 성당 생 미셸데귀(아래)에서

생 미셸데귀 성당(969), 프랑스.

사람들은 황홀하고도 두려운 높이에서 하늘과 친근하게 얘기할 수 있다. 종교사학자 미르체아 엘리아데Mircea Eliade는 '그곳에는 신들이 거주한다'고 말한다. '몇몇 특권자들이 의식을 거쳐 그곳에 오른다… 성소의 계단이나 하늘로 통하는 사다리를 오르는 사람은 더 이상 인간이 아니다. 이제 신들의 조건을 공유하기 때문이다.'[38] 그러나 영적인 열망과 무관하게, 또 사람이 날 수 없다는 걸 알면서도, 구름과 새들 사이에서 살고 그들처럼 자신에게도 중력을 이기는 힘이 있다는 인식은 사라지지 않는다.

그런 높은 세계에 이르는 여행은 그 자체로 위대한 공적이다. 힘들고 위험한 길을 오를 때 신자들은 그 험난한 통과의례를 통해 새로운 존재 양식, 즉 죽음을 극복하고 다시 태어나는 기적을 경험한다. 그리스의 메테오라('공중에 떠 있다'는 뜻) 지역에 있는 수도원들은 뾰족한 사암 봉우리 위에 위치하여 막연한 불길함과 함께 마치 살아있는 듯한 느낌을 자아낸다. 지질운동이 만든 거대한 바위덩어리 틈새를 건물이 필사적으로 붙잡고 있는 탓에 그 긴장과 압력이 고스란히 마음속으로 파고든다. 어둡고 이상한 구멍이 숭숭 뚫린 경직된 뼈와 근육을 가진 어떤 물체가 금방이라도 파르르 떨며 움직일 것만 같다. 이 바위산들은 페네이오스 평야에 저마다 우뚝 솟아 있어 수도원에 오르기 위해서는 수백 년 동안 30미터 이상의 긴 나무 사다리를 타고 현기증 나는 곡예를 하거나, 그물을 타고 밧줄과 윈치로 끌어올려져야 했다. 최근에 절벽을 깎아 만든 계단들도 어지럼증을 완전히 없애주진 않는다. 좁고 가파른 길들이 헐벗은 암벽을 휘감고 오르며 태초의 혼돈을 건넌다. 그 길에는 신비한 승천의 흔적이 살아 있다.

20세기의 건물 중에도 인간이 하늘을 향해 발돋움할 수 있는 사례가 있다. 조지프 에셔릭Joseph Esherick이 샌프란시스코 만안지역에 지은 주택들에서는 공기의 자유를 확연히 느낄 수 있다. 그의 집들은 아무것도 지을 수 없을 것 같은 가파른 부지에 매달려 있다. 이런 위험과 희열을 구현한 예로, 밀벨리의 캐리 하우스, 오클랜드의 버맥 하우스, 벨베데레의 맥러드 하우스(57쪽), 소살리토의 오스트리처 하우스(58쪽)가 있는데 모두 바슐라르의 '날개의 시학'을 충실히 구현하고 있다.[39] 나는 새의 자유를 나눠 가졌다는 느낌은 입구의 다리와 우듬지(나무 꼭대기를 가리키는 우리말-옮긴이) 아래로 지지대를 뻗은 테라스 때문에 더욱 강해진다. 불안한 흥분과 위험의 전율은 집 안에서도 가라앉지 않는다. 길쭉한 창들이 바닥에서 천장까지 뻗어 있어, 어떤 창에는 나무의 몸통이 전부 다 들어오고 다른 창에는 중국의 족자 그림처럼 풍경의 일부분만 보여준다. 산봉우리에서부터 계곡의 바닥에 이르기까지 전경을 두루 감상할 수 있는 창도 있다.

안에서 굽어볼 수 있게 설계한 실내의 움푹 패인 공간들도 고공 줄타기 행동을 이끌어낸다. 계단을 타고 높은 벽을 오르거나 이층 높이의 방 안에 매달려 있는 다락방에 이르면 우리의 눈은 저 아래에 있는 바닥이나 점점 낮아지는 바닥들을 바라볼 수 있고, 창밖으로 가파르게 내려가는 땅과 나무들을 바라보면서 각 지점에서 일렁이는 바람의 강도를 헤아려볼 수도 있다. 거주자는 바슐라르가 감탄조로 말한 '상상할 줄 아는 인간이라면 누구나 꿈속에서 한번쯤 경험해보는 그 행복한 인상들 중 하나'에 빠져든다. 그 꿈속에서 우리는 **중력의 힘**에서 벗어남을 경험했기에, 후에도 이를 기억하고 높은 장소에 가득 퍼져 있는 그 특별한 **희열**을 어렵지 않게 되찾는다.'[40]

원천은 달라도 비행의 자유와 현기증을 동시에 느낄 수 있는 곳이 있다. 미시건 주 하버스프링스에 있는 리처드 마이어Richard Meier의 더글러스 하우스는 중이층들이 유리에

둘러싸여 있고 바닥에 좁고 긴 목재가 깔려 있다. 건물의 높은 발코니와 먼 곳을 조망할 수 있는 곳들이 우듬지 사이로 고개를 내민다. 바닥과 층들은 다리와 계단을 품거나 두르고 있는데 허공에 튀어나와 있는 계단도 있고 건물의 기초부분 까지 내려가는 사다리도 있다. 건물은 미시건 호가 굽어보이는 절벽에 걸터앉아 있다. 창문과 바닥이 벽에서 떨어져 있고 그 틈새로 다른 층들이 보여 절벽에 선 듯한 느낌이 실내에서도 잦아들지 않는다. 순백색의 외관은 사람의 시선을 자연에 머물게 하고, 그 새하얀 형체들은 끊임없이 변하는 자연의 색채를 온몸에 받으며 하늘과 뒤섞이는 탓에 시각적 모험감은 더욱 증폭된다.

　　보다 도시적인 공중의 세계가 폴 루돌프Paul Rudolph의 손에서 탄생했다. 그 세계의 불안정성은 루돌프 자신의 집과 아틀리에에서 극도에 달한다. 예를 들어 코네티컷 주 뉴헤이븐에 있는 그의 자택 계단은 난간이 없는 캔틸레버 디딤판을 딛고 벽을 따라 올라간다. 이 계단은 공중에 자유롭게 떠 있는 것처럼 보일 뿐 아니라 오르는 사람 자신의 균형감각과 발놀림 외에는 도움이 되는 수단을 내주지 않는다. 루돌프는 뉴욕 58번가에 있는 그의 사무실에도 이 경험을 도입했다. 여러 개의 중이층들이 옥상까지 벽을 타고 돌아서 자유롭게 3차원의 빈 공간을 내려다볼 수 있었다. 난간이 없는 계단들이 캣워크로 이어지고 평평한 서류박스들 위를 넘으면서 즉흥적으로 길을 터주었다. 책상들은 중이층에 올라가 있었고, 아트리움이 훤히 내려다보이는 곳에 그의 책상이 있었다. 전체적인 디자인이 위험하면서도 충격적이었던 탓에 어느 작가는 건물이 철거된 뒤 그곳을 '루돌프의 무모한 사무실'이라고 묘사했다.[41]

맥러드 하우스(1962), 캘리포니아, 조지프 에셔릭 작.

오스트리처 하우스(1968), 캘리포니아, 조지프 에셔릭 작.

위험 속에 경쾌한 유희를 도입한 이 도취의 경험은 뉴욕 비크먼 플레이스 23번지에 루돌프가 설계한 실험적인 펜트하우스에서 당당히 주요 모티프가 되었다. 이 건물은 도시를 새의 눈으로 조망할 수 있는 캔틸레버 구조 덕에 아찔함이 이는, 그야말로 현기증 나는 걸작이다. 높은 곳에서 거실이 내려다보이는 서랍식 캔틸레버 테이블 외에도 경계를 알 수 없는 수많은 바닥, 계단, 다리들이 거실을 굽어보고 있는데, 이를 위해 그는 층층이 겹친 트윈 중이층들을 건물의 기본적인 구성 요소로 사용했다. 의외의 장소에 있는 투명한 플라스틱은 이미 한 차례 흐릿해진 안정감을 한 번 더 지우고 어지러운 곡예의 느낌을 더욱 끌어올린다. 투명 아크릴로 된 바닥과 계단 디딤판에서부터 역시 투명 아크릴로 된 세면대와 욕조에 이르기까지 이 투명한 공간들은 밑에 있는 방들의 채광창 역할을 한다. 게스트 아파트의 좁은 철제 계단이 특히 독창적이다. 구부러진 철판 자체가 계단이 되어 공간을 오르는 동안, 난간이 없는 계단의 위태로움은 계단 표면에서 반사되는 그림자와 공모하여 구조물의 안전성뿐 아니라 그 경계와 확실성도 시각적으로 약화한다.

## 우아하게 비상하는 램프

바닥이 기울어지기 시작하면 우리의 몸은 균형을 유지하기 위해 모든 운동감각을 가동시키고, 각도를 맞추는 발과 흔들리는 상체와 팔을 통해 다양한 힘을 만들어 중력의 작용을 무산시킨다. 이런 종류의 창조적인 보행경험은 르네상스 시대의 빌라에 있는 램프나 코펜하겐의 룬데타른('원형 탑,' 60쪽 위) 같은 인마용 경사로가 제공하는 주된 경험이다. 룬데타른의 램프는 낮은 궤적으로 땅에서 이륙한 뒤, 비행 중에 계속 곡선을 그리며 방향을 바꾸는 동안 원심력을 발생시켜 우리의 운동감각을 복잡하게 만든다. 상승력과 추진력을 만들기 위해 긴장하는 동안 우리의 온몸은 생명력을 되찾는다. 팔다리를 움직일 때마다 신기하게도 에너지와 평형, 근육 운동의 협조와 지구력이 어우러진다. 오르는 사람은 몸의 중심과 차고 오르는 다리의 힘이 서로 어떻게 관계하는지를 뚜렷이 의식하고, 흔들리는 몸의 균형을 거듭 바로잡기 위해 체중을 신중하게 옮겨야 한다는 것을 확실히 인지한다.

르코르뷔지에의 건축에서 3차원 공간의 역동성을 보여준 주요 원천이 된 것도 바로 이 우아한 운동감각이었다. 그가 설계한 경사로는 의식적으로 노력해야 하는 가파른 각도에서부터 부드럽게 활공하는 느낌을 주는 완만함에 이르기까지 다양하고, 프랑스 롱샹의 노트르담 뒤 오 성당에서는 실내로 들어오는 빛 속으로 사람의 발길을 끌어당기기까지 한다.[42] 경사면은 습관을 깨뜨리고 몸의 비상을 자극하는 동시에 '건축적 산책'에서 근육의 역할을 지속적으로 일깨우는 매력을 지녔다. 경사로는 중력을 정복하고 하늘로 날아오를 수 있는 간단한 수단이지만, 그 이중의 매력은 레오나르도 다빈치가 느낀 매혹에 버금간다. 그의 유명한 노트 「새의 비행에 관하여Sul volo degli uccelli」에 담겨 있듯이 다빈치는 경사로 위에서 작용하는 복잡한 힘들을 연구하고, 인간이 하늘을 날 수 있는 기계를 제작하는 일에 몰두했다. 그러나 르코르뷔지에는 철근 콘크리트를 이용해서 사람이 땅에서 이륙하여 공중에 떠 있을 수 있는 경사로를 만들었고, 무게 없이 공간 속에 머물 수 있는 새의 권한을 인간에게 제공했다.

이 구속되지 않은 기쁨을 구현한 초기의 예로, 푸아시에 있는 빌라 사부아의 경사로가 건물을 가로지르고 누비면서도 계속 실외에 머물면서 하늘을 향해 완만히 올라가는 경우를 들 수 있다(60쪽 아래). 이 궤적이 인간에게 던지는 의의는 그 형식적 특질에서 나오는 것이 아니라, 우리의 경험을

위: 룬데타른의 나선형 램프(17세기), 코펜하겐.
아래: 빌라 사부아의 계단과 램프(1931), 프랑스, 르코르뷔지에 작.

자극하는 절묘한 방식에서 나온다. 사람들은 완만한 경사로를 오르며 비틀고 도는 몸짓을 결합하고, 불쑥 나타난 기회를 포착하기 위해 속도를 바꾸거나 걸음을 멈추는 등의 창의적인 몸짓을 펼칠 수 있다. 그러나 우리를 도취시키는 자유의 감각은 일, 효율성, 시간 같은 외부의 압력에서 풀려난 근육 운동에서도 유래한다. 이 경사로를 오르는 사람은 인간 존재의 두 극(몸과 정신—옮긴이) 사이에서 한가로이 활공한다. 매사추세츠 주 케임브리지 소재의 하버드 대학교에 있는 카펜터 시각예술 센터에서도 그와 비슷한 해방감이 솟는다. 건물의 두 층을 관통하는 S자형의 실외 경사로는 보도에서 진입한 뒤 큰 각도로 꺾이면서 하늘로 오를 때 항공기가 이륙한 듯한 기분을 불러일으킨다. 이륙한 뒤 건물 입구를 향해 방향을 틀면 몸은 선회하는 비행기처럼 새로운 억지력을 발생시켜 원심력에 대응한다. 반대쪽으로 하강하는 동안에는 힘이 정반대로 작동한다.

르코르뷔지에가 콘크리트에 불어넣은 비행하는 힘은 일본 건축가 안도 타다오의 손에서 부활했고 때론 더 크게 되살아났다. 그의 경사로들은 건물 안팎을 실처럼 꿴다. 안도는 니시노미야의 오테마에 대학 아트센터를 설계할 때 중력에서 벗어나는 이 해방감을 최대한 이용했다. 건물의 경사로는 인도에서 들어와 점차 높아지다가 크게 방향을 튼 뒤 건물을 관통하지만, 카펜터 센터와는 달리 반대쪽에서 계속 올라간다. 이 비행은 언덕 위를 지나면서 지상의 모든 걱정을 털어버린 뒤 급격히 방향을 틀어 건물 꼭대기 층에 안착한다. 오르는 사람은 잠시 건물의 물리적 안전과 기하학에서 풀려나고 일과 학문의 세계에서도 해방된다.

안도의 히메지 문학관에서 만날 수 있는 낮게 나는 경사로는 실외와 실내를 모두 순환하는 특이한 장점을 갖고 있다. 완만한 경사로를 따라 박물관에 접근하는 관람객은 반대 방향으로 흐르는 얕은 물 위를 지나는 동안 자신의 속도가 빠르다는 기분을 갖게 되고, 오르는 중에 걸음을 멈춘 뒤 몸을 틀고 허리를 굽혀 흐르는 물소리와 정경에 더욱 감탄하게 된다. 경사로는 실내에도 다시 나타나지만, 관람객은 이제 원통형 벽의 언저리를 따라 나선으로 내려가며 전시물들을 만난다. 비탈면을 내려가기 위해 균형을 잡는 몸은, 한쪽이나 반대쪽 벽면에 걸려 있는 전시물 앞에서 멈추고 트는 행위를 무수히 반복한다. 프랭크 로이드 라이트의 구겐하임 미술관도 같은 경험을 제공한다.

## 에펠탑에서 아르네 야콥센의 계단까지

현기증을 다스려가며 오르는 행위는 사방이 트인 곳을 걸어 올라가야 하는 높은 건축물에서 정점에 이른다. 어렸을 때 나무를 타본 사람은 이 승리감의 근원을 이해한다. 높은 탑에서는 난간이 있어도 그 행위의 본질이 유지된다. 안전장치의 존재는 희미하게 느껴지고 떨어지기 쉬운 곳에서 높은 장소를 돌아다닐 때에는 위험하다는 느낌이 사라지지 않기 때문이다.

1889년 파리 세계박람회를 기념하는 구스타브 에펠Gustave Eiffel의 탑(62쪽)에는 이러한 노력이 집약되어 있다. 이 거대한 철제 거미집은 다양한 종류의 날아오르는 행위를 통해 강렬한 희열과 두려움, 생명력과 죽을 수밖에 없는 운명을 일깨운다. 이 건축물은 안전장치가 유난히 빈약하고 종종 단이나 층계가 덩그러니 매달려 있어 지면에서 날아오르는 동안 계속 공기 속으로 풀어지고, 오르는 사람에게 격자 구조물 사이로 점점 쌓여가는 아래층들을 보여준다. 승강기를 타면 이 효과가 대부분 사라지지만, 계단은 다양한 평면과 선회 지점을 펼쳐 보이면서 훤히 드러난 빔과 기둥을 지그재그로 통과하다 중간중간 전망 포인트에서 숨을 고른다. 오르는 사람은 미궁을 헤치고

날아오르는 짜릿한 전율을 느끼고 발밑의 도시를 새의 눈으로 보는 듯한 황홀감에 빠져든다.

존 웰본 루트John Wellborn Root가 시카고의 루커리 빌딩(63쪽)에 구현한 그림 같은 오르막은 현기증이 이는 비행의 걸작으로, 그 속에 구현된 정신이 에펠탑과 유사하다. 아트리움 위로 중이층에서 튀어나온 캔틸레버 계단은 위로 오르는 동안 계속 방향을 튼다. 계단 챌판에 구멍들이 나 있고 난간도 가는 선으로 세공돼 있어 공중을 나는 듯한 현기증이 온몸을 관통한다. 벽에서 돌출된 계단은 수직의 나선으로 급히 휘돌다 급기야 아트리움의 유리 천장을 뚫고 나간 뒤 유리관을 타고 11개 층을 모두 연결한다. 나선형으로 도는 그 멋진 경험은 아래의 아트리움을 굽어보거나 곁눈질하는 행위로 인해 더욱 강렬해진다. 이 계단에서 팽이처럼 도는 몸의 주인은 상체를 이리저리 틀고, 계속 변하는 디딤판의 각도에 다리와 팔을 맞추며 자신의 힘을 재조정해야 한다. 그 모험의 뿌리는 바티칸 궁전에 있는 브라만테의 나선 계단과 프랑스 샹보르 성에 있는 이중나선 계단에서 찾을 수 있지만, 루커리 빌딩의 이 계단은 타의 추종을 불허한다.

계단의 안전성을 물리적으론 확보하면서, 심리적으론 없애버리는 방식은 '유리의 집Maison de Verre'에 잘 구현되어 있다. 서재로 오르기 위해 철로 만든 계단(64쪽)은 피에르 샤로Pierre Chareau 가 베르나르드 베이보에트Bernard Bijvoët와 금속공인 루이 달베Louis Dalbet와 함께 설계했다. 표면이 뚫려 있고 모든 부분이 가늘고 검은 선으로 이루어져 있으며, 바닥이 휜히 보이는 디딤판과 삐걱대고 휘청거리는 얇은 강철이 그 효과를 고조한다. 거의 수직에 가까워서 울타리의 보호를 받긴 하지만 이와 비슷한 경험이 위스콘신 주 윈드포인트에 있다. 프랭크 로이드 라이트는 이 건물의 굴뚝을 오르는 계단, 윙스프레드를 나선으로 만들었다. 울타리를 붙잡고 쏟아지는 햇빛을 받으며 빙글빙글 올라가 지붕을 뚫고 정점에 도달하면, 나무 위로 미시건 호수가 한눈에 펼쳐진다(6쪽).

공중에 떠서 중력을 정복하는 것은 덴마크의 건축가 아르네 야콥센Arne Jacobsen의

기둥 사이에 얽혀 있는 계단, 에펠탑(1889), 파리, 구스타브 에펠 작.

아트리움의 유리 천장 위로 솟구친 나선형 계단의 상부(위)와 하부(아래),
루커리 빌딩(1886), 일리노이 주 시카고, 존 웰본 루트 작.

전매특허다. 뢰도브레 시청사의 날렵한 계단은 사람이 시원스레 뚫린 그 공간 속으로 뛰어 들어가 솟구칠 때 발밑에서 가벼운 공기로 흩어진다. 절제된 철골조에 얇은 스테인리스강 디딤판이 붙어 있으며, 그 디딤판들을 이어주는 것은 챌판이 아닌 빈 공간이다. 난간 레일은 극히 가는 선으로 축소되어 있고, 난간과 계단 사이에는 투명한 유리판이 들어가 있다. 이 모든 효과에 힘입어 야콥슨의 구조물은 가벼운 깃털처럼 공중에 떠 있는 듯 보이는데, 발밑의 시야를 최대한 열어놓아 오르는 사람에게 실제로 그런 기분을 선사한다. 천장에 매달려 있는 강철봉들이 계단의 무게를 지탱하는데, 그 빨간색은 마술처럼 떠 있는 계단을 강철봉과 무관한 듯 보이게 한다(위). 이 경쾌한 경험의 마지막 마무리는 계단과 마주한 높은 유리벽이다. 계단은 그 투명한 벽을 넘어 무한한 공간으로 도약하는 것처럼 보이고, 유리를 통해 들어오는 빛은 계단의 모든 부분을 통과하며 그 날렵한 몸체를 한 겹 더 풀어헤친다.

전율과 공포를 섞어 경험을 일깨우는 야콥슨의 정신은 코펜하겐에 있는 덴마크 은행의 기념비적인 아트리움에서 다시 한 번 빛을 발한다. 양쪽 벽에서 물러나 공중에 떠 있는 계단은 각 층의 바닥과 짧은 다리로 연결되어 있고, 6층에 이르는 계단의 높이와 실내 공간의 과장된 공허함이 현기증을 증폭한다. 이 모든 효과로 인해 오르는 사람은 이 꾸밈없는 계단에 주의를 돌리고, 외부의 도움 없이 공중에 떠 있는 듯한 경이로운 느낌을 경험한다. 뢰도브레 시청사에서는 햇빛이 안정감을 흩뜨리면서 인간의 행위를 강조하지만, 덴마크 은행에서는 해가 진 뒤에 나타나는 그림자와 유리벽에 희미하게 비친 큰 그림자가 물같이 흐르면서 같은 효과를 만들어낸다.

위: 뢰도브레 시청사의 계단(1956), 덴마크, 아르네 야콥센 작.
64쪽: 서재로 올라가는 계단, 유리의 집(1931), 파리, 피에르 샤로 & 베르나르드 베이보에트 작.

개별 출입을 위한 작은 문이 들어있는 청동 회전문, 라뚜레트(1960),
프랑스 에보, 르코르뷔지에 작.

# 2

## 변화의 메커니즘

건물의 동적 요소란 우리가 손과 손가락으로, 때론 온몸으로 직접 제어하고
미세하게 조정할 수 있는 창과 문, 덧문이나 출입문 등을 말한다.
이 요소들은 주변의 공간을 의미 있고 바람직하게 즉시 바꿀 수 있는 힘을 준다.
그러나 변화의 결과만큼이나 중요한 것이 그 과정에 참여하는 우리의 행위다.
몸의 근육과 건물의 메커니즘이 교묘히 상호작용할 때, 그 움직임과 효과가
뻔하고 지루한 대신 마법처럼 경이로울 때, 실용적 가치를 뛰어넘는 무언가가
발생한다. 우리가 단지 영향을 받는 존재가 아니라 이 세계에 실질적 영향을
가할 수 있고 이런저런 결과를 만들어낼 수 있는 힘을 가진 인간임을 확인하는
것이다.

이 세계에는 놀라운 방식으로 작동하거나 변하면서 즐거움을 주는 물건들이 있다. 그런 것들의 보편적인 매력은 아기들이 맨 처음 하는 작은 행동에서 나타난다. 아주 단순한 장난감들도 각기 다른 형태를 갖고 있어서 갓 태어난 아이의 몸과 상상력에 호소하지만, 그 핵심은 늘 물체의 상태를 직접 변화시켜 결과를 만들어내고자 하는 욕구와 닿아 있다. 아무리 간단한 것이라도 무엇인가를 조작할 때 아이는 항상 자신이 행위를 할 수 있고, 창의적인 작용을 일으킬 수 있으며, 주도적 힘의 원천이라는 사실을 확인한다. 에릭슨의 말에 따르면, 더 넓은 의미에서 이 '다루기 쉬운 장난감들의 소우주'는 '아이가 자기자신을 점검해볼 필요성을 느낄 때 되돌아갈 수 있는 항구'가 되어준다는 것이다.[43]

친근한 예로, 인형의 집은 수동적으로 구경하는 볼거리가 아니다. 아이는 그 공간에서 직접 큰 영향력을 행사하고 많은 것들과 정서적으로 교감하면서 자신의 세계로 흡수할 뿐 아니라 어떤 것이 반응한다 싶으면 지극정성으로 보살피고 애정을 쏟는다. 아이들은 정해지지 않은 가상의 사건들에 맞춰 끊임없이 작은 인형과 가구를 조정하고 그 배열을 체크한다. 바퀴 달린 장난감 자동차, 테디베어 같은 폭신한 인형들, 작지만 사실적인 장난감 병정, 암수 한 쌍의 동물들이 가득한 방주, 조립식 모형 기차, 인형 극장, 그리고 가장 변화무쌍한 장난감인 건물짓기용 나무 블록이나 레고에도 인형의 집처럼 잘 변하는 성질과 매혹이 섞여 있다. 이런 변화무쌍한 물건들을 갖고 지어낼 수 있는 가상의 시나리오는 무한대이고, 그 겉모습을 만들고 바꿀 수 있는 아이의 능력 또한 무한정이다. 그 힘은 사물의 유연성에서 나오지만 그에 못지않게 촉각과 시각을 끄는 사물 자체의 매력에서도 나온다. 이 매력에 끌려 창의적인 마음은 수많은 가능성을 떠올리고 그로부터 경이로운 변화를 만들어낸다.

인간이 직접 개입해서 변화시키는 행위의 효과는 유년기가 끝나도 그 중요성이 사라지지 않고, 나이에 상관없이 성년기에도 계속 필요한 것으로 남는다. 변할 수 있는 것들 속에 잠복해 있는 가능성을 탐구하고 우리가 그 결과의 생산자임을 알리면서, 심리학자 카를 그로스Karl Groos가 표현했듯이, '원인이 되는 기쁨'을 발견하는 데에 그 근본적인 동기가 있기 때문이다.[44] 프롬이 『인간 파괴성의 해부The Anatomy of Human Destructiveness』에서 말했듯이, 만일 인간이 '완전히 수동적으로, 단지 하나의 사물처럼 자신을 경험한다면, 자신에게 자유의지가 있고 주체성이 있다고 느끼지 못할 것이다. 이 문제를 해결하기 위해 인간은 어떤 것을 할 수 있거나, 어떤 것을 움직일 수 있거나, 뭔가에 "흠집을 낼" 수 있다는 느낌, 가장 적합한 단어로 자신이 "유효하다(변화를 실행한다)"는 느낌을 획득해야 한다… 어떤 변화를 실행할 줄 안다는 것은 곧 그가 무기력한 존재가 아니라 살아 움직이는 인간임을 주장하는 것이다. 실행할 줄 안다는 것은 단지 영향을 받는 존재가 아니라 활동하는 존재라는 것, 수동적이 아니라 능동적이라는 것을 의미한다. 그것은 결국 존재의 증거다. 그 원리를 이렇게 공식화할 수 있다. **나는 실행한다, 고로 존재한다.**'[45]

필자는 즉시 움직일 수 있는 건축의 요소들, 즉 사람이 손과 상상의 힘으로 직접 변형할 수 있는 것들에는 장난감 같은 유희의 흔적이 남아 있다고 생각한다. 그 유희는 유용한 기능을 초월해서, 행위의 원인이 되고자 하는 인간의 근본적 욕구를 채워준다. 그러나 문과 창문을 포함해 이 유순한 요소들이 인간의 진정한 행동을 낳기 위해서는, 오늘날과 같이 습관적이고, 예측 가능하고, 단지 실용적이기만 한 동작을 무덤덤하게 요구하거나, 몸과 상관없이 전기와 스위치로 변화를 일으키는 것이어서는 안 된다. 자기 자신을 확인할 수 있는 진정한 힘은, 신비의 흔적을 유지한 채 작동하고,

결과가 완전히 결정되어 있지 않거나 명확히 예측할 수 없고, 무엇보다 그 움직임이 매혹과 경탄을 불러일으키는 그런 요소들에서 나온다.

　　사람의 몸이 직접 지배할 수 있는 건축의 동적 요소에는 우리가 밀거나 열 수 있는 것들, 위아래로 움직이거나 축을 중심으로 회전시킬 수 있는 것들이 있지만, 크기 면에서도 서랍에서부터 벽체와 천장 전체에 이르기까지 매우 다양하다. 이 요소들이 있어 우리는 주변 세계에 직접 충격과 변형을 가할 수 있다. 실현 가능한 동작을 사전에 평가하고 상상할 수 있을 뿐 아니라 동작의 과정을 감독하고 시험하고, 미세 조정이나 재조정을 하는 동안에도 평가와 상상은 계속된다. 결과가 불확실하고 수수께끼 같을 때, 그리고 그 변화가 우리의 피부만 자극하는 것이 아니라 손과 손가락, 더 나아가 발과 다리가 지탱하고 있는 어깨와 등으로 전해질 때, 우리는 몸속 깊은 곳에 있는 힘이 깨어나 환경에 영향을 미치고 변화시키는 것을 경험한다. 또한 그러는 중에 주변의 세계뿐 아니라 우리의 존재를 소생시킬 기회가 발생한다. 환경을 조정할 때 그 행위와 더불어 우리 자신이 매번 새롭게 창조되는 것이다.

　　변화의 힘을 발휘하는 건축의 요소는 그 범위가 사물 자체에 머물지 않고 창조적이라는 점을 기억할 필요가 있다. 그런 요소에는 구체적으로 공간의 분위기를 바꾸거나 지배하는 힘이 잠재해 있다. 다시 말해, 빛과 그림자, 온도, 소리, 냄새는 물론이고, 주변 환경과의 관계나 그 너머에 펼쳐진 우주와의 관계까지 조절할 수 있는 것이다. 훌륭한 예로 런던의 존 손 경 박물관에 채광창이 나 있는 전시실, '픽처룸'이 있다. 세 벽면에 큰 패널들이 경첩에 달려 있고 패널 앞뒷면에 그림들이 걸려 있어, 여닫이문을 열 듯 패널을 움직이면 뒤에 숨겨진 그림들이 나타난다. 손 경의 언급을 빌리자면, 이 패널들 덕분에 전시실은 네 배 크기의 미술관에 들어갈 분량을 전시할 수 있고, 움직이는 각도와 변하는 빛 아래서 그림을 볼 수 있다.

　　전시실의 남쪽 벽을 이루고 있는 패널들이 특히 강렬한 인상을 풍긴다. 겹쳐진 두 장의 패널을 차례로 90도까지 열면 숨어 있던 손 경 자신의 수채화들이 눈앞에 펼쳐진다. 그러는 동안 패널들은 그 자신과 주위의 실내 공간을 변형할 뿐 아니라, 보이지 않는 거대한 창문을 열어젖혀 천창이 나 있는 후미진 방을 공개한다. 또 다른 수채화들과 조각품들이 가득한 이 방에는 바깥의 안뜰이 보이고 더 가까이로는 〈수도사의 면회실Monk's Parlour〉도 내려다보이는 창이 있어, 측면에서 들어오는 빛이 위에서 쏟아지는 빛과 뒤섞이며 새로운 효과를 만들어낸다. 이 거대한 덧문들을 조작하는 사람은 그리 넓지 않은 이 전시실의 빛과 음향이 완전히 바뀌고 실내와 바깥 세계의 관계까지 변한다는 사실에 놀라움을 금치 못한다.

## 상호작용과 자아의 발견

건축에는 우리가 신중히 고려해가며 작동할 수 있는, 다시말해 정해지지 않은 방식으로 우리의 동작을 유도하는 요소들이 있어야 한다. 이 주장은 삶의 모든 국면에서 확인할 수 있는 유희의 가치와 필요성에 근거한다. 유희가 인간 조건에서 가장 깊은 자리를 차지하고, 사르트르의 말대로 '주체성을 자유롭게'하기 때문에[46] 실존주의 철학의 기본 주제가 된 것도 놀라운 일이 아니다. 우리에겐 인과관계를 알고자 하는 선천적 욕구가 있으며, 그 결과로 '인간이 자유로운 존재임을 자각하고 그 자유를 이용하려 하는 순간부터… 그의 활동은 유희가 되고,' 유희하는 동안 인간은 '자신의

바로 그 행동 속에서 자신만의 자유를 확인하는 일에 열중'한다.[47] 실제로 우리는 유희하는 중에만, 즉 목표에 매인 과제들과 강제적인 행동에서 풀려나 있을 때에만 실용성을 초월해서 삶 그 자체에 본래적 가치가 있음을 자각할 수 있다. 이런 점에서 우리는 또한 시인이자 철학자인 프리드리히 실러 Friedrich Schiller의 유명한 말을 기억해야 한다. '인간은 진정한 의미의 인간일 때에만 유희를 하고, 유희하는 동안에만 온전히 인간이다.'[48] 우리는 유희하는 동안에, 유희를 하기 때문에, 비활성의 물체나 본능에만 따르는 생명체 또는 자동 기계가 아닌 그 이상의 존재가 된다.

　　자유와 행위의 경우처럼 유희도 본래 변증법적이어서, 사람과 그 주변 세계의 '상호작용 interplay'으로 보는 편이 더 정확하다. 예를 들어, 존 손 경의 전시실에 있는 움직일 수 있는 패널이나, 한때 동업자였던 엔리크 미라예스Enric Miralles와 카르메 피뇨스Carme Pinós가 스페인의 모렐라 기숙학교에 설계한 큰 곡선을 그리는 문과 회전하는 벽(위와 71쪽)을 보자. 이 장치들이 정해진 목적을 초월하는 것은 거기엔 항상 놀람과 결과에 대한 의구심이 있어서, 힘을 행사하는 몸을 고양하는 활력이 돋기 때문이다. 이 장치들은 실용적이고 유익하지만, 작동하는 동안에 사람은 그 결과에 매이지 않은 채 작동의 속도와 궤적을 조절하면서 자아를 확인하는 기쁨을 누린다. 그 장치들은 어른들이 흔히 잊어버리는 근본적인 진리를 우리에게 일깨운다. 유희는 많은 사람들이 오해하듯이 자의적이거나 본질에서 벗어난 한가한 활동이 아니고, 소외된 활동, 공상 또는 휴식도 아니며, 그와 정반대로 유희를 할 때 인간은 세계에 가장 깊이 관여한다는 사실, 그리고 유희 중에 우리는 세계를 벗어나는 것이 아니라 매번 처음인 듯 창조적인 참여자가 되어 세계로 뛰어들고, 세계와 상호 작용한다는 사실을!

　　역사학자인 요한 하위징아Johan Huizinga는 '유희는 생명의 기능'이라고 말한다. 유희야말로 '자발적 활동'의 정수이기 때문이다.[49] 『놀이하는 인간Homo Ludens: 놀이와 문화에 대한 연구』

바퀴가 달린 철제 회전 출입문의 열린 모습(70쪽)과
강당쪽으로 회전하며 열리는 벽(위), 모렐라 기숙학교(1994), 스페인, 엔리크 미라예스 & 카르메 피뇨스 작.

에서 하위징아는 주로 사람들 사이, 그리고 사람과 사회 사이에서 일어나는 유희에 초점을 맞추고서 유희가 삶에 일상적이었음을 보여주는 문화적 증거들을 조사한다. 그는 진지함, 예컨대 '강인함과 기술을 요하는 게임, 발명하는 게임, 추측하는 게임, 운에 좌우되는 게임, 모든 종류의 전시와 공연' 을 배치하고 전개할 때 발생하는 진지함과 반대되는 유희의 양식을 강조하기 때문에, 우리가 보기에 그가 말하는 유희가 보다 근본적인 어떤 것, 즉 각 개인이 세계와 상호작용을 하는 동안에만 발생하고 존재하는 그런 유희와는 무관하다는 의혹이 들기도 한다. 그러나 건축이 그 핵심적 역할, 즉 행위를 하면서 지금 여기에 존재하고 있음을 깨닫게 하거나 은폐하는 역할을 하는 것은 바로 존재와 존재의 지속적인 회복을 떠받치는 이 근원적인 영역 안에서다.

유희가 즐거움에 그치지 않고 평생토록 개인의 행복과 자기 회복 과정을 촉진한다는 점은 정신의학이 갈수록 분명히 입증하고 있다. 정신분석학자이자 소아과의사인 도널드 위니콧Donald Winnicott은『놀이와 현실Playing and Reality』에서, 행동을 자아의 발견으로 보는 한나 아렌트와 유사하게, 유희는 본질상 자아를 찾는 행위라고 주장했다. '아이든 어른이든 인간이 창의적일 수 있는 것은 유희할 때 뿐이며… 개인이 자아를 발견하는 것은 창의적일 때뿐이다.'[50] 유희하는 행동은 매번 개인의 현존과 특성을 드러낸다. 유희 중에는 우리의 기호가 드러나고, 이미 검증된 능력뿐 아니라 우리의 내면에 잠복해있는 새로운 잠재력이 발휘되어 존재의 권리를 획득하는 것이다. 우리는 자신이 인간적으로 성숙한 존재라는 소중한 자각을 획득하고, 우리에겐 이 세계 안에서 하나의 원인으로서 결과를 지배하고 즉흥적으로 만들어내는 능력이 있음을 확인한다. 동시에 우리의 열망과 한계를 포함해 우리의 독특하고 고유한 면이 무엇인지도 알게 된다. '자아감에 토대'를 제공하는 것은 이 모든 경험의 '합계'이자 그것이 몸과 마음에 일으키는 '반향'이라고 위니콧은 말한다.[51]

분명 개인의 자아정체감은 청년기에 완성되는 정적인 구조물이 아니라 평생 동안 서서히 전개되고 나이가 들수록 쉽게 위축되는 불안정한 형성물이다. 따라서 이 살아있는 체계가 건강함을 유지하려면 생이 다할 때까지 회복과 자연치유의 과정을 계속 반복해야 하는데, 가장 좋은 방법은 유희를 통해서다. 에릭슨이 말했듯이, 유희는 '인간의 잠재력을 일깨울 수 있는 무한한 자원' 이기 때문이다.[52] 게다가 '진정한 어른이 되기 위해' 모든 사람은 '각 단계에서 유년의 쾌활함과 장난스러움을 회복해야 하고,' 더 나아가 '모든 일의 중심에 쾌활함을 계속 유지하고, 자신과 남들의 활동이 확장될 수 있도록 그 여지와 범위를 갱신하고 증대할 기회에 계속 관심을 기울여야 한다.'[53] 위니콧은 유희의 의미를 더욱 확장해, 유희는 변증법적 활동의 핵심이며 그러므로 곧 우리의 소통 방식이라고 말한다. '인간의 경험적 존재는 전적으로 유희의 기초 위에 구축된다'고 그는 결론짓는다. 유희가 없다면 사람들은 일방적인 소통에 머물고, '정신병이나 극히 미숙한 상태'를 벗어나지 못한다.[54]

르네 뒤보는 이 문제에 진화론의 관점을 도입했다. 호모사피엔스가 하나의 생물종으로 성공할 수 있었던 요인은 자극과 도전에 창의적으로 대응하는 능력이며, 이런 대응 능력은 일차적으로 주변 세계를 탐험하고자 하는 인간의 욕구에서 명확히 나타난다는 것이다. '그런 탐험 활동은 일반적으로 유희라 부르는 것과 관련이 깊으며, 실은 경험을 통해 외부 세계와 친밀한 관계를 맺는 효과적인 방법이다. 원시 부족의 사람들 역시 주변 환경을 탐험하고, 이를 통해 그 속에 있는 자원과 위험을 자세히 파악한다. 가장 개화되고 기술 수준이 높은 사회에서도 유희는 여전히 지식 획득에 꼭 필요하고, 특히 아이들과 청소년들의 자아 발견에 필수적이다. 탐험과 유희의 충동은 성인의 지속적인 성장에도 이바지한다. 르네 뒤보는 이렇게 결론을 내렸다. '우리가 이제 나이 들었다고 느끼는 순간, 우리는 이미 죽은 거나 마찬가지다.'[55]

우리의 대중사회에서 신체적 유희는 아이들에게나 어울리는 경박한 활동으로 평가절하되었고, 소비자와 인공두뇌를 중시하는 문화가 도래한 이후 지금까지도 활용할 수 없는 삶의 영역으로 남아 있다. 하지만 유희는 시대를 막론하고 창조적인 삶과 가장 깊이 관련된 활동이다. 아이들만을 위한 기존의 놀이터, 즉 자칫 메마르고 단조로울 수 있는 세계의 그 작은 오아시스는 마주칠 때 드는 행복감에도 불구하고 우리 사회에서 인간의 유희가 격하되었음을 가장 큰 목소리로 일러준다. 유희가 인간의 실존에 결정적이라면, 우리는 나이와 신체적 기능에 상관없이 모든 사람이 자아성 회복의 기회를 누리는 장소들을 마련해서, 유희를 더 폭넓게 즐기고 일상 세계에 더 깊이 끌어들여야 한다. 그런 장소에서 개인은 비로소 유년기와 함께 잃어버린 쾌활함을 어느 정도 회복하고, 때때로 우리의 기원 및 진화의 근원들과 다시 접촉하게 될 것이다.

## 기계화된 건축의 눈속임

이제부터는 오늘날 일부 건축가들이 인간의 지배력은 차단한 채 움직이는 볼거리로만 이용하고 있는, 기만적인 장치들에 대해 짧게 언급하고자 한다. 많은 사람이 인정하듯이 이 괴물 같은 기계들은 최면을 거는 듯 우리의 눈길을 사로잡지만 그 작동방식은 사전에 입력되어 있는 데다 사람이 아닌 전기 에너지로 이루어진다. 개인의 행동은 딸깍 하는 스위치 조작으로 축소되고, 움직임의 변화는 예정된 프로그램을 이행하는 공연에 국한된다. 이런 거대한 기계장치에서 가장 인상적인 것은 산티아고 칼라트라바Santiago Calatrava가 고안한 연출법들이다. 그 앞에서 사람은 미리 설계된 공연을 보며 멀리서 그저 감탄만 하는 수동적 관객으로 전락한다.

20세기의 기계 건축에서 가장 현란하고 충격적인 개념은 실제 건물로 구현되지 않았다. 가장 먼저 눈에 띄는 것이 세드릭 프라이스Cedric Price의 선구적인 펀 팰리스Fun Palace이다. 이 놀라운 발명품에서 철골은 비계 역할을 하고, 움직이는 받침대들과 크레인들이 조립식 벽과 천장, 선회하는 에스컬레이터와 모듈 구조의 계단들을 이동시키며 조립하거나 해체한다. 그러는 동안 오갈 수 있는 공간이 즉흥적으로 만들어진다. 그 유쾌한 장치에는 커다란 조립완구의 매력이 있지만, 우리는 그 변화의 뒤에서 그르렁대는 테크놀로지가 느리게 작동하고 있다는 사실을 잊게 된다. 이 '유희의 궁전'의 기초에는 건축은 둔감한 고형물이 아니라 인간과 유연하게 상호작용할 수도 있다는 개념이 놓여 있다. 프라이스는 이 개념을 포터리스 싱크벨트Poterries Thinkbelt 프로젝트에도 연장시켜, 스태퍼드셔의 버려진 선로와 열차를 활용해 움직이는 대학교를 세우는 방안을 구상했다.

프라이스의 풍부한 통찰은 피터 쿡Peter Cook과 아키그램 그룹의 상상력을 자극했다. 그들이 구상한 '플러그인 시티Plug-in City'는 가변적이고 교체할 수 있는 단위들로 이루어져 있다. 그로부터 10년 뒤 프라이스의 가장 유명한 후예인 파리의 조르주 퐁피두 센터가 렌조 피아노Renzo Piano와 리처드 로저스Richard Rogers의 손에서 탄생했다. 행사의 성격에 따라 사람들은 볼트로 연결된 요소들과 벽들을 움직이고 재배치할 수 있다. 그러나 이런 일시적인 구조물은 기본적으로 변신을 하는 공업용 기계들이며, 그 거대한 몸체를 움직이려면 초인적인 테크놀로지를 사용해야 하고 그 운동력의 초인적인 표현도 우리가 따라잡기에는 너무 굼뜨다는 점을 기억하는 것이 좋다. 움직임의 스펙터클한 효과는 숨어 있는 기계장치와 담당 기사가 조절하고, 더 비인간적인 경우는 리모컨 스위치가 제어하기 때문에, 인간의 자발성과는 눈에 보이는 관계가 전혀 없다. 설령 그 관계가 눈에 보인다고 해도, 우리는 그 손이나 방아쇠가 결코 우리의 것이 아님을 잊어서는 안 된다.[56]

프라이스의 유쾌한 장치에는 내부의 작동 방식이 기본적으로 투명하고 완전히 드러나 있는 반면, 그 다음 세대들이 창안한 연출법들은 선정적인 변화 뒤에 그 힘을 은폐하거나, 한술 더 떠 우스꽝스럽고 억지스러운 기계들을 구상하는 경향이 있다. 그런 기계들은 공상과학 소설의 인공지능 사회와 디스토피아에 만연해 있는 자아의 상실을 반영하거나 심지어 찬양하는 것처럼 보인다. 이 기묘한 움직이는 장치들은 암울한 미래주의 이야기, 즉 통제를 벗어난 기계들이 거꾸로 인간을 지배하는 암울한 세계를 전달한다. 여기에서 우리는 철학자 마르틴 하이데거Martin Heidegger의 경고를 기억해야 한다. '우리는 테크놀로지를 "정신적으로 통제"하고 지배할 것이다. 그리고 우리의 지배의지가 더 절박해질수록 테크놀로지는 인간의 통제에서 벗어나려고 할 것이다.'[57]

## 일본의 소박한 미닫이문

인간의 동작에 가장 민감하게 반응하는 건축물의 동적 특성은 화려하다기보다 소박한 쪽에 가깝다. 우리가 즉시 손으로 움직이거나 제어할 수 있을 정도로 가볍기 때문이다. 이 즉흥적인 요소들은 대개 건물의 중요한 경계와 문턱에 위치해 있어, 실내 공간에 큰 영향을 미치고 실내와 인접한 공간 또는 실외와의 관계에도 변화를 준다. 이 변화를 이용해 사람들은 인접한 영역들을 즉시 연결하거나 분리할 수 있고, 은신과 조망의 균형을 원하는 대로 미세하게 조정할 수 있으며, 빛과 소리, 온도와 냄새의 흐름에 미묘한 변화를 꾀할 수 있다. 주요한 질적 특성들을 직접 조절할 수 있을 때 인간은 그로부터 가치 있는 행동을 할 힘을 얻고, 즉시 자신의 상상과 몸의 힘을 발휘해 실행에 옮긴다. 보다 일반적인 차원에서 이 같은 사실은 거의 모든 것이 사전에 결정되어 있는 세계에서, 우리가 그 일부를 지배할 수 있다는 뜻이기도 하다.

조절의 기회가 가장 풍부한 경우를 보기 위해 일본의 전통 건축에 눈을 돌려보자. 움직이는 요소의 목록을 건축이 수 세기 동안 늘린 덕분에 사람들은 분위기와 공간을 거의 무한대로 조절할 수 있게 되었다. 투과성과 기능이 제각각인 간단한 패널들을 겹겹이 설치해서 일광, 사생활, 자연과의 교류, 날씨와의 접촉을 조절한다. 이 변조에서는 다루기 쉬운 크기와 무게가 핵심이 된다. 서로 연결되어 있는 각각의 단위를 한 사람이 쉽게 밀거나 돌려야 하고, 때론 걷어서 한갓지게 수납해야 하기 때문이다. 바닥에 만든 정교한 레일도 똑같이 중요하다. 패널이 홈에 완벽히 맞아 조용히 밀릴 때, 미닫이문을 당기는 가장 간단한 동작은 우아하고 즐거운 행위로 변모한다.

매끄럽게 움직이는 패널들이 가장 밀집해 있는 곳은 평행으로 겹쳐져 있는 미닫이문 주변이다. 그 경계가 변화하는 조건에 충분히 대응할 수 있도록 여러 겹의 다양한 여과장치를 이용한다. 하나의 입구에 여러 개의 레일이 있고, 각각의 레일에 문이 하나씩 끼워져 있어 이 문들을 중첩시키면 주변 공간을 다양하게 제어할 수 있다. 맨 바깥쪽 홈을 따라 움직이는 단단한 판재 덧문(아마도, 雨戸)은 비바람과 침입자를 막아주지만 겨울에는 열 손실을 줄이는 용도로도 쓰인다. 아침에 이 덧문을

열어 빛과 신선한 공기를 들이면 집은 정자로 변신한다. 무더운 여름에는 발(스다레)을 내리거나 올려 뜰과의 경계를 세밀히 조정한다. 대나무를 엮어 만든 발을 처마 안쪽에 달면 모시 커튼을 친 효과가 난다(위). 이 가리개는 헐겁게 붙어 있지만 햇빛은 차단하면서도 공기와 시야를 통과시키고, 위아래로 쉽게 조절할 수도 있어 때론 보이지 않게 완전히 올리고, 때론 일부만 펼치고, 때론 천장에서 바닥까지 장막처럼 늘어뜨릴 수도 있다.

경계의 가장 안쪽 면에 해당하는 반투명한 미닫이문인 쇼지는 들어오는 빛을 부드럽게 분산시키고, 실내를 구획하며 빛을 안쪽 방으로까지 전해준다. 가는 나무로 된 문틀은 그 움직임에 실용적이면서도 심미적인 힘을 실어준다. 문틀 바깥쪽 면에는 긴 섬유질의 거친 종이가 붙어 있다. 미닫이문을 움직이면 즉시 방의 크기와 위요감을 바꿀 수 있고, 또한 전체적인 느낌과 분위기도 달라진다. 문을 열면 방이 확장되어 자연과 합쳐지고, 문을 닫으면 부드러운 백색광이 방을 채운다

바깥쪽의 발과 안쪽의 미닫이문 그리고 가로대 위쪽 광창의 미닫이문, 요시지마 저택, 다카야마, 일본.　　　　**변화의 메커니즘**

미닫이문을 닫았을 때와 열었을 때. 상부에 발이 조금 내려와 있다. 다이조인退藏院, 묘신지妙心寺, 교토.

(76쪽). 이 평화로운 조명이 비칠 때 방은 '꿈결 같은 빛'에 물든다. 소설가 다니자키 준이치로는 이렇게 표현하기도 했다. '어떤 얇은 막이 시야를 무디게 하는 듯하다. 하얀 장지를 통과한 그 빛에서… 빛과 어둠을 구분할 수 없는 혼돈의 세계가 창조된다.'[58]

이 움직임에 새로운 차원을 더하는 것이 있다. 기타무라 스테지로가 교토에 건축한 기타무라 저택의 쇼인(서원)은 사면에 유키미-쇼지('설경을 보는 문')가 있다. 이 문은 부드럽게 미끄러지고 쉽게 떼어낼 수 있는 것 외에도 두 겹, 즉 종이창과 투명한 유리로 되어 있고 수직으로 조정할 수 있다. 종이창을 부드럽게 올리고 정원 쪽의 시야를 열어도 비나 추위가 차단되도록 한 것이다. 실내에도 미닫이문을 보완해주는 장치가 있다. 후스마라고 불리는 장지문은 크기와 가벼움이 미닫이문과 비슷하지만 문틀 양쪽에 두꺼운 종이를 발랐기 때문에 빛이 통과하지 않는다(위). 빛을 막고 소리를 차단할 수 있는 움직이는 벽인 셈이다. 똑바로 난 홈 위에서 움직이는 후스마는 미닫이문과 고정된 벽들과 다양한 조합을 이루어, 실내의 공간감, 방들의 관계 그리고 자연과의 관계를 무한히 바꿔놓는다.

미닫이문은 하나씩 또는 여러 개를 동시에 밀어 실내를 차단하거나 다른 방들과 합칠 수 있고, 일부분만 열어 불연속적인 시야와 작은 은신 공간을 동시에 확보하거나, 활짝 열어 탁 트인 전망을 얻을 수도 있다. 건물을 독립된 방들로 바꿀 수도 있고, 뜰을 향해 완전히 개방할 수도 있다. 벽에 구멍을 내 여닫는 서양의 문과는 달리 일본의 미닫이문은 벽 자체를 열고 닫아서 보이는 범위와 방향을 미세하게 조정한다. 이 주요한 공간적 기능을 보완하는 것들이 있는데, 구체적이고 분명한 목적을 가진 작은 미닫이 칸막이가 바로 그것이다. 예를 들어 가끔 미닫이문이 달리기도 하는 둥근 창(마루마도), 욕실이나 화장실을 가려주는 나무 가림막(마이라도), 주방이나 욕실의 환기를 위해

판자들 사이에 틈을 준 미닫이 패널(무소-마도)이 있다.

일본에서 완성된 마무리 장치도 언급하지 않을 수 없다. 시토미도는 선종사원의 법당(위)이나 교토고쇼(교토황궁) 같은 별장을 둘러싸는 덧문이다. 이 거대한 나무판들은 경첩이 위에 달려 있어 일련의 차고 문처럼 밖으로 밀어 올린 뒤 지면과 수평하게 걸쇠에 걸어 놓을 수 있다. 여는 폭에 따라 경계면은 마루와 외부 세계를 향해 전부 열리거나 일부만 개방된다. 놀라운 사실은 일본 건축가 중에 과거로부터 물려받은 이 움직이는 요소들을 오늘날의 소재, 테크놀로지, 취미에 적합한 언어로 재탄생시키려고 한 사람이 거의 없다는 사실이다. 반 시게루는 그 소수의 예외 중 한 사람으로, 도쿄의 커튼월 하우스에서 그 효과를 가장 단순하고 극적으로 표현했다. 이 큐브 하우스는 트인 면에 거대한 커튼이 쳐 있다. 그가 '미닫이문과 발을 대신한다'고 설명한 2층 높이의 하얀 직물은 사생활이 필요할 때에는 끌어당겨 치고, 여름에 도시 쪽으로 실내를 열고 공기를 순환시킬 때에는 한쪽으로 밀쳐 열게 되어 있다.[59]

그는 이후 2/5 하우스에서부터 벽 없는 집Wall-less House에 이르기까지 변형의 가능성을 주제로 한 일련의 주택에 폭넓게 동적요소를 도입했다. 가변성이 특히 높은 작품은 하다노에 있는 나인스퀘어그리드 하우스Nine-Square Grid House로, 계절과 필요에 따라 실내를 열거나 닫을 수 있다. 사람은 속이 빈 측벽에 들어있는 이동식 칸막이를 격자 형태의 레일에 쉽게 집어넣고, 밀거나 당길 수 있다. 북쪽 면과 남쪽 면에 탈부착이 가능한 미닫이 유리문이 있어 이 가변적인 네트워크를 보완해준다. 그 결과 전체적인 주택은 여러 개의 방으로 나뉠 수도 있고, 하나의 정자로 변해 자연과 하나가 될 수도 있다. 전통 가옥이 희고 세련된 추상작품으로 재탄생한 것이다.

　수평으로 걸려 있는 덧문, 처마의 걸쇠(시토미즈리)와 긴 봉으로 고정되어 있다. 즈이신인 사원隨心院, 교토.

## 깨달음을 주는 토속적인 요소

일본의 치밀함과 다양성 그리고 그 범위에는 못 미치지만 서양의 토속 건축도 그와 비슷하게
독창적인 요소들을 많이 개발했다. 각각의 장치는 용도에 맞게끔 영리하게 고안되어 폭넓은
조절능력과 운동감각을 자극하고 실용성을 초월한다. 단순히 문이나 창문을 여는 일이지만 우리의
창의적 능력들을 자극하고, 불확실하면서도 즐거운 효과가 작업에 유쾌한 즐거움을 불어넣을 때,
일하는 것 이상의 무언가가 발생한다.

　　이 소소한 행동의 중요성을 배가하는 사실이 있다. 문이나 창문은 단지 물리적 경계가 아니라
바슐라르가 강조한 대로, 갖은 두려움과 욕망이 혼재해 있는 '심리적 문지방'이라는 것이다. 단순한
예로 네덜란드 전통 가옥의 상하로 나뉜 여닫이문(아래)은 문과 창문과 입구의 성질을 겸하고 있다.
아마 동물을 막고 아이를 통제하는 동시에 빛과 공기를 끌어들일 용도로 발명한 듯하다. 하지만
이 문은 안전과 모험의 원초적 균형, 즉 외부의 위협은 피하면서도 세계와 계속 접촉한다는 느낌을
되살아나게 한다. 은신과 조망의 이 멋진 리듬은 인간의 정신과 깊이 공명하기 때문에, 이 장치의
기능은 눈에 보이는 물리적, 실용적 이익을 크게 초월한다.

상·하부가 따로 개폐되는 네덜란드 식 문.

뿐만 아니라 이중의 빗장을 조작하고, 경우에 따라서는 끼움목을 꽂아 홈에 맞추거나 문과 같은 넓이의
가로장을 들어 올린 뒤 다시 제자리로 맞춰 넣는 동안, 사람의 몸은 자연스레 아주 꾀바르고 유연한
행동을 하게 된다.

같은 맥락에서 과거에 정교하게 만들어진 문을 여는 것은 지루하거나 무덤덤한 일이 아니다
(위와 81쪽). 이를 조작하는 사람은 문 자체의 무게와 움직임의 관성, 손의 피부와 관절에 느껴지는
손잡이의 감각, 그 질량의 운동량을 느끼고, 마지막으로 문의 속도를 늦춰 멈추게 하는 데 드는
근육의 긴장을 예측하면서 문의 움직임에 깊이 관여하기 때문이다. 문에 달려 있는 안전장치들은
눈과 마음에 특별한 차원의 경험을 선사한다. 여러 개의 자물쇠와 열쇠를 다루고, 무거운 빗장을
움켜잡은 뒤 미끄러뜨리거나 회전시키고, 죔쇠나 지레를 조작하고, 문에 달린 고리쇠를 잡아 올린 뒤
땅! 하고 놓을 때, 문을 여는 일은 독특한 청각적 사건이 된다.

또한 현관 벨을 울리는 일도 작은 버튼과 미리 입력된 전자음으로 한정시킬 필요가 없다.
로텐베르크의 바바리안 마을에서는 집집마다 다르게 생긴 멋진 종을 울려 도착을 알리고, 어떤
집에서는 내부의 다양한 층에 울리는 몇 개의 벨 중 하나를 선택하기도 한다(82쪽 왼쪽). 매끈매끈한
황동이나 연철로 된 손잡이는 그 심미적인 형태로 사람의 손을 끌어당기는 매력이 숨어 있어,
손가락으로 휘감고 그 관능적인 물건을 손–신경이 가장 밀집해 있는 신체 말단이자 촉각의 피드백이
가장 풍부하게 일어나는, 진화의 경이로운 작품–으로 쥔 다음, 위나 안이나 밖에서 울리는 종과
연결돼 있는 가는 쇠줄을 당겨보라고 권유한다. 잡고 당기는 근육의 움직임과 그 동작을 제어하거나
되풀이하는 힘의 정밀한 차이는 벨소리의 크기, 리듬, 여운에 섬세히 반영된다. 미리 입력된 단조로운
소리를 내는 초인종에 비해, 로텐베르크의 현관 벨들은 아주 약하게 건드려도 반응하기 때문에
인간의 행위를 찬양하는 동시에 감각적인 즐거움으로 행위에 보답한다.

서쪽 문에 달려 있는 가로와 세로의 걸쇠들, 생 샤펠 성당(1248), 시테 궁전, 파리.

슬라이딩 걸쇠와 손잡이, 고리쇠가 부착된 발코니 출입문, 퐁프루아드 수도원(1093), 프랑스.

선종 사원의 종이 경내를 뒤흔들 때에도 그와 비슷한 공감각이 발생한다. 종소리는 수도승들에게 예불 시간을 알리지만, 시간을 알리거나 중요한 예식을 표하기도 한다(위 오른쪽). 감각이 뒤섞이는 과정은 손으로 묵직한 나무 메를 들어 올리는 것으로 시작해서, 육중한 황동 종을 타격하기 위해 메를 크게 휘두르고, 울림이 손가락과 팔에 전달되는 것으로 마무리된다. 들어올리고 휘두르고 타격하는 행위는 놀랍고도 즐거운 청각적 사건을 만들어낸다. 깊이 공명하는 매우 낮은 소리가 멀리까지 울려 퍼진다. 맑고 청아한 타격음은 낮게 떨리는 긴 반향으로 바뀌어 1분 정도 이어지다 여운을 남기며 아스라이 소멸한다. 마음이 차분해지고 명상에 큰 도움이 될 법하다.

하나의 문이 인간의 주도권에 반응할 때 느껴지는 깊은 만족감은 변화 가능성을 숨겨두었다가 돌연 우리의 경탄을 자아내는 창문에서도 발생한다. 예를 들어 오래된 네덜란드 마을의 화려한 나무 덧창들, 그중에서도 특히 조합이나 쌍으로 여닫는 것들을 살펴보자(83쪽). 길가의 덧창들은 수평이 아니라 위아래로 열게 되어 있어 즉석 차양이나 선반으로 변신한다. 17세기 네덜란드 가옥에서 볼 수 있는 키 큰 납틀 창문의 덧창은 한층 더 복잡한데, 여러 개의 덧창을 조율하면 길고 좁은 방의 조명을 미세하게 조정할 수 있다. 이 미세한 조명 효과를 자세히 연구한 스틴 에일러 라스무센Steen Eiler Rasmussen은 창의 일반적인 형태를 이렇게 묘사했다. '대개 네 개의 틀을 가진 유리창은, 각 틀에 달려있는 덧창을 따로따로 여닫아 빛을 마음대로 조절할 수 있다… 실내를 아주 신비하고 어슴푸레하게 할 수도 있고, 한 지점만 밝히고 나머지 공간을 어둑어둑하게 할 수도 있다. 그림이 입증하듯이 이 효과를 렘브란트Rambrandt보다 능숙하게 이용한 화가는 없다. 또한 그의 그림을 보면 이 특별한 조명 효과가 질감 역시 풍부하게 한다는 것을 알 수 있다.'[60] 라스무센은 이어,

베르메르Vermeer도 그렇게 덧창을 조작해서 그림에 미묘한 분위기를 불어넣었다고 주장한다.

빛과 공기를 조절하는 것은 그로 인해 방어력이 약해질 수 있는 성, 궁전, 수도원에서도 중요한 관심사였음이 분명하다. 이런 건물의 깊은 창문에는 대개 벽감과 실내의 조건을 폭넓게 제어할 수 있는 덧창이 달려 있기 때문이다(84쪽). 창문과 덧창 전체를 열거나 닫으면 빛, 조망, 바람, 소리를 대략 조절할 수 있고, 문짝 안에 달린 작은 날개문들을 이용하면 더 세밀하게 조절할 수 있다. 실용성과 소박한 미를 결합한 것으로 유명한 19세기 미국의 셰이커 교도는 특히 복잡한 덧창 시스템을 발명했다. 이 시스템에는 환기를 위해 조절할 수 있는 목재 채광창이 있고, 미닫이문처럼 움직여 창문을 덮고 겨울의 웃풍을 막는 이른바 '인디언 셔터'가 있다. 뉴햄프셔 주 엔필드에 있는 그레이트 스톤 저택 1층에는 창문마다 빛과 조망을 섬세하게 조절할 수 있는 4개의 덧창이 달려있다(85쪽). 이 4중의 덧창은 각각 절반만 열 수 있어 도합 세 가지 다른 개폐설정, 즉 완전히 닫히거나 반쯤 열리거나 완전히 열린 상태가 가능하고, 그 결과 하나의 창문은 사실상 여덟 가지로 변신할 수 있다. 덧창에 잠재해 있는 여러 위치와 동작들을 숙고하고 시험할수록 참여의 정도는 높아지고,

경첩이 수평으로 달린 덧창, 델프트, 네덜란드.

큰 창문이 차례로 접혀 작아지는 모습에서 즐거움까지 느끼게 된다. 모든 덧창을 한꺼번에 열었을 때에도 경이로운 일이 일어난다. 마치 날랜 손재주로 마술을 부린 듯 덧창들이 문설주의 홈 속으로 모습을 감추기 때문이다.

카를로 스카르파의 올리베티 전시장에 가면 눈 모양의 창에 달린 한 쌍의 덧창에서도 비슷한 경이로움을 만난다(86쪽 아래). 티크목과 브라질 자단목의 질감과 색에 이끌려 저도 모르게 손을 대면 한 쌍의 격자창이 양쪽으로 미끄러지며 벽 속으로 사라지고, 다른 두 겹의 변조가 모습을 드러낸다. 먼저 투명한 미닫이창이 나타나고, 그 너머로 실내와 광장의 관계를 조정할 수 있는 여닫이 창문이 나타나는 것이다. 덧문을 품고 있는 창문은 작은 문(유다의 문이라고도 불린다)이 달린 대문에 상응한다. 이 문은 큰 운송수단이 진입할 때에는 대문 전체를 열고, 개인들이 빈번히 왕래할 때에는 아래쪽의 쪽문을 연다. 결국 문은 사람의 행위에 따라 두 개의 다른 역할과 작동을 하게 된다. 예를 들어 마차용 문은 말과 마차나, 요즘 같으면 차량을 들일 땐 활짝 열리고, 사람들이 작은 입구로

84　한 쌍의 덧창 안에 있는 이중의 작은 덧창. 샤토 드 베이냑. 프랑스.

네 가지 개폐방식을 보여주는 덧창의 변신, 그레이트 스톤 저택(1841), 엔필드 뉴햄프셔.

위: 장례행렬을 예배당으로 들이는 회전식 문에 나 있는 개별 출입문, 브리온 가족묘지(1977), 이탈리아.
아래: 미닫이 나무 덧창과 유리판넬, 그 너머에 설치된 여닫이 유리 창문, 올리베티 전시장(1958), 베네치아, 카를로 스카르파 작.

드나들 때에는 닫혀 있다. 이 중첩된 움직임은 큰 교회나 성당의 문에서도 발생한다. 많은 사람을 위해 활짝 열 수도 있고 신자가 개별적으로 출입할 때에는 그에 맞는 문을 연다. 최근의 사례로 스카르파의 브리온 예배당에는 장례 행렬이 들어올 수 있는 큰 콘크리트 문 안에 흑단과 유리로 된 작은 문이 있다(86쪽 위). 철근과 백시멘트로 제작된 큰 문은 천장에서 바닥까지 이어진 강철 피봇경첩에 달려 회전하는데, 큰 판은 그 안에 들어 있는 작은 판들과 다른 호를 바닥에 그린다.

## 현대 키네틱 건축의 계보

건축에서 수동식 제어 가능성이 위축되고 있다는 관점에서 보면, 건축의 고정성과 자동화라는 이중의 위협적인 추세는 곧 육체를 분리시키는 과정이고, 이는 바로 인간을 배척하는 흐름이다. 여전히 인간의 손이 필요한 몇 안 되는 건축 요소, 즉 일반적인 여닫이 문, 이중 창문, 커튼, 베니션 블라인드에서도 실질적인 행동의 여지가 거의 다 제거된 탓에, 원인이 되는 힘, 더 폭 넓게는 물리적 세계에서 책임감을 느끼는 힘이 우리에게 있음을 더 이상 증명하지 못한다. 움직일 만한 나머지 것들마저 기능상의 목적 이상으로 나아가지 못하고 유희라곤 찾을 수 없게 되어버려서, 사실상 인간적인 행위가 생겨날 여지가 사라지고 말았다.

건축이 화석화, 인공두뇌화 되는 흐름 속에서도, 소소한 행위 속에 인간의 존엄을 보존하고자 노력한 건축가들이 이 추세에 꾸준히 저항해온 것은 다행스러운 일이다. 대표적인 예로, 워튼 에셔릭은 자택과 스튜디오의 문들에 자단목을 깎아 만든 윤이 나는 빗장과 손잡이를 달았다. 이 장치들은 모양과 방식이 제각각이고, 형태와 결이 사람의 손가락과 살갗을 끌어당겨 한번쯤 조작해보도록 유혹한다(88쪽). 서로 맞물린 부품들의 움직임과 반작용이 마음을 빼앗으면서도 조작하는 사람으로 하여금 자기도 모르게 행위의 주체와 원천이 되고 장난감을 갖고 노는 듯한 느낌에 빠져들게 한다. 비슷한 맥락에서 에셔릭의 전등줄 끝에 달려 있는 금속 공예물도 잡는 손을 놀라게 해 동작을 지연한다. 조명등은 큰 궤도로 흔들리는 나무대 끝에 매달려 있다. 가장 크게 움직이는 요소는 밧줄과 도르래 그리고 위아래로 움직이는 평형추로 작동하는 침실 바닥문이다. 쓸모와 즐거움, 이 모든 행복한 결합에는 로버트 프로스트Robert Frost의 시 「진흙 시간의 두 뜨내기 일꾼」에서 들려오는 삶의 핵심이 스며있다.

> 사랑과 필요가 하나 되고
> 일이 곧 유희인 곳에 이르러,
> 그 행위는 진정 끝나고
> 천국과 미래가 펼쳐지리라.[61]

건축의 고정성을 극복한 20세기의 가장 유명한 시도는 게리트 리트벨트Gerrit Rietveld가 설계한 위트레흐트의 슈뢰더 하우스에 담겨 있다. 위층은 채광창이 있는 계단부를 중심으로 4분할되어 있고, 미닫이식 칸막이들이 전체 공간을 나누거나 합치면서 변화를 만들어낸다. 모든 칸막이가 콜타르로 처리된 코르크와 목재섬유 판자를 붙인 경량 샌드위치 패널로 되어 있어 쉽게 다룰 수 있다. 패널들은 일본의 장지문을 생각나게 하지만 그런 정교함과 심미적 즐거움은 없으며,

바닥에 난 홈과 천장에 달린 강철 T자 레일을 따라 세트별로 평행하게 이동하기 때문에, 각각의 방이 다양한 넓이와 방향으로 확장될 수 있다. 칸막이를 모두 열면 각 방들은 즉시 하나의 넓은 공간이 되고, 부분적으로 분할하면 둘 내지 네 개의 방이 나온다. 모든 방이 공유하는 계단 주위에는 움직일 수 있는 창문들이 있어 그 중심 공간을 열 수도 있고 유리로 감쌀 수도 있다.

변화를 추구하는 억누를 수 없는 정신은 다른 요소들에도 스며있다. 상징적인 남쪽 모서리에서 직각으로 만나는 두 창은 중간 문설주가 없고 반대 방향으로 열려 이음매를 시야에서 지운다. 가구의 형태는 흥미를 자극해 즉각적인 반응을 유도하는데, 특히 거실 겸 식당의 수납장에서는 각기 다른 크기의 노란색 함들이 보이지 않는 틀 안에 들어 있다. 함들을 잡아당기면 일정치 않은 방향으로 각기 다르게 나와 그 볼륨이 3차원의 퍼즐로 변하면서 실용성 이상의 유희를 선사한다. 각각의 움직이는 요소에 적용된 몬드리안Mondrian풍의 색들은 장식의 기능을 넘어 수 세기를 관통하는 네덜란드 민속 건축의 전통과 연결된다. 원색들이 눈과 손을 끌어당기고, 어떻게 하면 움직일 수 있는지 힌트들을 내놓으며 우리의 주의를 끈다.

변형성은 프랭크 로이드 라이트의 주요 관심사가 아니었지만 오코틸로Ocotillo는 예외다. 애리조나에 위치한 이 '사막의 작은 캠프'에는 '하얀 캔버스 천 날개들'이 범선의 '돛처럼' 목조

자단목 빗장, 워튼 에셔릭 스튜디오(1926년 설립), 맬번, 펜실베이니아.

구조물 위에 달려있다. 경첩이 달린 캔버스 날개들을 '닫으면 모래바람을 막을 수 있고, 적당히 열어 사막의 미풍을 실내로 들일 수도 있다.' 이들은 그의 건축적 디테일에 두드러진 특징으로 남아있다.[62] 탈리에신 웨스트(라이트가 동절기에 살던 집)에는 밝은색으로 예상 밖의 움직임을 강하게 암시하는 작은 요소들이 곳곳에 있다. 카바레 극장 주위로 채광이 되는 복도는 양쪽에 경첩이 달린 긴 덧문들이 있어 조절 가능한 필터의 역할도 한다(위). 바깥쪽의 덧문을 안에서 위로 열면 채광창이 덮이며 외부 풍경이 들어오고, 안쪽 덧문을 통로 아래쪽으로 열면 극장의 창문이 열리게 된다. 패널들은 매우 촘촘해서 햇빛이나 외부의 소란을 완전히 차단할 수 있고, 활짝 열어 모든 공간에 빛과 공기를 들일 수도 있다. 캔틸레버식 출입구에서부터 라이트가 사는 숙소의 통로에 이르는 다른 요소들도 강렬한 체로키 색으로 칠해져 이 활달한 자유를 표현한다.

펜실베이니아 주에 위치한 낙수장에서 판유리는 거실의 투명한 덮개(90쪽)에서부터 변화무쌍한 역할을 예고하지만, 선박의 해치를 닮은 모양이 암시하는 공간적 자유를 상상할 때 모험의 조짐은 더욱 분명해진다. 이 해치는 개울로 내려가는 계단부의 입구인 동시에 푸른 자연과 신선한 공기를 들이는 창이고, 두 평면에는 조작 가능한 유리판들이 있다. 수직면을 이루는 유리 두 짝은 여닫이 식으로 열리고, 수평 면을 이루는 세 장의 유리판은 레일을 따라 이동한다. 서쪽에 있는 두 침실의 모서리 창문들도 조절이 가능하니 그야말로 경이로움이 그득한 셈이다. 폭포 쪽으로 난 여섯 쌍의 여닫이창을 열면 감쪽같이 사라지는 모서리에 놀라게 된다. 또한 책상 옆에 90도로 열 수 있는 수직의 여닫이창도 있어 도합 13장의 창유리가 창문 전체의 3중 기능을 만들어낸다(91쪽).

카바레식 극장에 인접한 통로에 설치된 두 종류의 덧문
개폐에 따른 실내환경 변화. 탈리에신 웨스트(1937년 착공), 애리조나, 프랭크 로이드 라이트 작.

　　라이트가 애리조나 주 파라다이스 밸리에 지은 프라이스 하우스의 아트리움에서도 퍼즐 같은
문 여섯 쌍이 있어 집과 사막은 행복한 결합을 이룬다. 각 쌍의 문이 만나는 수직선은 표면의 문양에
묻히는 반면, 문의 반대쪽 테두리는 밑으로 가늘어지는 콘크리트 블록 기둥과 맞물리도록 사선에
톱니모양을 하고 있다. 각각의 문은 수직축에 따라 회전하지만 닫았을 때 기둥과 잘 만나도록 수직
경첩이 편심으로 설치되어 문의 운동을 복잡하게 하는 동시에 경치와의 어울림을 극대화한다. 이들을
작동해보는 재미는 라이트가 경첩의 구조를 감춰놓은 데서 나온다. 명확한 지지물이나 궤도가 없어
보이는 디테일이 창조되었으며, 이 같은 사실이 의구심과 매혹을 동시에 자아낸다. 하지만 청옥색과
금색이 멋진 콜라주를 이루고 있는 문의 장식도 그 매력에 기여한다. 문이 움직일 때 그 콜라주는
현란한 눈부심을 발산하는데, 이는 르코르뷔지에가 직접 손으로 그린 롱샹 성당의 회전문(92쪽)에도
나타나는 그 놀라움과 기쁨의 뒤섞임을 상기시킨다.

거실의 유리 환기창(90쪽)과 침실의 쌍 여닫이 그리고 수직 창문(위).
낙수장(1935) 펜실베이니아, 프랭크 로이드 라이트 작.

폴 루돌프가 플로리다 주 새니벨 아일런드의 워커 게스트 하우스에 도입한 동적 요소는 전체 입면의 3분의 2를 차지한다. 지상에 살짝 떠 있는 큐브 스타일의 집은 창문 상부에 경첩이 수평으로 달린 합판 패널로 사면이 둘러싸여 있다. 각각의 입면은 3등분 되어 있고, 그중 3분의 2에 해당하는 2개의 패널(총 8개)이 각각 눈의 잘 띄는 금속제 공과 연결되어 있다. 강철 케이블이 패널과 공을 이어주고 그 중간에 도르래가 있어 공은 평형추 기능을 한다. 패널들은 따로 또는 함께 올려져 집과 날씨와 바다의 관계를 조율할 수 있다. 차양과 환기구 역할도 하고 가족이 집을 비울 때에는 내리고 걸어 잠글 수 있어 태풍이나 좀도둑을 막기도 한다. 이는 단지 물리적 변화에 그치지 않는다. 루돌프의 말대로 '패널들을 닫았을 땐 동굴처럼 아늑해지고, 열었을 땐 심리적 변화가 일어나 공간이 사실상 풍경 속으로 흩어지기 때문이다.'[63]

이 패널의 명랑한 움직임들에 비해 라투레트에서 만난 르코르뷔지에의 거대한 청동문(66쪽)은 얼마나 엄숙한가. 짙은 색 위에 녹청까지 앉은 이 커다란 동판과 그 안에 사람들이 드나드는 작은 문은 그것을 밀어 열었던 수많은 손의 흔적을 품고 있다. 들어가는 사람은 먼저 바닥에서 큰 빗장을 잡아당겨 비튼 뒤, 어깨와 상반신으로 문의 무게를 밀어 회전력을 발생시켜야 한다. 청동 구조물은

회전하고 있는 남쪽 문, 노트르담 뒤오 성당(1955), 롱샹, 프랑스, 르코르뷔지에 작.

특히 무거워 처음에는 미는 힘에 저항하지만, 일단 저항을 포기하면 놀라울 정도로 부드럽게 움직인다. 숨겨진 경첩으로 90도까지 회전하는 문은 움직이면서 운동량이 급속히 증가하기 때문에 속도를 늦추려면 예상치 못한 근육의 긴장이 필요하고, 정지시킨 상태에서 빗장을 바닥에 고정시킬 즈음에 문을 민 사람은 예배당 안으로 넓은 통로가 트였고 어둠 속에 한 줄기 빛이 스며든 사실을 발견하게 된다.

건축에 유희적 요소를 불어넣고자 하는 이 열망은 루이스 칸Louis I. Kahn의 주택에서도 느껴진다. 칸의 움직이는 요소들은 시각적으로 강렬하고 나무 퍼즐인 양 촉각을 끌어당긴다. 그의 작품인 필라델피아의 에셔릭 하우스가 품고 있는 적응성은 유리창이 많은 배면에 집중되는데, 여기서 창들과 두꺼운 삼목의 격자 틀은 남쪽을 향해 있다. 일부 창문의 문설주에는 삼목 덧창들이 달려있어 원하는 대로 여닫으면 빛, 소리, 온도와 함께 정원과 그 너머의 공원 조망까지 조절할 수 있다. 거실의 절반 높이인 여덟 쌍의 덧창은 경첩이 달려있고 따로따로 여닫을 수 있어 다양한 변신을 일으킨다.

조절할 수 있는 덧문이 양쪽에 있는 창가 좌석, 피셔 하우스(1967), 펜실베이니아, 루이스 칸 작.

모든 덧창을 열었을 때에는 벽 천제가 투명해지고, 닫았을 때에는 노출되는 면이 절반으로 줄어든다. 덧창들이 고정된 중앙 창문과 연계해서 빛의 다양한 형태, 방향, 흐름을 조정해주는 덕에 거주자는 일광의 양과 질을 미세하게 조절할 수 있다. 거실의 책장들 사이에 있는 가느다란 환기구 패널들은 르코르뷔지에의 회전하는 환기구(pivotant aérateurs)를 연상시키는데, 이 역시 수동 조작을 요구하고, 벽에서 슬며시 나와 욕조를 소파로 유머러스하게 변신시키는 욕실의 커다란 나무 서랍도 마찬가지다.

펜실베이니아 주 해트버러의 피셔 하우스에 움푹 들어간 창가 자리는 더 압축적이고 오붓하다. 특히 인상적인 것은 거실의 창가 좌석이다(93쪽). 우묵한 유리창 구조물 안에 놓인 이 자리는 아름답고 정교한 참나무 공예에 둘러싸인 조타실 같고, 실제로 몇몇 부분을 움직여 주변 분위기를 섬세하게 조종할 수도 있다. 좌석(등받이)에는 숨겨진 수납공간이 있고, 양쪽에 있는 덧창은 폭풍이 불 때 열어두어도 비가 들이치지 않는다. 다른 방들에도 안쪽으로 깊이 들어와 있는 창들과 덧창이 있는데 덧창의 긴 패널들은 유리판이 달린 나무 상자 안에서 움직인다. 덧창은 가령 자연광, 여름의 산들바람, 자연의 소리처럼 거주자가 관심을 두는 환경요소들을 조절한다. 덧창은 또한 매력적인 목재 세공으로 사람의 손을 유혹하는데, 이 점은 일본의 퍼즐 상자(히미츠-바코)와 매우 비슷하다. 그 심미적인 나무 상자를 열 때에는 까다로운 조작을 거쳐야 하는데, 정확한 지점을 누르기만 하면 열릴 수도 있지만 때론 작은 부품들을 정확한 순서대로 비틀어야 보상을 해주기도 한다.

## '유리의 집'의 기계적인 경이로움

피에르 샤로가 설계한 이 집의 곳곳에서 볼 수 있는 놀랍고도 매혹적인 동적요소들은 결과를 만드는 인간의 힘을 거듭 입증해준다. 문과 창문에서부터 칸막이와 캐비닛에 이르기까지 손으로 조작하는 요소들은 실용적으로 작동하지만 그와 동시에 눈앞의 실용성을 초월해 놀람과 역설을 안겨주는 장난스러운 차원을 드러낸다. 그 속에는 한나 아렌트가 '놀라운 의외성'이라고 규정한 성질이 있다. '그 성질은 모든 시작, 모든 발생에 본질적이다… 그래서 새로운 것은 항상 기적의 탈을 쓰고 나타난다. 인간이 행위를 할 줄 안다는 사실은 그에게 예상치 못한 것을 기대할 수 있고, 그가 극히 불가능한 것도 해낼 수 있음을 의미한다.'[64]

책장과 평행하게 움직이는 발판사다리(95쪽)에서부터 마담 달자스Mme Dalsace의 거실과 침실 사이에 있는 접이식 계단(96쪽), 미서기식 패널, 회전하는 장지문과 문틀 없는 회전문에 이르기까지, 이 집에서는 사무용으로 보이는 도구들에도 가시적인 동적 요소와 비가시적인 움직임의 아름다움이 얽혀 있다. 편의를 제공하는 동시에 이 움직임을 황홀한 이벤트로 만드는 것이다. 이 발명품들을 보고 케네스 프램턴Kenneth Frampton은 이렇게 썼다. '유리의 집에 적용된 기계화는 광범위하고, (달베의 장인정신과 뛰어난 솜씨 덕분에) 경제적으로 설계되고 정밀하게 시공되었다. 디테일에서 그 재료들은 자신의 힘을 극한까지 발휘한다. 대표적인 예로 서재의 움직이는 사다리는 금속 봉 하나를 구부려 만든 받침대에 의존해 이동한다. 따라서 원격으로 조작하는 강철 환기창과 건물 정면에서 새나오는 불빛이 결코 이 집에 있는 기계적 요소의 전부는 아니다. 조절할 수 있는 거울에서 회전하는 벽장에 이르기까지 운동성mobility은 그 집의 모든 디테일에 스며있다.'[65]

가장 매혹적인 기계 장치들은 가장 예민한 경계에 집중되어 있다. 1층 현관은 원래 의사의

진료실과 위층의 거주공간으로 이어지는 계단이 공유하고 있었던 탓에 시간대별로 조심성의 정도가 달라야 하는 특히 민감한 경계였다. 해결책은 계단 주위에 얇은 베일을 씌우고 그 투명성을 조절해서 시각의 투과율을 높이거나 낮추는 것이었다(97쪽). 계단에 접근하는 사람은 안이 비치는 금속 타공판과 유리로 만들어진 4등분한 원통 모양의 회전문을 이용하지만, 이 신기한 문을 여는 방법은 명확히 눈에 들어오지 않는다. 그 문은 버팀기둥과 가로대 속에 나 있는 것이 아니라 공간 중에 헐겁게 매달려 있다. 회전의 중심점들은 거의 숨어 있고, 움직임을 주도하는 정밀한 철물과 레일은 위와 아래의 검은색 강철 테두리로 어렴풋이 짐작만 할 수 있다. 손잡이도 마찬가지다. 손으로 잡아보고 시험 삼아 작동시켜볼 때에만 이 감각적인 베일이 어디로 어떻게 움직이는지를 알 수 있다.

거실 책장의 수평으로 움직이는 계단사다리, 유리의 집(1931), 파리, 피에르 샤로 & 베이보에트 작.

　　구멍이 뚫린 얇은 가림막, 이른바 '변신 스크린'들이 덧대어져 있는데 레일을 따라 이동하는 큰 판유리 뒤에 한 쌍씩 붙어 있는 이 수직의 스크린들은 접혔다 펴졌다 하면서 주거와 의료, 두 세계의 시각적 접촉을 통제한다(98, 99쪽). 닫으면 시야가 흐려지고, 90도로 열면 시야는 더 넓어져도 투명도는 그대로이고, 또 스크린과 유리 구조물 전체를 최대한 활짝 열면 인접한 영역들과 완전히 합쳐진다. 하지만 그 작동은 분명하지도, 미리 정해져 있지도 않다. 조작하려는 사람은 가까이 다가가 접합부를 살펴보고, 각 부분들과 가능한 작동방식을 탐구하는 과정을 거쳐야 한다. 즉 처음에 가졌던 의구심이 해결책을 찾는 순간 우쭐함으로 바뀌는 그런 경험 말이다. 여기에 유희의 차원을 더하는 것이 있다. 각 장치의 무게와 질감, 그리고 공간 속에 매끄럽게 호를 그리는 움직임이 관능적인 놀라움을 일깨우며 사람의 손가락, 팔, 어깨와 상체로 '놀라운 의외성'이 스며든다.

　　꼭대기 층의 욕실에도 경이로움이 숨어 있다. 자유롭게 세워둘 수 있는 휘어진 두랄루민 재질의 스크린을 회전시켜 여닫아 욕실 안의 내용물들을 이용하거나 가릴 수 있어서 욕실 영역과 복도의 연결고리가 자연스럽게 변한다. 각 스크린의 변신은 이중적이다. 레일을 따라 회전하는 움직임과 타원의 볼륨을 생성하는 움직임이 겹치는 것이다. 단일한 기능이나 뻔한 움직임에서 해방된 이 폭넓은 자유는 뚜렷한 경계가 없는 그 욕실의 다른 부분들에서도 빛을 발한다. 손잡이가 없는 대신 양쪽 문이 겹치는 수납장, 밖으로 회전하며 나오는 빨래 건조대, 샤워와 욕조의 시각적 이어짐을 미묘하게 조절할 수 있는 다공 금속판의 개인용 가리개, 그리고 그 가리개와 회전식 수건걸이가 함께 만들어내는 이중의 차단 효과가 그것이다.

　　케이블과 도르래가 있는 접이식 계단 디테일, 유리의 집.

위: 계단부 주변이 닫힌 모습.
아래: 계단 앞에서 호를 그리며 열리는 곡면 타공판 스크린 디테일, 유리의 집.

유리의 집 곳곳에서 반복되는 즐겁고 놀라운 움직임의 양태를 마주하면서 우리는 그 세계의 물건들이 인생 자체의 가변성을 반영하는 듯 일시적이고 교묘한 현실을 만들어내고 있음을 알게 된다 (99쪽 아래와 100~1쪽). 중요한 것은 완성된 물건이 아니라 영화 같은 움직임과 즉석에서 일어나는 효과다. 그러나 시공간 속을 통과하는 이 유연한 비행은 단지 잠복된 형태로, 각 장치의 연결부와 작동 범위 속에만 존재한다. 인간의 행위가 가해져 이들을 작동시키고 주도해주길 기다리고 요청하는 것이다. 건축의 일부가 몸 안으로 들어오고, 사람의 행위가 주목의 대상이 된다.

유리와 금속 타공판 스크린이 만들어내는 가림과 트임의 4단계, 유리의 집.

위: 스크린 시스템을 완전히 열었을 때 주거영역으로 가는 계단 전경.
아래: 가정부 욕실의 회전하는 스크린 벽, 유리의 집.

위: 환자 대기실의 수동식 창문.
아래: 창문을 작동하는 핸들과 기어장치, 유리의 집.

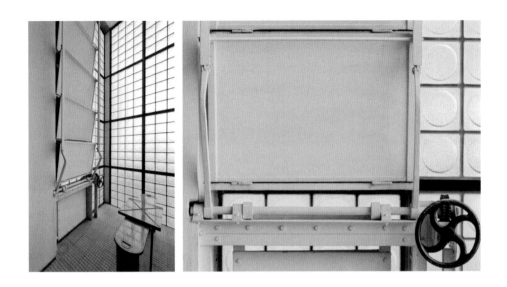

1920년대와 1930년대에 출현한 혁신적인 모빌 조각은 사람의 손이 아닌 전기의 힘을 빌렸을 뿐, 피에르 샤로의 운동학적 발명품들과 일맥상통했다. 사람이 자유로운 행위를 통해 자신의 경험을 주도할 수 있는 경이로운 운동 영역이 샤로의 손에서 창조되고 있을 때, 마르셀 뒤샹Marcel Duchamp은 관람자가 수동적인 역할을 버리고, 비록 시각적으로지만 창의적인 참여자가 되어야 한다는 개념을 도입했다. 뒤샹은 실험적인 모빌 작품, 〈회전하는 유리판Rotating Glass Plates〉으로 '망막의 미술retinal art'에 대한 공격을 개시했고, 뒤이어 보는 사람을 어리둥절하게 하는 〈회전하는 반구Rotary Demi-Sphere〉와 〈로토릴리프Rotoreliefs〉를 동시에 발표했으며, 나움 가보 Naum Gabo는 〈역동적 구성Kinetic Construction〉을 제작했다. 이 작품들을 작동하면 눈에 가상의 볼륨 이미지가 나타난다. 진동의 범위나 회전 궤도가 사람의 상상 속에 일시적인 상을 투사하는 것이다. 몇 년 뒤 라즐로 모홀리나기Laszlo Hoholy-Nagy는 최초의 〈빛-공간 변조기Light-Space Modulator〉에서 조각은 '여러 에너지 사이의 관계'라는 개념을 표현했다. 여기서 연극성과 미술은 하나가 되고, 형식은 이벤트가 전개되는 상황이 되었다.

움직이는 조각은 대부분 관람하는 미술로 남아 있지만, 그럼에도 형식에 대한 이해를 확대하여 운동의 시학을 받아들였고 그 에너지들이 공간 속에서 취할 수 있는 형태를 상상하기 시작했다. 그러나 움직임이 예술가의 통제에서 풀려나 예측할 수 없는 힘을 부여받기 위해서는 알렉산더 칼더 Alexander Calder의 아이 같은 본능이 필요했다. 칼더는 수수께끼 같은 균형과 맞균형을 나무, 와이어, 금속판으로 구현했다. 함께 움직이는 이 요소들은 천천히 돌고 마법처럼 상호작용하면서 곡예 같은 유희를 보여준다. 다른 조각가들의 프로그램화된 기계와는 달리 칼더의 걸려 있는 '모빌'은 공기의 흐름이나 사람의 손에서만 깨어나고, 미리 정해진 변화에 구속되어 있지 않기 때문에 자발성과 자유분방함이 돋보인다. 무작위처럼 보이는 이 움직임에서 인과의 사슬은 일련의 연속적인 궤도로 나타나기 때문에 바람의 조각가 조지 리키George Rickey는 이 예술을 '움직임의 형태학' 이라고 묘사했다. 그러나 이 야심찬 개념의 의미들은 건축에서는 아직 구현되지 않고 있었다.

핸들로 작동하는 거실 환기루버, 유리의 집.

## 카를로 스카르파의 시적 변이

시적 변이poetic mutations의 또 다른 거장인 카를로 스카르파는 키네틱 건축의 예술성과 신비에
대해 상세히 보여준다. 첫 번째 주제는 베네치아의 카 포스카리 대학에서 대운하를 굽어보고 있는
대 강의실의 정교하기 이를 데 없는 덧문 시스템이었다. 이 회의 겸 강의실과 복도 사이의 유리벽에는
조작할 수 있는 멋진 패널들이 덧대어 있다. 목조 기둥에 붙어 있는 철과 황동의 경첩을 축으로
각 쌍의 덧문을 양쪽으로 열어젖히면 실내와 그 너머로 운하가 한눈에 들어오고, 다시 젖혀 밀면
조심스러운 시각적 차단막이 된다(103쪽). 그러나 무엇보다 중요한 것은 덧문들이 열리고 닫히는
방식이다. 처음에 덧문들은 과연 어떻게 작동하고 어디에 손을 대서 힘을 가해야 할지가 불확실해서
보는 사람으로 하여금 눈을 반짝이게 한다. 빗각이 그 경계를 알려주고 손길을 끌어들이지만
신기하고 복잡한 회전 메커니즘이 눈에 들어오기까지는 시간이 걸린다. 문을 다 잡아당겼을 때,
걸쇠를 위로 회전시키면 달깍 소리와 함께 패널 하단부를 부드럽게 잡아주는 작동방식도 흥미롭다
(아래). 이 움직임 속에는 풍부한 긴장감, 포착하기 어려운 존재와 번번이 경탄을 자아내는 발견이
있다. 윌리엄 칼로스 윌리엄스가 '우리를 다시금 놀라게 한다'고 노래한 그것이다.[66]

변화무쌍한 아름다움에 기초한 스카르파의 매력은 그가 설계한 거의 모든 건물의 문과 출입문이
보여주는 불가사의한 움직임들에서도 눈에 띈다(104쪽 위). 우리는 이 매혹적인 물건들에 즉시
이끌리지만, 소재의 무게와 공간 속의 흐름은 몸이 접촉해서 힘을 가하는 순간에야 드러난다. 하나가
아닌 여러 겹의 움직임이 펼쳐지면서 충격과 즐거움을 선사한다. 마음을 사로잡는 감각적 형태와

왼쪽: 경첩 시스템의 디테일.
오른쪽: 이중의 회전을 한 뒤 덧문의 하단을 잡아주는 걸쇠.
대 강의실(1956). 카 포스카리 대학, 베네치아, 카를로 스카르파 작.

덧문을 닫았을 때와 열었을 때, 대 강의실, 카 포스카리 대학.

위: 상부 레일에 매달린 슬라이딩 게이트, 바퀴로 움직이는 흑색 강철 프레임과 석판, 베네치아 건축대학IUAV(1977), 베네치아,
아래: 황동을 입힌 철제 레일을 따라 움직이고 회전하는 문(왼쪽), 황동 모서리 걸쇠에 고정된 석고 마감의 난방기 캐비닛(오른쪽),
올리베티 전시장(1958), 베네치아, 카를로 스카르파 작.

질감 외에도 이 장치들 속에는 변신, 수수께끼 같은 접속, 예측할 수 없는 궤적을 따라 미끄러지거나 회전하는 자유, 서로 맞물린 운동들의 조화가 담겨 있다.

스카르파의 레퍼토리에 자주 등장하는 장치가 있다. 유리문과 평행을 이루지만 독립돼 있으면서 문을 보호하고 보완해주는 짙은 색의 금속 스크린이다(위). 경계면들이 지각적으로 독립되어 있어 두 겹의 작동 시스템이 하나의 콜라주를 만들어내고, 개방과 차단으로 영화적인 투명도를 재현한다. 격자로 짜인 검은 금속 문과 매끄러운 유리문은 변화를 주고받으며 서로를 더 모호하게 만들고 시각을 긴장시키지만, 문이 미끄러지듯 움직이는 동안 그 긴장은 액체와 같은 유동성을 띤다. 그러나 또 하나의 비밀이 그 움직임을 복잡하게 한다. 각각의 덧문은 두 개의 다른 레일에 매달려 있고 두 레일은 인접해 있지만 서로 독립해 있다(104쪽 아래 왼쪽). 두 레일은 처음에는 평행하게 달리다 마주한 벽에 이를 쯤에 갈라지고 실내 쪽의 레일이 완만하게 휘어지며 방향을 틀기 때문에 각각의 덧문은 90도 회전한 뒤 벽에 붙는다.

스카르파의 미스테리는 여기서 그치지 않는다. 화려한 문들이 재치와 초현실적인 상상력을 드러내며 맞물릴 때 그 실용적 쓰임새는 시야에서 감쪽같이 사라진다. 예를 들어 올리베티 전시장의 기둥 안에 숨겨진 난방기 함은 놀랍고도 매혹적인 황동 꺾쇠에 고정돼 있는 격자 패널들을 열어야 모습을 드러낸다(104쪽 아래 오른쪽). 퀘리니 스탐팔리아 재단의 배전함에 달린 커다란 패널 역시 미스테리다. L자 형태의 윤이 나는 황동 패널 두 개가 맞물려 어렴풋한 직사각형을 이루고 있다 (106쪽). 이음매의 형태와 대비는 두 개의 문과 작동방식을 암시하지만, 패널들이 어디로 어떻게 열릴지 알려주는 표시는 전혀 없다. 하지만 금속에는 사람의 손때가 묻어 있고, 두 판 사이의 가는

유리문에 겹쳐진 흑색 격자 철문, 카스텔베키오 미술관(1973), 베로나, 카를로 스카르파 작.

배전함의 맞물린 황동 문(위)과 트래버틴 석판으로 된 전시실 문의 개폐 상태(107쪽),
퀘리니 스탐팔리아 재단(1963), 베네치아, 카를로 스카르파 작.

틈이 넓어지는 모서리 부근에 동그랗게 오려낸 작은 부분이 눈을 사로잡고 손을 끌어당기면서 각기 다른 압력과 동작을 시도해보라고 유혹한다. 결국 그 유혹에 응하면 두 문은 반동 작용을 하며 반대 방향으로 열리는 것이다.

이와 비슷하게 퀘리니 스탐팔리아 전시실의 트래버틴 대리석 문에도 기대와 역설이 뒤섞여 있다 (위). 손잡이가 없는 이 이상한 석판은 움직일 수 없는 대리석 벽의 일부일까, 아니면 석판과 벽 사이에 난 틈새들이 암시하듯 뒤편의 공간으로 들어가는 어떤 출입구일까? 특히 Z자 형의 오려낸 부분이 어떤 움직임을 암시하면서 은근히 사람의 손을 끌어당겨 석판을 밀어보게 한다. 여기저기에 힘을 가하다 보면 흔한 문 손잡이와는 아주 다른 거친 광물의 질감을 느끼고 예상치 못한 질량과 저항을 발견한다. 스카르파가 고안한 이 문들 속에는 조각그림 맞추기처럼 시행착오를 유도하는 힘이 있다. 그림 조각들처럼 그의 문들에는 조작, 움직임, 들어맞음을 암시하는 부분들이 있지만, 결코 그 행위를 사전에 노출시키지 않고 미래를 참여자에게 맡겨둔다. 문을 작동하는 것은 통과할 공간을 마련하는 것에 그치지 않고, 방금 전까지 잠자고 있던 것을 잊을 수 없는 사건으로 전환하는 행위이다.

브리온 채플 후면에서 삼나무 숲과 그 안의 성직자 묘지로 나가는 회전문도 일반적인 여닫이문과 확연히 달라 작은 걸작으로 꼽기에 손색이 없다(108쪽). 쇠틀 안에 콘크리트를 채운 양쪽 문은 내장된 경첩 때문에 예상치 못한 궤도를 그린다. 하지만 평면도에서 각각 L자형을 이루는 문의 특이한 볼륨감, 활짝 열었을 때 양쪽의 창문 틈새를 막는 놀라운 방식도 그에 못지않게 매력적이다.

움직임을 지탱하는 철물 역시 우리의 호기심을 높인다. 먼츠메탈(아연과 구리의 합금)로 제작한
위쪽과 아래쪽의 원통형 연결재collar와 경첩은 보이지 않는 곳에 있는 볼 베어링 위에서 회전하고,
연결재 위에 난 작은 세로홈은 건물의 콘크리트 측벽과 작은 화음을 만들어낸다(예배당 측벽에 긴
세로창이 나 있다). 신비스럽게 생긴 배수구의 속이 빈 원반들 안에서 부드럽게 빼냈다 집어넣을 수
있는 작은 빗장도 여는 행위를 더욱 고양한다. 우리는 단지 문을 사용해 예정된 작업을 수행하는 것이
아니라 주도적으로 만지작거리고 미지의 것을 발견하도록 자연스레 이끌린다.

　　브리온 가족묘지에 숨어 있는 비밀스러운 조작방식은 명상을 위해 마련된 공간인 워터
파빌리온으로 가는 복도에서 정점에 달한다(109쪽 위). 어두운 통로를 따라 걷다 보면 바닥에서
신기한 메아리가 울려 퍼지고, 그늘에 가려진 두꺼운 유리문이 발길을 막아 방문자를 어리둥절하게
한다. 이 문은 여닫이가 아니고 위로 열리지도 않는다. 잠시 서투르게 실험을 한 뒤에야 방문객은
상단을 잡고 체중을 전부 실어 아래로 내리면 바닥에 있는 홈 속으로 문이 사라지는 것을 알게
된다. 몸의 힘을 푸는 즉시 문은 다시 올라오지만 이제는 바닥 아래의 연못물에 씻긴 상태다. 문에서
물방울들이 떨어지는 모습은 어떤 통찰의 순간을 제공한다. 마치 침례를 통해 죽음에서 일어나
다시 태어났음을 은유로서 구현하는 듯하기 때문이다. 문이 움직이는 동안 벽의 바깥쪽에서는 알 수
없는 삐걱 소리와 긁히는 소리가 들리는데, 이 또 다른 신비는 나중에 케이블에 매달린 평형추들이
체계적인 도르래 시스템에 따라 움직이는 소리임이 밝혀진다. 문과 평형추가 시각적으로 분리된 탓에
사람의 행위는 즉시 소진되지 않고 시공간적으로 연장된다.

　　이처럼 유쾌한 참여의식은 묘지 전체로 퍼져나가 대기실에 있는 대리석 성수반의 작은
손잡이에서부터 채플의 설화석고 여닫이 창문, 근처에 있는 예배실의 거칠고 세속적인 판자문에
이르기까지 광범위하게 살아 숨 쉰다. 그 모든 것들이 이상하리만치 무겁지만 부드럽고도 감각적으로
작동한다. 행위자와 건물이 주고받는 활기는 각각의 행위가 이끌어내는 예측할 수 없는 근육의
움직임과 즐거움에서 나온다. 예를 들어 장례식을 위해 철골콘크리트 문을 여는 일은 특히 힘들지만
놀랍다(109쪽 아래). 청동 바퀴와 보이지 않는 볼 베어링이 콘크리트 보도에 설치된 강철 레일 위를

　채플의 문이 열렸을 때와 닫혔을 때, 브리온 가족묘지(1977), 카를로 스카르파 작.

위: 아래위로 미끄러지는 문과 외벽에 설치된 평형추들.
아래: 레일 위를 구르는 육중한 콘크리트 미닫이문(장례식용), 브리온 가족묘지.

구른다. 과연 이 육중한 물체가 움직여 이동할 수 있을지 의심스럽지만, 끈질기게 시도하면 마침내 문이 움직이고, 사람의 행위는 그리스도의 무덤이 열리는 성경 이야기와 비슷한 거의 초인적인 위업이 된다(누가복음 24:2).

스카르파가 보여주는 동적 변형의 세계는 분명 아름답지만, 거기에 담긴 궁극적 의의는 문턱을 아름답게 꾸미는 것이 아니라 경계 영역에 힘을 부여하는 데 있다고 해도 과언이 아니다. 우리의 참여를 부추기는 쾌활하고 수수께끼 같은 작동방식은 움직이는 물건에 인간성을 불어 넣는다. 만지고 잡고, 그들의 공간적 움직임에 협력해달라고 간청하며 피부와 손길을 끌어당기는 매력도 마찬가지다. 그 에로틱한 춤은 매번 신선하고 매혹적이다. 그럴 때 건축은 우리의 행위를 제거하는 대신 우리를 찬미한다.

## 톰 쿤딕의 '기즈모Gizmos'와 스티븐 홀의 '여닫는 공간Hinged Space'

지난 수십 년 동안에도 새로운 종류의 기계장치들이 계속 출현해 사람의 손길을 경이로운 움직임으로 전환해왔다. 대표적인 예로 톰 쿤딕Tom Kundig이 창조한 '기즈모'(새롭고 쓸모 있는 간단한 장치)는 태평양 연안 북서부의 건축을 광범위하게 규정한다. 그 변화의 매력은 가동부품이 갖는 터프한 산업적 성격과 움직임을 공간 속에 구현하는 방법이 독특하다는 것이다. 이 집에선 손으로 바퀴, 케이블, 기어 등을 작동하여 움직임을 만들어냄으로써 상호작용하는 일련의 상황이 눈에 아주 잘 보인다는 데서 나온다. 그러나 전통에서 벗어난 형태와 작동과정 역시 매력의 진원지다. 그 과장되고 복잡한 작동방식에서는 만화적인 유머가 가미된 유희 정신이 흘러넘치고, 스위스 예술가 장 탱글리 Jean Tinguely의 조각과 닮은 면도 볼 수 있다. '나에겐 기계가 최우선'이라고 탱글리는 말한다. '[기계는] 나를 시적으로 변화시키는 도구다. 기계를 존경하고, 기계와 함께 하는 게임 속으로 들어가면, 정말로 즐거운 기계를 만들 수 있다. 이때 즐겁다는 건 자유롭다는 뜻이다.'[67]

워싱턴 주 시애틀에 있는 쿤딕의 스튜디오 하우스에 생기를 불어넣는 장치들은 문과 창문의 조합처럼 높은 정문이 중간쯤에 있는 차양을 가르며 열리는 것에서부터 주방의 아일랜드 식탁에 콘크리트 문들이 달렸고 문에 붙은 청동 바퀴들이 바닥의 강철 레일 위를 굴러가는 것에 이르기까지 광범위하다. 그러나 아이다호 주의 치킨포인트 캐빈에서 수평회전 창문 겸 벽을 움직이는 수동조작 장치는 크기가 월등하다. 강철과 유리로 된 6톤의 창문은 축을 중심으로 정확히 맞는 상하 균형과 기계장치들 덕분에 한 사람이 힘들이지 않고 여닫을 수 있다. 워싱턴 주 동부에 있는 델타 셸터의 네 벽에서 동시에 열리는 강철 덧문은 더 거창하다. 커다란 수동 핸들이 힘을 가하면 구동축, 평기어, 케이블이 그 힘을 전달하고 증폭한다.

쿤딕은 흥겹게 움직이는 키네틱 조각에 빠져 있으면서도, 조각품들의 초연한 퍼포먼스– 미술평론가 로잘린드 크라우스Rosalind Krauss가 말한 '기계들의 발레'–와 달리 인간에 기초해 있는 건축의 퍼포먼스는, 몸이 직접적으로 친밀하게 관여할 때나 불확실한 장치와 조작법을 즐겁게 시도할 때에만 성립한다고 강조한다. 쿤딕이 설계한 기계장치들은 조작하는 개인이 힘과 기술을 쓰면 즉시 명령에 따르고, 원하면 중간에서 멈추거나 되돌아갈 수 있어, 이들의 예술적 선조격인 키네틱 조각에는 없던 인간의 권한을 기계에 불어넣는다. 그 장치들은 한 종류의 에너지를 다른 에너지로, 한 장소에서 다른 장소로 전환하여 불가능할 법한 일을 가볍게 해치운다.

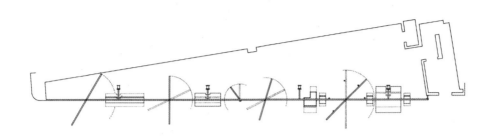

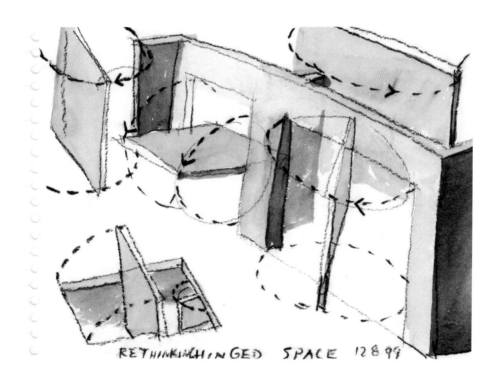

RETHINKINGHINGED SPACE 12899

쿤딕이 오랫동안 작동방식을 변환하고 힘을 확대하며 쉼 없이 내놓은 발명품들은 만화가 루브 골드버그Rube Goldberg의 기묘하고 우스운 장치들과 일면 비슷하다. 쿤딕의 장치에는 익살스러움은 없지만, 이들은 보통 숨겨져 있거나 너무 작아서 보이지 않는 순전히 기계적인 작동을 공들여 표현하거나 겉으로 드러내고, 이를 통해 인간의 의지를 찬양한다는 점에서 골드버그와 맥락을 같이한다. 스티븐 홀Steven Holl이 1980년대부터 개발한 특이한 장치들은 더 퍼즐 같고 공간적으로 긴밀하다. 그가 사용한 동적 요소는 작은 가구에서부터 다른 크기로 움직이면서 상호 작용하는 거대한 벽에 이르기까지 광범위하다. 그러나 가장 작은 조합에도 신비한 움직임이 담겨 있다. 여러

위: 회전하는 콘크리트 판들을 나타낸 평면도.
아래: 콘크리트 판들의 다양한 회전축을 나타낸 스케치, 아트 앤 아키텍처의 정면(1993), 뉴욕, 스티븐 홀 작. **변화의 메커니즘** 111

PARTICIPATING WALLS

Store Front 7/21/93 SH.

4.27.97 SH

위: 출입구와 의자로 변형되는 주름진 벽면의 초기안.
아래: 퍼즐 조각처럼 맞물려서 회전하는 벽면 스케치,
112    아트 앤 아키텍처의 정면, 뉴욕, 스티븐 홀 작.

여닫이 공간의 세 가지 변신을 나타낸 스케치.
보이드스페이스/힌지드스페이스 아파트(1991),
일본 후쿠오카, 스티븐 홀 작.

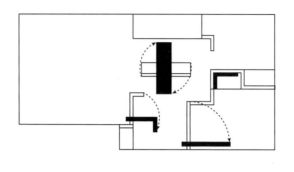

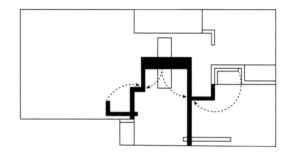

개의 문과 서랍이 달린 장도 빼놓을 수 없는데, 어떤 것은 예상치 못한 방식으로 열리고 다른 것은 호를 그리며 회전한다. 리트벨트와 스카르파에게 배운 것이 분명한 그 작동방식들은 움직임에 따라 손잡이의 형식과 위치가 다른 탓에 더욱 불확실해진다. 손잡이는 중앙에 있거나 한쪽에 치우쳐 있거나 윗면에 있거나 바닥면에 있으면서 작동방식을 암시한다.

홀이 뉴욕 아트 앤 아키텍처의 정면에 설계한 도시적인 벽체들은 각기 정면에서 잘려 나와 미술관과 보도의 관계를 생생하고 변화무쌍하게 만든다(111~2쪽). 형태와 운동이 제각각인 회전하는 요소들은 보통 평평하고 정적이라고 예상되는 것을 변형하여 공간을 품고 형성하는 수단으로 바꾼다. 판들flaps이 수직이나 수평의 축을 따라 안팎으로 열릴 때 어떤 것은 문이나 창문으로, 또 어떤 것은 테이블이나 벤치로 변신한다. 홀은 이렇게 말한다. 이 콘크리트 판들은 '퍼즐 같은 형태로 배치되어 있다. 열린 위치에서 판들을 고정하면 정면은 해체되고 미술관의 실내 공간은 보도로 확장된다… 어깨로 공간을 젖혀 열거나 안으로 당기는 등 몸이 벽의 형태와 협력하는 방식은 직접적이다'(사실상 이건 미술관 직원들만 할 수 있는 거지만).[68]

'여닫이 공간'과 '참여적인 벽' 같은 홀의 개념은 일본 후쿠오카에 있는 그의 보이드스페이스/ 힌지드스페이스에서 특별한 대응능력과 다채로움을 드러낸다. 아파트의 방들은 '복잡하고 난해한 퍼즐처럼 맞물린다'(113쪽과 위).[69] 크기가 가장 큰 것은 변신하는 벽으로, 축을 따라 일부나 전부, 따로 또는 함께 열려 인접한 공간을 변형한다. L자형의 벽면들은 모서리나 구석으로 들어가 시야에서 사라지고, 새로운 벽면들이 회전하고 교차해서 결국 예상치 못한 방을 만들어낸다. 크기가 가장

맞물리는 문, 벽, 캐비닛의 배열 변화를 보여주는 평면도,
보이드스페이스/힌지드스페이스 아파트먼트.

작은 것은 리트벨트의 수납장을 떠오르게 하는 장난감 같은 캐비닛이다(아래). 평면도 상 2차원인 동시에 L자형인 캐비닛 문들을 입방체의 3면에서 열어젖힐 때 실용성에 유희가 스며든다. 광범위한 수동조작 그리고 다양한 장치를 통해 의외의 결과를 만들어내며 흐르는 에너지 덕분에 필요보다 훨씬 넘치는 결과가 발생한다. 그러나 바로 이 낭비, 즉 건축이 갖는 협소한 목적이나 과제를 초월하는 이러한 사치가 인간적인 상호작용을 가능하게 한다. **인간은 문제를 해결하기 위해서가 아니라 오로지 문제를 찾기 위해서만 존재한다는 사실을 여기서 확인한다.**

다양한 방식으로 열리는 캐비닛을 그린 스케치,
보이드스페이스/힌지드스페이스 아파트먼트.

좌석이 있는 앨코브 형태로 넓혀진 층계참, 콜레지오 델 콜레(1966),
우르비노 대학교, 쟌카를로 데 카를로 작.

# 3

## 공간의 융통성

두 가지 이상의 기능을 담을 수 있는 공간의 공통된 특징은 융통성이다.
그런 공간은 인간의 다양한 욕구와 결정에 즉시 적응한다. 개인은 그 공간에
자신의 의지를 행사하고 그의 선택은 곧 즉흥성을 띠는 행위가 된다. 이 행동의
여지는 다의성에서 나오는데 흥미로운 선택 가능성이 공간 안에서 요동친다.
이런 곳은 우묵하게 파인 벽이나 기둥들 사이, 높이가 달라지는 바닥면,
베란다가 설치된 벽면, 열주나 주랑 현관으로 풍부해진 다공성 공간 그리고
큰 공간 안에 작은 공간들이 깃든 곳들이다. 다의성이 암시하는 불확실성은
다양한 해석을 장려한다는 점에서 그 자체로 긍정적이다.
이런 공간은 예정된 통제에서 자유롭기 때문에 우리는 여러 가능성을 신중히
생각하고 그 안에서 마음대로 돌아다닐 수 있는 여유를 누리며, 곧 일어날
미래를 선택하고 지배할 힘을 얻는다.

바티칸에 남긴 유명한 그림인〈아테네 학당〉(위)에서 라파엘로는 가상의 계단 위에 모인 사람들을 묘사하고 있다. 어떤 사람은 서 있고, 어떤 사람은 계단에 앉거나 누워 있고, 어떤 사람은 벽에 기대고 있거나 장식물에 팔을 걸치고 있고, 한 사람은 주춧대 위에 책을 올려놓고 있다. 전경에서 가장 아래쪽에 앉아 있는 사람은 예로부터 미켈란젤로라고 간주되어온 인물로 대리석에 팔꿈치를 올리고 머리를 괸 채 뭔가를 그리고 있다.

인간의 행동이란 측면에서 이 장면의 놀라운 점은 건축이 자유로운 형태, 질감, 사건, 디테일로 인간과 다양하게 상호작용한다는 것이다. 그림에는 매력적인 선택지가 둘 이상이고, 한 가능성을 다른 가능성으로 쉽게 대체할 수 있는 특별한 종류의 자유가 묘사되어 있다. 라파엘로의 그림에서 개개인은 그 건축 공간의 한 부분과 주고받을 수 있는 여러 상호작용 중 하나를 마음대로 선택한다. 수도원의 회랑 복도나 안뜰을 에워싼 회랑, 로마의 성베드로 대성당에 있는 것과 같은 열주에서도 그런 선택의 자유가 퍼져있다. 사람은 열주 사이의 수많은 틈새를 한가로이 걸어 다니며 기둥마다 약간씩 달라지는 조망과 경로, 빛과 움직임을 경험할 수 있다. 이런 공간에서는 둘 이상의 구역이 서로 침투하고 부분적으로 겹친다. 바로 이 변통성이 있어 공간은 하나 이상의 반응을 유도하고 인간의 주도권을 넌지시 강조한다.

다목적 공간의 기초가 되는 중복성은 토머스 제퍼슨Thomas Jefferson이 설계한 샬로츠빌의 버지니아 대학교가 그 확실한 사례를 보여준다(119쪽). 언뜻 보면 기둥과 반복적인 좌우대칭이 교정을 지배하고 있어 여러 가능성을 제시하는 공간과는 딴판인 듯한 인상을 풍긴다. 하지만 제퍼슨은 경계 안에 자유가 숨 쉴 수 있도록 질서와 자유로움의 복잡한 균형을 추구했다 (이는 아이러니하게도 유희의 조건이다). 전체적인 설계에는 통합의 힘이 있지만, 약간 층이 진 부지의

〈아테네 학당 The School of Athens〉(1509), 바티칸, 로마, 라파엘로 작.

형태부터가 그렇듯 각 부분은 그 힘에 속박되지 않고 다양한 경험을 제공한다. 도서관에서 서쪽으로 뻗은 테라스식 날개가 있는 다섯 채의 별관은 주랑으로 꿰어져 있음에도 볼륨과 현관이 조금씩 다르며, 잔디 광장The Lawn을 에워싸고 있는 연속적인 주랑은 날씨를 피하거나 그 경계 주위를 한가로이 거닐거나 대뜸 잔디밭을 가로지를 수 있는 등의 폭넓은 선택을 허락한다. 도서관의 기단부분에 이르면 지붕으로 올라가 테라스 쪽으로 갈지 그 아래의 회랑들을 헤치고 갈지를 신중히 생각하게 된다. 여기서 우리는 권위와 반항, 협력과 도전이 공존하는 세계에 대한 가장 고전적인 표현과 마주하게 된다.

도서관 안에는 전체 속에 다중심적 자유가 있음을 분명히 보여주면서 민주주의를 향한 신생 국가의 열망을 구체화하고 있는 증거가 하나 더 있다. 원통형의 공간과 천장의 돔은 실내 공간을 하나로 통합하지만, 그 기하학은 쌍을 이루어 일련의 창문 구획을 형성하는 원주들 주변에서 느슨해지다 결국 점점 더 복잡해진다.(120쪽) 도서관에 온 사람들은 가운데에 모일 수도 있고, 다른 각도로 캠퍼스를 내다볼 수 있는 조용한 방에 틀어박힐 수도 있다. 앨코브(벽감) 자체도 다중적이다. 기둥 사이와 주변의 불분명한 구역, 마주 보고 있는 책장들이 감싸주는 중간 구역, 창문이 있는 안쪽의 은밀한 구역을 포함하고 있기 때문이다. 더없이 단순한 내부 공간은 이동하는 사람에게도 결정을 재촉한다. 돔 천장 아래의 중심부를 가로지르거나 원주 틈새로 미끄러지듯 이동하는 등 경로가 다양해지는 탓이다.

열주와 주랑 현관, 버지니아 대학교(1826), 토머스 제퍼슨 작.

이 느슨함의 이미지들은 우리가 머리로 깨닫기 훨씬 이전에 근육으로 즉시 느껴진다. 근육은 운동의 자유에 민감하다. 마치 우리의 아득한 동물적인 기원을 뇌리에 새긴 것처럼 말이다. 가로지르는 길과 거주하는 방에 재량의 여지가 있을 때, 즉 정해진 용도에서 풀려난 잉여 공간이 어디에 어떻게 존재할지가 우리에게 맡겨질 때 호흡은 더 편해지고 몸은 즉시 경쾌해진다. 공간이 단 하나의 정해진 용도에 단단히 묶여 있지 않을 때, 그 공간은 비로소 우리의 가변적인 욕구를 반영하고 다양한 행위를 할 수 있게 해준다. 대니얼 데닛은 이렇게 말했다. '흄의 말을 빌리자면 우리는 이 세계에 "어느 정도의 느슨함"이 있기를 원한다. 이는 가능성이 줄어들 만큼 현실을 너무 단단히 조이지 않게 해주는 느슨함, 즉 "할 수 있다"는 말 속에 담긴 느슨함이다.'[70]

마찬가지로 우리는 느슨함이 없거나 사건을 통제할 수 없게 된 상황도 즉시 감지한다. 단 하나의 이동 방식이나 주거 양식만 강요하는 공간은 자유롭게 돌아다닐 수 없어 사슬에 매인 듯한 느낌을 준다. 아무리 생산적이거나 즐겁거나 재미있다고 해도 우리는 앞에 놓인 경험을 숙명처럼 받아들여야 한다. 현대 세계에는 인간의 복종을 요구하는 그런 장소가 어디나 존재한다. 고른 보도, 단조로운 광장, 비좁은 복도, 물러나거나 쉴 공간이 없는 통로, 단일한 순수기하학으로 축소된 방이나 단 하나의 기능이 지배하는 작은 방 등등.

반대로 극단적인 융통성에 가치를 둔 크고 텅 빈 볼륨은, 덜 하긴 해도 역시 권위주의적인 방식으로 인간의 공간적 행위 능력을 부인하고 근본적으로 말살한다. 이곳에서 사람은 원하는 대로 돌아다니고 가구의 위치를 바꿀 순 있다. 평평한 지면이 상투적인 움직임을 낳듯이, **공허한 융통성**에는 사람이 원하고 선택할 수 있는 실질적 대안이나 현저히 다른 성질이 제거되어 있다. 모든 '선택'이 사실상 똑같기 때문에 사람이 실제로 환경에 관심을 기울이고 주변과 상호작용할 수 있는

도서관 내부의 창 측 앨코브, 버지니아 대학교.

기회와 권한은 찾아볼 수가 없다. 그 '자유로운 평면'은 공간을 유지하고 보수하는 것 외에는 마음을 끌고 지지하는 행동을 단 하나도 허락하지 않으므로, 남는 것은 **무미건조한 중립적인 컨테이너**뿐이다.

사람이 건축적 구경거리의 안팎에서 통제되는 공간은 더욱 불성실하다. 그 현란하고 과시적인 형식에 넋을 뺏긴 사람은 지금 서 있는 자리에서 자유재량의 여지가 사라졌음을 잊는다. 형식적인 전시와 장식적인 표피는 고분고분해진 공간의 굴욕을 달콤하게 포장하는 당의정의 껍데기와 같다. 건물이 화려해질수록 공간 속에서 다양한 선택을 하려는 인간의 충동을 누그러뜨리는 효과가 나타난다. 실제로 사람들이 선택하는 것도 그리 대단치 않고 또 공허한 것들이며, 선택행위 자체도 그리 눈에 띄지 않는 것 같다. 빛의 예술가 로버트 어윈Robert Irwin도 이 진실을 목격했다. '공연이 달아오를 때 질문의 수준은 대체로 하락한다.'[71]

## 다의성

결정할 수 있는 선택지가 풍부하도록 환경을 구성하는 일이 단지 형식의 '약함'과 '강함'의 대립에 달린 것은 아니다. 모호함만으로는 고려할 가치가 있는 계획이나 행위를 제공할 수 없기 때문이다 (122쪽). 행동경로가 여럿이라는 것은 우리가 원할 만한 매력적이고 실질적인 기회가 앞에 있다는 뜻이다. 하지만 또한 여러 선택지가 가변적인 구조 속에서 변동하는 것을 볼 수 있어야 한다. 한 공간에 둘 이상의 해석이 담겨 있을 때 그 공간은 다의적이 되어 다른 가능성을 번갈아 제시한다. 우리의 지각에 그 게슈탈트적 형태는(게슈탈트는 부분 혹은 요소의 의미가 고정되어 있다고 보지 않고 부분들이 모여 이룬 전체에 따라 달라진다고 하는 개념-옮긴이) 단일하거나 단조롭거나 절대적이라기보다 오히려 다방면이고 동시적이며 화성적이고 미확정적이다.

우리의 실증주의 문화에서 '양의성ambiguity'이란 단어가 오명에 시달리는 것은 놀라운 일이 아니다. 하지만 이 단어는 '미정의'란 뜻의 라틴어 ambiguus에서 파생했고, 이 형용사는 ambi-(양쪽)와 -igere (하다, 행동하다, 몰다)가 합쳐진 동사 암비제레ambigere에서 파생했으므로, 언어학적으로 'agency(행위)'와 어근이 같다. 건축에서 그 말은 명료함이나 물리적 현존을 제거해 공간을 모호하게 만든다는 뜻이 아니라 둘 이상의 가치나 해석 가능성이 혼재해 있음을 가리킨다. 그 가능성들이 우리의 자발적 행동을 이끌어낼 정도로 충분히 매력적이고 바람직할 때 비로소 건축은 인간의 주도권에 올바로 응하고 인간적으로 유의미할 수 있다.

양의적인 공간은 불확실과 의문을 내포해 우리에게 숙고할 여지를 주는 반면에 장식이 너무 많거나 협소하게 규정된 공간은 이런 여지를 말살한다. 다의적인 공간은 또한 외형적인 표현과 자기과시가 축소되어 있어 작가의 자제심을 넌지시 드러낸다. 이 문제에 관심이 있는 건축가들에겐 유감스러운 얘기겠지만, 다른 사람에게 즉흥적으로 행동할 수 있는 기회를 주려면 건축가는 완성된 작품에 큰 통제력을 행사하지 않도록 자신의 존재를 지워야 한다. 베르니니Bernini와 제퍼슨에서부터 칸과 스카르파에 이르기까지 여러 위대한 건축가들이 입증하듯이 이는 지루하거나 특징 없는 형식을 만들라는 뜻이 아니라 건물에 불어넣는 창의력을 제작 과정에서 모두 표현하거나 소진하지 말고 다른 사람에게 충분히 남기라는 의미다. 그 너그러운 태도가 건물에 새겨져 미래의 사용자에게 경험이라는 선물로 전해질 때, 점유자는 다른 사람의 연극을 보는 관객이 아니라 그들

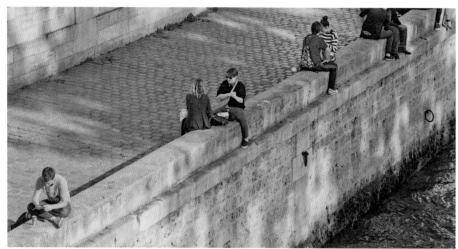

위: 세느 강 제방에 앉을 수 있는 다양한 방법, 파리.
중간: 기둥 사이에 돌 벤치가 있는 앨코브, 중앙 광장. 몬테풀치아노.
아래: 즉흥적인 느낌이 가득한 상원의사당의 계단과 벤치, 캄피돌리오 광장(1561), 로마, 미켈란젤로 작.

자신의 드라마를 창작하고 실현하는 배우가 된다. 매력적이고 경이롭기까지 한 가능성이 행위를 자극할 때 점유자는 자신의 극본을 자유롭게 완성한다.

이 생각을 한 단계 더 끌어올린 사람이 건축가 피터 프랑넬Peter Prangnell이다. 그는 건물의 형식이 본질적으로 소박할 때 다의적인 공간에서 행위를 할 자유가 극대화된다고 주장했다. **다중적인 것이 겸손과 익명의 특징을 띨 때 사람은 그것을 '친근한 것'이라고 여기고 충분히 사용한다는 것이다.** 그럴 때 그 형식은 개인의 세계 속으로 더 쉽게 흡수된다. 인간과 소박한 형식의 관계를 쉽게 변화시키는 이 힘은 '놀이를 하는 아이들이 테이블을 집으로, 집을 배로 빠르게 변화시킨다는 사실'에서 즉시 명백해진다고 프랑넬은 하버드 교육평론에 기고한 글에서 지적했다.

'어떤 사물이 다의성이 없다는 의미에서 더 명백하고 노골적일수록, 우리가 상상력을 발휘해 그것을 다른 방식으로 사용하기는 더 어려워진다. 수수한 나무함은 의자나 무대, 섬 또는 관이 될 수 있다. 그러나 그 함에 그림 장식이나 표시가 되어 있다면 우리는 그것을 어떤 특별한 상자로 여길 테고 무대나 섬으로 쉽게 활용하지 못할 것이다. 이와 마찬가지로 꾸미지 않은 다락방은 완전히 장식된 다락방보다 가상의 용도가 더 많을 것이다. 거기엔 필시 경사진 천장, 지붕창, 대들보와 계단이 있어 우리가 점유할 구체적인 부피나 장소를 규정하고 알려줄 것이다. 이런 특징은 우리가 원하는 행동을 즉시 발생시키고 상호관계를 제시한다. 그런 곳에서 우리는 그 공간의 확실한 성격뿐 아니라 우리의 상상력을 통해 드러날 잠재력에도 접근한다… 우리의 건물과 도시가 친근한 존재가 될 때 우리는 참여할 충동과 매혹을 느낀다. 친근한 사물에는 당장의 목적과 유보된 의미가 함께 있다. 그런 사물이 참여를 통해 우리의 창의력을 자극할 때 그 창의력은 우리가 펼치는 모든 활동에서 우리의 성장을 받쳐주는 든든한 토대가 된다.'[72]

## 20세기 시와 회화의 이중적 관점

한 공간에 가능성이 여럿 들어있는 복합 공간은, 우리에게 단지 눈으로 보는 것을 넘어서 일종의 복시複視(단일한 물체에 대해 두 개의 상을 느끼는 것-옮긴이)를 통해 공간을 상상하고 관조하도록 장려한다. 신체의 눈과 마음의 눈은 여럿에서 하나를 볼 뿐 아니라 하나에서 여럿을 보기도 한다. 우리는 엄격하게 규정된 하나의 관점에 얽매이는 대신 공간을 파악하고 평가하는 여러 가지 방법과 관점을 취할 수 있고, 여러 동시적 측면들과 가능한 행동들을 건너뛸 수 있다.

인간의 지각이 동시성을 경험하려면 투명성과 상호관입의 두 조건이 필요하다. 조지 케페스 György Kepes가 〈시각 언어Language of Vision〉에서 말했듯이 이 조건들은 '단순한 시각적 특징이 아니라 보다 넓은 공간적 질서를 의미한다. 투명성이란 서로 다른 공간적 위치가 동시에 지각되는 것을 말한다. 연속적으로 활동할 때 공간은 단지 물러나는 것이 아니라 동요한다.'[73] 다시 말해, 보는 사람은 같은 것을 둘 이상의 방식으로 보고, 이 움직임이 유도하고 부추기는 바에 따라 시각 경험을 능동적으로 결정하게 된다. 그러나 멀리서 보는 그림과 달리 복합적인 건축 공간은 망막과 지적인 행동 이상의 것을 유발시킨다. 사람들이 들어가서 작용을 가할 수 있고, 더 나아가 새로운 조건이나 욕구가 출현하면 언제든 그 행동을 수정하거나 바꿀 수 있는 대안들을 제시하는 것이다.

시점時點에 따라 다르게 보고 해석할 수 있는 어떤 것이 이중의 관점을 자극할 때 우리의 마음은 몇 가지 연상의 수준에서 작동할 수 있는 조건을 갖춘다. 시 읽기는 건물에서 활동하는 것과 다르긴

하지만, 시의 구조에는 변통성을 이해하는 데 도움이 되는 가르침이 있다. 찰스 올슨의 통찰에 따르면, 참여를 가능하게 하는 근본원인은 끊임없이 **'하나'라는 단어를 삭제하고 '둘'로 대체하는 것, 즉 세계는 단수가 아닌 복수이며 세계의 연결성과 에너지는 그로부터 나온다는 사실**을 깨닫는 것이다. '하나'는 수동적으로 따라야 하는 것인 반면에 '둘'은 독자를 행동으로 이끄는 결정적 순간을 만들어낸다. 이 변통성의 원리에 따라 올슨은 그의 시를 창조적 읽기의 수단으로 전환해서 습관에 안주하는 삶의 경향을 부단히 극복하고자 했다.

당대의 다른 두 시인, 월리스 스티븐스와 윌리엄 칼로스 윌리엄스 역시 독자를 시 속에 끌어들이기 위한 노력으로, 같은 단어를 다르게 듣고 볼 수 있는 환기력이 강한 언어 구조를 사용했다. 그들 세대에서 두 사람이 유럽의 새로운 회화 운동의 영향을 받은 것은 우연이 아니다. 세잔Cezanne의 맞물린 채색면에서부터 피카소Picasso와 브라크Braque의 평면들과 복수의 관점에 이르기까지 그 운동의 기초는 동시성이었다. 고정된 관점을 제시하는 시들과 대조적으로 스티븐스와 윌리엄스는 여러 관점이 담겨 있는 동시에 약간 깨어져 있고 불완전해서 다양한 방식으로 읽고 해석할 수 있는 시의 구조를 추구했다. 그런 시는 더 이상 하나의 표현이 아니라 독자로 하여금 시의 세계 속에 그들 자신을 투사해 그곳에 잠재해 있는 선택지로부터 가능한 경험을 스스로 찾고 완성하도록 유도하는 변증법적 매체가 된다.

윌리엄스의 시는 특히 시각 예술이 추구하던 해방의 이미지에 가까웠다. 그는 이렇게 말한다. '입체적인 대상을 평면 위에 그리면서 피카소는 그 사물의 다양한 요소를 남김 없이 표현한 탓에 그의 평면들은 사물의 형상과 무관해진다. 이는 주로 관람자의 노력에 달렸지만, 관람자가 모든 요소를 동시에 볼 수밖에 없는 것은 바로 평면들이 그런 방식으로 배열되어 있기 때문이다.'[74] 윌리엄스는 자신의 시에서도 그처럼 열린 작법을 추구했고, 이를 위해 서로 겹치고 침투하는 해석들 사이에서 독자가 동요할 수밖에 없는 단어와 구절들을 시 속에 엮어 넣었다. 그는 상상력의 유희와 변신을 가로막는 명확하고 고지식한 형식을 만드는 대신, 유연해지고 해체되면서 더 가변적인 현실을 형성할 수 있는 여러가지 음영과 모호한 구조를 채택했다. 미리 정해져서 우리의 실존 바깥에 머물러 있는 사물과는 달리 이런 미묘한 사물은 우리를 마무리 작업에 끌어들이고 그 형식을 어느 정도 선택하게끔 유도한다. '현실과 상상이 하나가 되는 강한 참여, 투시력이 있는 관찰 상태'의 시를 상상한다는 말에도 이와 비슷한 생각이 담겨 있다. 그때 **'현실은 존재하는 바가 아니다… 그것은 만들어질 수 있는 복수의 현실로 이루어진다.'**[75]

피카소의 〈다니엘-헨리 칸바일러의 초상〉(125쪽) 같은 그림이나 올슨, 윌리엄스, 스티븐스의 시처럼 건축도 그 공간이 단일하지 않고 복합적일 때 동시성을 획득한다. 건물의 전체와 부분들이 지나치게 고정되어 있거나 그 성격과 구역이 완벽히 나뉘어 규정되어 있는 대신, 불완전한 성질과 구역들이 경계를 흐리고 여기저기 중복되어 가변적이고 불확정한 전체를 이룰 때 동시성이 발생한다. 경계는 분리되는가 하면 침투하고 연결된다. 구성 요소들은 서로에게 투명한 동시에 불연속적이고, 요소들이 점유하고 있는 전체적인 볼륨에는 둘 이상의 측면이 존재한다. 현실과 상상 사이에 놓여 있는 이 특별한 이중성은 여러 측면으로 확장될 수 있지만, 그 기본적인 힘은 하나로 운명지워진 미래의 단호한 명령을 벗어나는 데서 나온다.

〈다니엘-헨리 칸바일러의 초상〉(1910), 아트 인스티튜트, 시카고, 파블로 피카소 작.

## 숨 쉴 공간의 자유

우리를 해방하는 다의성의 힘은 지금 이 순간의 경험과 운명을 지배하고 구현하려는 인간의 본래적 욕구와 관계가 있다. 자유는 본질적으로 행동의 기본 조건이지만, 현실이 아닌 가능성으로만 존재하는 탓에 항상 정의하기 어려운 것으로 남는다. 자유는 생각으로 파악하거나 고정된 형식으로 표현할 수 없고, 실행을 통해서만 현재 시제로 경험할 수 있다. 자유는 인간의 존엄에 필수적이지만 통합을 해칠 수 있고, 따라서 자유를 확대하고 제공할 때에는 항상 위험성이 따른다.

건축에서 느낄 수 있는 자유로운 경험은 이 책의 거의 모든 장훼에 등장할 정도로 광범위하다. 예를 들어 예측할 수 없는 계단이나 변화무쌍한 창문에는 우리가 어떻게 신체 기능을 발휘하거나 세계의 일부를 재구성할지를 결정하는 데 없어서는 안 될 자유의 여지가 포함되어 있다. 예상되는 결과가 뻔하지 않을 때만 우리는 이 자유로운 힘을 느낀다. 두려움이나 불안이 경고를 보내 우리를 놀라게 할 수도 있지만, 동시에 예기치 않았던 흥미와 욕구, 기민함과 상상력의 원천이 드러난다. 우리는 바닥에 넘어지거나 움직이는 물체를 작동하지 못할 수도 있지만, 발레 같은 동작과 기적적인 변화에 깜짝 놀랄 수도 있다. 어느 경우든 우리에겐 사건을 스스로 결정할 수 있는, 로널드 랭이 말한 '행위의 발단'이 될 자유로운 여지가 주어진다.

그러나 자유의 가장 깊은 뿌리와 완벽한 실행의 기회는 복합적인 공간에 있다. 그런 공간에서 자유는 눈이나 마음을 통해 의식적으로 이해되기 훨씬 전에 즉시 감지된다. 공간적 자율성은 우리가 '조작된 사물'이 아님을 느끼게 해준다. 이 느낌은 브루노 베틀하임Bruno Bettlehiem이 지적했듯이 모든 세대뿐 아니라 정신질환에서 회복하고자 노력하는 사람들에게도 반드시 필요하다. 베틀하임이 시카고의 자폐아동을 위한 특수학교Orthogenic School에 도입하려고 한 기본 특징은 '구조가 없는 구조'였다. 환자들은 학교의 디자인과 교실을 비롯해 그들의 삶에 영향을 미치는 모든 결정에 참여할 수 있었다. 그는 이렇게 말했다. '정신병의 회복은 자신이 자율적 인간이라고 믿는 환자의 자기 확신에 달렸다. 사람은 누구나 마음이 다른 사람에게 읽히거나 조작되는 것을 두려워하고, 자신의 마음을 스스로 지배하길 원한다. 자신의 마음이 남들에게 지배당하고 있을지 모른다는 착각은 정신병 환자의 공통된 망상이다.'[76]

베틀하임의 믿음에 따르면, 건축에서 자율성은 단조롭거나 남아도는 공간에 흔히 존재하는 제도적인 요구나 패턴보다는 다양하고 매력적인 행동들을 스스로 선택할 수 있는 형식들에서 나온다. 환자가 자발적으로 경계를 정하고 안전하다고 느낄 수 있는 영역이 대표적이다. 특수학교의 모든 단계에서 환자는 '진정한 선택이 될 수 있도록' 둘 이상의 바람직한 가능성을 제공받는다.[77] 그 결과 복도는 이동과 휴식, 즉 복도를 따라 산책하고 싶은 마음과 은밀한 앨코브에서 쉬고 싶은 마음을 동시에 충족하는 공간으로 조성되었다. 특수학교의 기본적인 목표는 다양한 사람에게 만족스러울 선택 또는 변화하는 개개인의 필요나 욕구를 충족해줄 선택을 구현하는 것이었다.

철학도 오랫동안 이와 관련된 생각을 주제로 다뤄왔다. 『숨 쉴 공간Elbow Room』에서 대니얼 데닛은 두 가지 상황을 병치해가며 자유의지의 난제를 헤쳐나간다. 사람들이 어떤 것 또는 누군가의 통제 아래에 놓이게 된 상황과, 자주권을 획득한 상황이 그것이다. '우리는 우리 자신과 우리의 운명을 모두 통제하길 원한다.'[78] 극단적인 질서가 만연해 아무것도 제어할 수 없는 상황에서 우리는 선택권을 빼앗기거나 차단당하고, 반대로 환경이 '다소 자유로울' 때에야 통제력을 되찾는다.

위: 쇼카테이 다실, 가츠라 궁(17세기), 교토.
아래: 대리석 판으로 만들어진 층계, 올리베티 전시장(1958), 베네치아, 카를로 스카르파 작.

자유로운 공간에는 예측 가능하고 한정된 패턴에서 풀려난 적당한 무질서, 그리고 할 만한 가치가 있는 조작 가능성이 충분해야 한다. 그런 환경에는 본질상 우리에게 계획적인 활동의 여지를 제공하는 '숨 쉴 공간'이 넉넉하다. '우리는 **실수의 여지**를 원한다. 선택이 열려 있어 우리의 행동을 스스로 지배할 수 있는 가능성이 계속 남아있길 원한다… 이는 세계가 어떤 방식으로—분명 다양성이 충만하고, 먹을 것과 기쁨이 차고 넘치게—존재하길 우리가 원한다는 뜻이지만, 이 맥락에서 더욱 중요한 것은, (우리의 욕구와 능력을 감안할 때) 난폭할 정도로 많은 요구 탓에 우리의 선택 범위가 황량하게 줄어드는 것을 원하는 건 아니라는 뜻이다.'[79]

데닛의 주장이 건축에 던지는 의미들은 표준화된 서양식 건물에서 볼 수 있는 독방 같은 구조와 일본의 전통 가옥이나 별장에서 볼 수 있는 교류하는 복합적 공간을 비교할 때 즉시 명백해진다. 서양식 건물의 균일한 바닥, 답답한 벽, 평평한 천장과 대조적으로 일본의 전통 건물에는 높낮이가 약간씩 다른 바닥, 고정된 벽들과 움직일 수 있는 장지문들의 조합을 통해 합쳐지거나 분리되는 방, 바닥의 높낮이가 변하면서 높이가 달라지는 천장 등이 있다. 낮은 나무 탁자(츠케쇼인付書院)를 안고 있는 앨코브 창, 도코노마床の間(다다미방의 정면 상좌에 바닥을 한 층 높여 만들어놓은 곳—옮긴이)의 관조적인 공간에도 비슷한 면들이 있다. 가츠라 궁의 쇼카테이賞化亭(127쪽 위) 같은 자그마한 다실도 은신과 조망의 구역이 결합된 이중성을 보여준다. 모험적인 영역과 은밀한 구석 자리가 대조를 이루고, 물을 끓이는 흙난로의 중심성이 대화를 나누거나 정원을 내다볼 수 있는 다다미방의 창틀과 보완 관계를 이룬다.

경로가 효율적이고 모든 디딤판이 똑같이 생긴 현대의 전형적인 계단과 카를로 스카르파가 설계한 올리베티 전시장의 계단(127쪽 아래)에서도 그런 확연한 대조를 볼 수 있다. 두 계단 모두 오르기라는 실용적인 기능에 봉사하지만, 우리 시대의 계단들은 단 하나의 규범적 행동을 고집하면서 명시된 방식으로만 오를 것을 강요한다. 잠시 쉬거나 다른 방식으로 오를 수 있는 여유는 조금도 없으며, 이제는 그 경로가 확고히 정착되어 우리의 다리에까지 스며든 상태다. 스카르파의 계단은 다른 전제에서 시작한다. 오르는 사람을 놀라게 해서 통제권을 되찾게 하고, 제한된 차원에서지만 자신을 확인하는 행위의 주인이 되라고 권유하는 것이다. 광택처리된 아우리시나 대리석Aurisina marble 계단들은 다양한 동작을 수용하기 위해 군데군데 넓혀져 있고, 중간에서는 선반으로도 쓸 수 있도록 팔을 벌리고 있으며, 맨 아래에서는 사람이 걸터앉을 수 있는 넓은 벤치를 펼쳐놓는다. 오르는 사람은 강요된 동작을 따르는 대신 다양한 방식으로 자유롭게 오르고, 편한 자세로 기대거나 앉을 수 있다.[80] 건축의 이 같은 다면성은 우리의 상상력과 운동 욕구를 해방하여 즐거운 현상을 조장하는 그 틀 안에서 마음 내키는 대로 이동하게 해준다. 계단이 제공하는 이 재량의 여지는 물성을 가진 사물이 아니라 사람이 직접 실현해야만 하는 잠재력으로 존재한다.

스카르파의 계단은 또한 우리의 선택을 촉발하고 인간적 이벤트를 부추기는 건축의 촉매 역할을 확실히 보여준다. 우리는 진공 상태에서는 참다운 행위를 할 수 없고, 우리의 결정을 고취하고 보상해주는 환경의 속성들과 협력해야만 인간적 행위를 할 수 있다. 에리히 프롬은 이런 종류의 자극을 가리켜 '사람의 활동성을 자극하는 요인'이라고 묘사하며 이렇게 덧붙인다. '소설이나 시, 생각과 풍경, 음악 그리고 사랑하는 사람도 그런 활성화 자극이 될 수 있다. 이런 자극은 결코 단순한 반응을 이끌어내지 않는다. 그것은 말하자면 대상에 적극적으로 공감하면서 우리 자신을 관련짓는 반응, 우리의 "오브제"(더 이상 단순한 "오브제"가 아니다)에 적극적으로 관여하면서 끊임없이 새로운 측면을 보거나 발견하는 반응, 더 각성하고 더 의식적이 되는 반응을 이끌어낸다. 우리는 더 이상 자극이 가해지는 수동적 대상, 말하자면 우리의 몸을 춤추게 하는 장단의 꼭두각시가 아니다. 정반대로 우리는 세계와의 관계 속에서 자신이 가진 능력들을 표현하는 존재, 적극적이고 생산적인 존재가 된다… 우리의 생산적인 대응 때문에 활성화 자극은 계속 새로워지고 변한다. 자극을 받는 사람("피자극물")은 항상 새로운 면을 발견함으로써 자극물에 생기와 변화를 준다. 자극물과 "피자극물" 사이는 상호적이며, 기계적이고 일방적인 관계식인 S 〉R, 즉 자극 Stimulus 〉반응-Reaction으로 환원되지 않는다.'[81]

## 혼합식 계단

그 원천이 지형의 선물이나 우연한 결합 또는 잠재의식의 지혜든 간에 토속 마을의 경사진 보도에는 편안하고 여유로운 움직임의 자유가 공통적으로 존재한다. 통로 공간은 넓어졌다 좁아지기를 끊임없이 반복하고, 주변과의 경계를 거두어 임의로 멈추거나 쉴 수 있는 구석진 자리와 앨코브를 거의 무한히 만들어낸다. 언덕 마을의 길은 전체적으로 경사진 것 외에도, 한 칸씩 오를 수 있는 계단과 매끄러운 경사로를 나란히 놓거나, 바닥을 질감이 다른 재료로 구분하여 경사를 선택할 수 있게 한다.

멋진 사례인 페루자의 아피아 가도는 도심부에서 세 종류의 구불구불한 디딤판을 아래로 흘려보낸다(130쪽). '이곳에서 느끼는 보행의 고됨은 그 훌륭한 보도로 상쇄된다. 이 거리를 걷는 사람은 누구나 계단들의 결에 주목하게 된다'고 버나드 루도프스키는 말한다. '계단의 시공 방식에는 단조로움이 전혀 없다. 디딤판들의 높이, 길이, 폭이 아주 독특해서 세 사람이 걸으면 각자 다른 바닥면을 선택한다. 한 사람은 관습적이고 나지막한 계단을, 다른 사람은 계단과 접해 있는 좁은 경사로를, 세 번째 사람은 반대쪽에 있는 또 다른 경사로를 이용할 것이다. 이 두 번째 경사로는 램프나 계단이 아니라 그 둘이 합쳐진 형태로 가파른 페루자 거리의 특징이다. 이곳의 계단들은 디딤판이 1인치 가까이 낮아져 염소 발을 가진 사람에겐 기쁨을 주고 서투른 사람에겐 비틀거림이나 더 심한 경험을 안겨준다.'[82] 언덕 너머 대학교로 가는 또 하나의 길은 생각의 폭을 넓혀준다. 내려가는 계단에서 갈라져 나온 중세의 버려진 수도교가 인도교로 탈바꿈해서 계곡을 발아래 두고 목적지까지 더 빠르고 상쾌한 경로를 제공하는 것이다.

유명한 계단들의 특징은 갈림길이 있다는 것이다. 피렌체의 라우렌치아나 도서관에 미켈란젤로가 만든 세 갈래 계단은 오르는 사람에게 같은 목적지로 다르게 올라갈 수 있는 매력적인 경로를 제시한다.[83] 가운데 넓은 계단은 아래로 향해 부풀어 오른 육감적인 디딤판들이 독특하다. 그 양쪽으로 난간 없이 오르는 우회로들이 접해 있고, 세 경로가 하나로 합쳐져 열람실로 들어간다. 다른 기념비적인 경사로들에서도 방향과 경치만 다를 뿐, 오르는 방식은 이 계단과 거울상을 이룬다. 이와 마찬가지로 프랑스 샹보르 성의 중심부에 위치한 서로 꼬여 있는 이중 나선 계단, 필리포 유바라 Filippo Juvarra가 토리노에 설계한 팔라초 마다마, 발타자르 노이만Balthasar Neumann이 설계한 독일의 뷔르츠부르크 궁전의 쌍둥이 계단 등 르네상스 별장과 바로크 궁전의 이중 계단들도 썩 훌륭한데 그 기본구조는 라우렌치아나의 계단과 사실상 똑같다.

(위 왼쪽부터 시계 방향으로) 수도교를 향해 내려가는 아피아 가도, 페루자.
아피아 가도와 수도교가 갈라지는 모습.
수도교 양쪽의 계단 길.
수도교 아래로 흐르는 아피아 가도.

알레산드로 스페키의 리페타 항구(18세기 초 테베레 강 연안에 조성되었으나 지금은 사라진 내륙항구―옮긴이)와 스페인 광장에는 대칭적이긴 하지만 보다 여유롭게 조성된 거대한 도시적인 계단이 있다(아래). 각 계단은 여러 층이 하나의 전체를 이루면서도 사람들이 선택할 수 있는 행위의 여지를 곳곳에 품고 있다. 리페타 항구에 구현된 계단의 쓰임새는 18세기의 판화들에서 엿볼 수 있는데 그림 속의 항구는 다양한 속도와 경로를 제공하는 계단, 물에 접근하거나 짐을 부릴 수 있는 계단 참, 계단 위에 앉거나 누워 평소와 다른 시선으로 테베레 강을 볼 수 있는 다양한 조망터를 제공한다. 비스듬한 폭포와도 같은 스페인 계단에서는 여러 행위가 훨씬 더 풍부하게 교차한다. 계단은 각도와 형태가 약간씩 달라지는 디딤판들 위를 흐르며 계속 나뉘고 합쳐지길 반복한다. 그 흐름은 이따금씩 층계참들에 의해 끊기는데, 특히 널찍한 테라스 두 곳은 아래의 거리와 분수를 구경하는 전망대 역할을 한다. 좀 더 특별한 자리를 원하는 사람은 가로등 주춧대 아래로 트레버틴 대리석 블록들이 직선의 계단을 이루고 있는 좁은 경로를 선택하여 대리석 선반 위에 앉거나 기대고 뒤로 누울 수도 있고, 계단 가장자리의 난간이 반복적으로 내어주는 평평한 자리를 쉼터로 이용할 수 있다. 결국 이 모든 요소 덕분에 스페인 계단은 다양한 경로와 쉼터를 한꺼번에 내어준다.

안토니 가우디Antoni Gaudi가 바르셀로나 구엘 공원에 설계한 화려한 계단은 몇 개의 우회로가 계속 엇갈리고, 숨 돌릴 기회와 다양한 자세로 조망할 수 있는 좌석을 곳곳에 드러낸다(132쪽). 눈부신 백색 타일과 화려한 색으로 덮인 이 매력적인 이중 계단은 약간 틀어져 있는 두 개의 경로로 시작한 뒤 입구쪽 테라스에서 만나고, 이곳에서 다시 두 길로 갈라지지만 이번에는 다음 테라스까지 평행을 이룬 뒤 마지막으로 여러 경로로 갈라져 광장으로 올라간다. 사람들은 둥근 윤곽을 가진 난간 위에 앉을 수도 있지만, 층계참에는 왕좌를 방불케 하는 특별히 맘에 드는 벤치가 있다. 첫 번째는

즉흥적으로 발생하는 행위들, 스페인 계단(1725), 로마, 알레산드로 스페키 작.

곡면의 높은 등받이가 있는 볼록한 좌석이고, 두 번째는 알록달록한 햇빛 가리개가 후광처럼 감싸고 있는 오목한 휴식처다.

## 웅장하고도 친밀한 이탈리아의 광장

가장 매력있는 복합적 공간은 도시 광장이다. 하지만 이 야외의 방에서 인간의 행동을 장려하는 요소는 크기도 유용성도 아름다움도 아니다. 그것은 제퍼슨의 캠퍼스, 베르니니의 열주랑과 유사하게 멋지게 구성되어 있으면서도 다의성을 갖춘 다양한 모양의 공간으로, 바로 이것이 우리가 진정으로 원하는 것을 선택할 수 있도록 무한한 가능성과 기회를 제공한다. 수많은 사람이 하나의 전체 공간에서도 개인의 독립성을 유지할 수 있는 것은 유서 깊은 이탈리아 도시와 마을들의 뚜렷한 특징이다.

　　가장 훌륭하고 유명한 예로, 로마의 캄피돌리오 광장(133쪽 위), 시에나의 캄포 광장 (133쪽 아래), 몬테풀치아노의 중앙 광장(134쪽 위), 피엔차의 자그마한 비오 2세 광장(134쪽 아래), 산 지미냐노의 치스테르나 광장(135쪽), 베네치아의 산마르코 광장을 꼽을 수 있다. 이 광장들에는 지형이 다양하고 서로 대비를 이루는 언저리들이 풍부할 뿐 아니라 활기차고 쉽게 잊히지 않는 빈 공간들이 있어 자유를 살아 숨 쉬게 한다. 통일성과 다양성, 집중과 분산, 권위와 전복이 공존하는 것이다. 그 결과 이 광장들은 공공 행사가 열릴 때 대규모 군중이 만드는 도시 정체성을 장려하면서도 동시에 소집단이나 개인에게 다수의 매력적인 가능성을 열어주고 즉흥적 행동과 실수의 여지를 넉넉히 제공한다. '여러 상황의 뒤섞임'과 '행동의 여지'는 각각의 빈 공간을 '자유로운 상호작용의 무대'로 전환한다. 에릭슨은 이런 성질이 한 번에 수천은 아니더라도 수백의 군중에게 '지배력의 자유재량'을 주므로, 시민의 안녕과 생존에 필수적이라고 생각한다.[84]

　　오목한 벤치가 놓인 층계참의 앨코브, 구엘 공원(1914), 바르셀로나, 안토니 가우디 작.

위: 캄피돌리오 광장(1561), 로마, 미켈란젤로 작.
아래: 캄포 광장, 시에나.

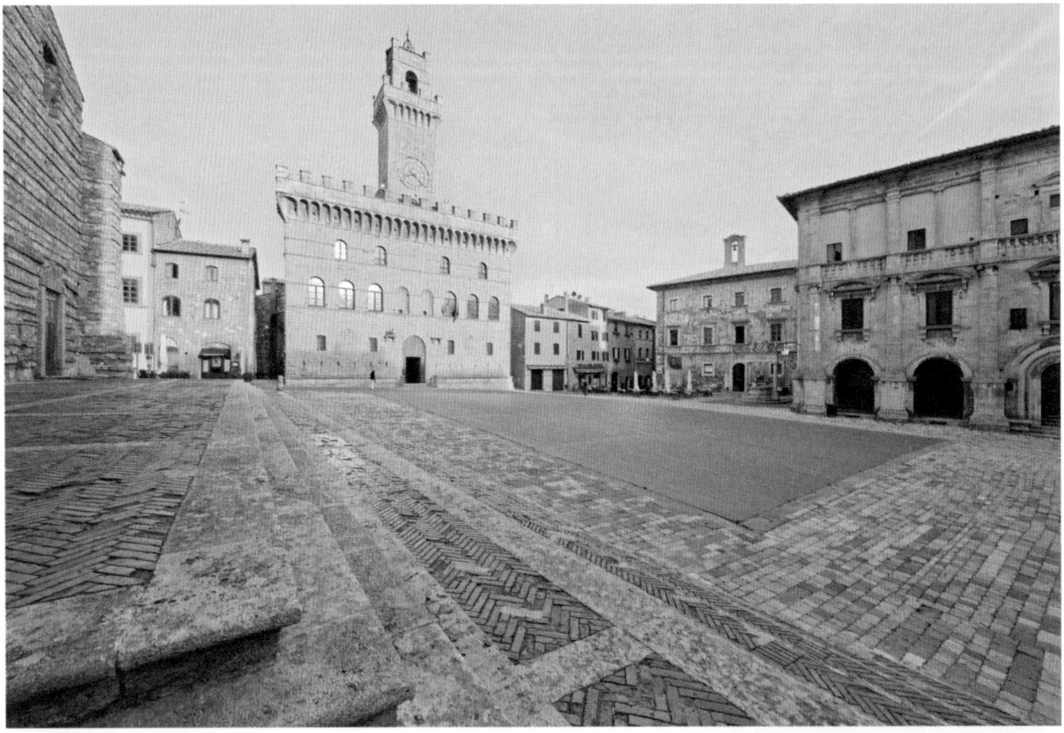

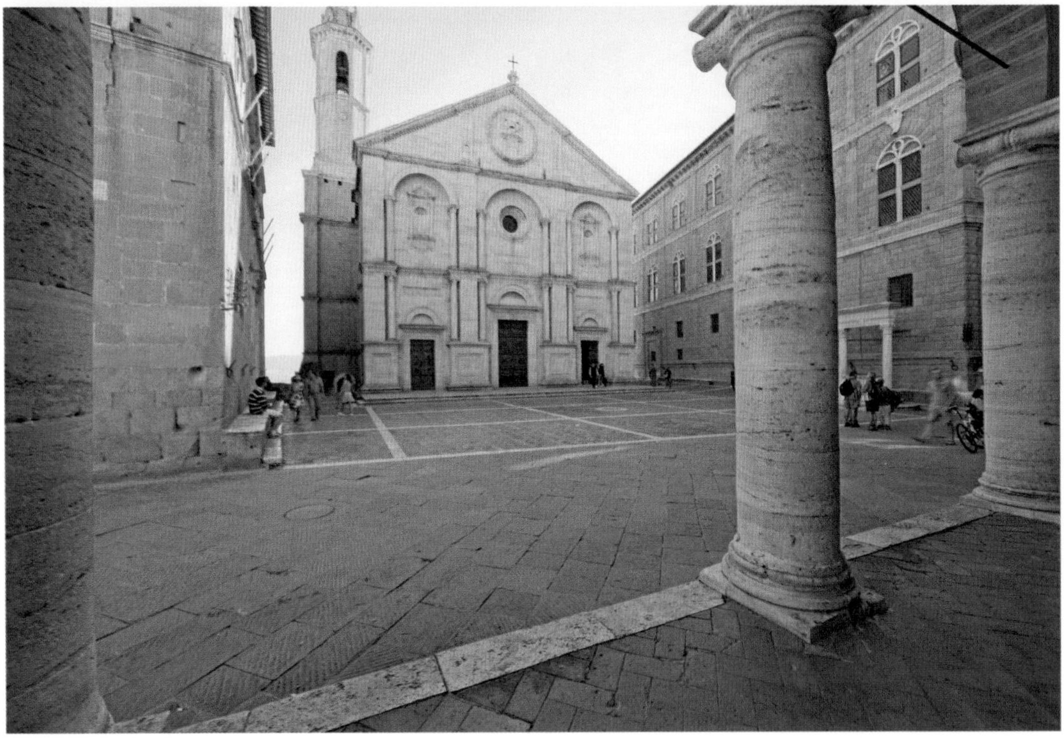

위: 중앙 광장, 몬테풀치아노.
아래: 비오 2세 광장, 피엔차, 베르나르도 로셀리노 작.

이탈리아의 상징적인 광장들에 가면 바닥과 주변부의 느슨함에서 광장의 가장 큰 특징을 바로 느낄 수 있다. 인상적으로 둘러싸인 광장의 정밀한 기하학이 아니라 뒤틀리고 주름지고 구부러진 면들이다. 주위의 벽들은 들쭉날쭉하며 느긋함을 보이기도 하고, 변두리를 따라 구석진 자리들을 만들어내며 다양한 선택의 여지를 남기기도 한다. 잠시 몸을 감추거나, 군중으로부터 물러나거나, 기둥에 기대 쉴 수 있는 열주랑과 아케이드도 활동의 장소가 되어준다. 건물의 견고한 정면이 지면과 접하는 자리에는 친절한 벤치가 펼쳐져 있다. 건물의 계단들은 디딤판과 평석들을 즉석 의자처럼 내놓아 한공간에서 활동하고 쉴 수 있는 기회를 펼쳐놓고서 사람들의 결정을 기다린다.

지면에서 위로 솟은 요소들 주변은 다양한 행동 패턴을 유발한다. 그 특색 있는 작은 중심부들은 흐르는 공간 속에서 섬 같은 매력을 발산하고 사람들은 그 안정된 닻에 다양한 방식으로 관여한다 (위). 걷다가 우물가에 앉거나 가로등의 기둥에 기대 쉴 수 있고, 차량진입 방지용 말뚝이나 난간에 걸터앉을 수도 있다. 광장의 가장 큰 매력인 커다란 분수는 공감각의 기쁨을 분출하지만, 그것이 자발적인 힘을 돋워주는 여러 다른 요소를 가리지는 않는다. 물과 시원함이 빚어내는 최면과도 같은 물놀이를 중심으로 선택해야 할 수많은 가능성이 포진해 있다. 다양한 모양과 크기의 평석이 있어 그 위에 몸을 뻗고 누울 수도 있고 시원한 물에 손발을 담글 수도 있다.

큰 광장들의 바닥에는 다중 공간의 또 다른 원천이 있다. 경사나 표면이 약간씩 불규칙해지는 탓에 바닥은 여러 각도나 높이로 나뉘고, 하나의 큰 표면 위에 여러 양상을 드러낸다. 돌이나 벽돌 바닥이 전체 공간을 합치고 구분하면서 이따금 중심부를 강조하지만, 이 거대한 카펫은 그 바깥

둘레를 따라 결이나 색이 바뀌어 불규칙한 테두리를 만드는 경향이 있어 가장자리에 국지적이고 개별적인 성격을 부여한다. **포용력 있는 전체와 작고 복작거리는 부분들이 결합한 덕분에** 이탈리아의 광장은 다수를 위한 자유를 가장 훌륭하게 성취한 건축적 사례가 된다. 사람들이 공동체의 통일성을 느끼면서도 개인의 경험을 누릴 수 있는 장소인 것이다.

바르셀로나 구엘 공원의 위쪽 광장도 마찬가지다. 독특한 형태를 자랑하는 언저리를 따라 자유가 만개한다(위). 테두리에서 물결치는 난간 겸 벤치는 똑같은 좌석이 하나도 없다. 오목한 자리와 볼록한 자리가 번갈아 있어 조망 각도와 태양의 입사각이 약간씩 달라지기 때문이다. 어떤 자리는 앉은 사람을 한가운데에 밀어놓고, 또 어떤 자리는 조용한 곳으로 우묵하게 물러나 아래의 정원과 그 너머의 도시를 제각기 다른 시선으로 굽어본다. 이 물결치는 벤치의 형태는 앉아 있는 자세에 맞게 제작되어 있고 표면은 화려한 도자기 타일로 덮여 있어 어느 자리를 선택하든 안락함과 색채의 매력이 덤으로 따라온다.

### 프랭크 로이드 라이트의 '개인의 주권'

20세기 초에 다양한 형태의 실내 공간을 만들어 건축에 자유를 결합하는 방식을 주도한 사람은 프랭크 로이드 라이트였다. 라이트의 복합적인 건축이 가진 본질은 그의 주택들, 특히 거실을 넉넉히 채우고 있는 활동의 여지에서 가장 두드러진다. 워싱턴 주 시애틀 인근에서 퓨젯사운드 만을 굽어보고 있는 트레이시 하우스를 비롯하여 그의 소박한 유소니언 하우스들도 하나의 커다란 실내에 여러 개의 작은 구역이 중첩되어 있는 것이 핵심이다. 버지니아 주 알링턴의 우들론 농장 구내로 이전된 팝-레이 하우스의 자그마한 거실 겸 식당(137쪽)에도 작은 풍경을 보여주는 여러 개의 창과 큰 풍경을 보여주는 두 개의 창문이 있어 난로, 구석의 식당, 친밀한 분위기의 목재로 된 앨코브 같은 작은 영역을 통해 집단적 통일성을 보여준다. 그러나 각각의 영역에는 조망과 은신이 독특한 균형을 이루고 있으며 그 균형은 위치나 방향을 조금만 바꿔도 쉽게 변한다. 라이트가 건물의 집단적 통일성만이 아니라 '개인의 주권'에도 큰 관심을 기울인 것은 그가 '자유의 꿈'과 미국의 '민주 정신'을 신봉했기 때문이다. 그는 '전체의 조화로운 삶과 일치하는 개인의 가장 높은 발전 가능태인 개인성에 특별한 가치'가 놓이도록 공간의 볼륨들을 배치했다. '완벽할 만큼 가치가 있는 전체는 외부에 노예처럼 속박된 단위들이 아니라 저마다 위대하고 강인한 개별 단위로 구성되어야 하고, 자유롭게 움직일 권리가 내면의 정신에 따라 결합되어 있어야 한다.'[85]

이때 반드시 주목해야 할 점이 있다. 라이트의 '개별 단위'는 결코 중립적이거나 중복되는 형식적 대안이 아니라 사람들이 열렬히 관심을 갖는 근본적인 조건의 선택에 의해 만들어진다는 것이다. 그는 선택권이 가장 깊은 인간적 충동을 일깨우고 보상해주는 진정한 자극이 될 수 있다고 확신했다. 그에 따라 화로는 원시적인 석공술과 매혹적인 불이 어우러지는 흙내 나는 장소가 되고, 식탁 주변은

거실과 식당이 중첩되는 영역, 팝-레이 하우스(1941), 알링턴, 버지니아 주, 프랭크 로이드 라이트 작.

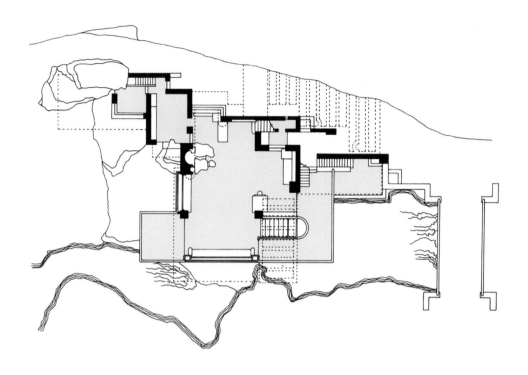

음식 주위로 모이기에 좋은 환경을 갖추었으며, 곳곳의 앨코브와 은신 공간들은 바깥 경치를 보며
해방감을 느낄 수 있는 투명한 창으로 보완되었다. 그는 이렇게 말했다. '건물의 모든 부분에 자유가
있을 때 마침내 건물도 그 점유자들처럼 자유로운 존재가 된다.'[86] 그러나 라이트는 또한 건물이 너무
공허하면 선택은 어떤 의미에서도 자유롭지 않다는 점을 알고 있었다. **그가 말한 '새로운 해방'은 단지
속박의 부재가 아니라 기회의 존재를 의미했다.** [87] 새로운 해방에는 단지 무언가로부터 벗어날 자유가
아니라 무언가를 하기 위한 자유가 필요했다. 그는 이렇게 강조했다 '도피는 자유가 아니다. 우리가
당당히 요구해야 할 유일한 자유는 탐색의 자유이기 때문이다.'[88]

　　라이트가 설계한 더 큰 집들도 이 '탐색의 자유'란 덕목을 다양한 침실, 서재, 발코니, 테라스로
확장한 것에 불과하다. 그럼에도 거실은 항상 가장 풍요로운 곳, 가족의 구성원들이 각기 다르면서도
진지하게 전유할 수 있는 행위의 기회가 풍부한 곳으로 남는다. 예를 들어 워싱턴 주 러신 외곽에
있는 윙스프레드의 핵심은 커다란 벽난로를 중심으로 네 날개를 펼치고 있는 바람개비다. 방사형의
구역은 각기 차별화되어 있으면서도 낮은 벽, 바닥의 높낮이 변화, 천장의 높이, 경치 조망을
통해 인접한 구역과 연결되고, 난로불의 내향적 호소력은 지붕창의 외향적 매력과 결합해 있다.
펜실베이니아 주 밀런에 위치한 낙수장의 1층 바닥은 외부의 지형만큼이나 다채롭다(위). 상반된
매력을 지녔으면서도 하나같이 우리에게 중요한 여러 장소가 거실의 볼륨을 에워싸고 있다. 이를테면
암반 위에 얹힌 석재 벽난로, 한쪽 구석에 자리한 오붓한 식당, 들어간 벽에 벤치가 놓인 현관의 전이
공간, 'L'자 유리에 둘러싸여 있지만 개울로 내려가는 해치형 문이 굽어보이는 서재, 기둥 사이에

　　1층 평면도, 낙수장(1935), 펜실베이니아 주, 프랭크 로이드 라이트 작.

거실, 탈리에신 웨스트(1938년 착공), 애리조나 주, 프랭크 로이드 라이트 작.

숨어 북쪽으로 실내를 바라보는 좌석, 동쪽의 개울을 볼수 있도록 설치된 까치발의자, 자연의 품에 안겨 있으면서도 유리문 안쪽의 거실에 포함되는 양쪽의 캔틸레버식 테라스가 그런 장소이다.

또한 위스콘신 주 스프링그린 소재의 탈리에신 이스트와 애리조나 주 스카츠데일 소재의 탈리에신 웨스트(139쪽)의 특별한 가장자리 공간 역시 일련의 중간 구역, 즉 안팎이 서로 깊숙이 침투해서 다의성을 띠는 공간으로 설계되었다. 따라서 그 경계는 가는 테두리로 축소되는 대신 넓어지고 엇갈리면서 만과 곶을 교대로 만들어낸다. 이 접촉면에서 라이트는 실내와 실외의 경계를 밀고 당기며 양극의 조건들을 꿰어 합쳤고, 건물의 경계 자체를 공간을 담는 그릇으로 삼아 그 속에서 사람들이 깊이 생각하고 행동할 수 있는 복합성을 구현했다.

라이트의 건축에 담긴 즉흥성과 재즈 연주 사이에는 유사점이 있다. 재즈는 라이트의 대초원 건축과 같은 시대에 뉴올리언스, 캔자스, 시카고에서 발생한 미국의 고유 음악이다. 이 음악은 비록 어느 정도 한도는 있지만 다른 장르들과 비교할 수 없을 정도로 개인의 자유를 넉넉히 허락해서 각 연주자는 다른 연주자들의 멜로디에 재량껏 대응하며 경합을 벌일 수 있다. 대부분의 음악이 처음과 중간과 끝이 엄격히 나뉘는 것과 달리 재즈는 정해진 각본 없이 시작하고 끝이 난다. 민주적 평등의 전형으로 간주되기도 하는 재즈는 기본적으로 개별 작곡가들이 미리 연습을 하지 않고 대략의 틀을 해석해 즉흥적으로 자신의 악기나 목소리를 연주하는 공연자 위주의 예술이다. 감정에 끌린 솔로는 순식간에 고조된 뒤 자신만의 곡선을 그리며 전체의 통일성에서 벗어나 곡을 확장하고 복잡성을 높인다. 이 즉흥 연주에서 누구라도 쉽게 라이트의 공간을 떠올릴 수 있다.

## 헤르만 헤르츠베르거의 다의적 형식

라이트가 구현한 공간 해방과 유사한 사례를 유럽에서도 발견할 수 있다. 르코르뷔지에와 알바 알토 Alvar Aalto의 실내 공간이 대표적인데, 한스 샤로운Hans Scharoun이 베를린 필하모닉을 위해 창조한 특별한 참여감도 빼놓을 수 없다. 연주회장의 중심인 무대 주위는 관객이 자유롭게 오갈 수 있는 복잡한 공간으로 둘러싸여 있다. 이런 혼합식 공간은 로비에서부터 시작한다. 삼각형으로 나뉜 구역과 높낮이 변화 덕분에 정해진 행사가 진행되는 공간 주변에는 늘 정해지지 않은 여백이 존재함을 알려주고 그로 인해 공연 중간에 잠시 머무는 관객은 마음을 가라앉힐 힘을 얻는다. 평면과 단면이 보여주는 입체적 구성은 객석에서 절정에 달한다. 객석 영역은 각기 다른 각도에서 무대와 마주하며 홀의 축을 둘러싸고 있으며, 비스듬히 기운 면들은 약간씩 다른 시선視線을 만들어낸다. 샤로운은 이 분열된 구성 요소들을 비탈진 포도원에 비유했다. 작은 밭들이 불규칙한 계단을 이루며 전체를 구성하지만 각각의 공간과 방향은 끊임없이 변한다는 뜻에서다.

헤르만 헤르츠베르거의 작품들은 이렇게 관대한 정신을 드러내면서도 여기에 겸손함을 곁들인다 (141쪽). 그중에서도 특히 1960년대와 1980년대 사이에 지어진 건물은 외양이 의도적으로 빈약하게 처리되었지만 매력적인 행위가 넘쳐난다. 헤르츠베르거는 이 다면적인 풍부함을 '다가성'으로 묘사하면서 이질적인 의미와 해석을 강조해왔다. 이 '유인요소'들은 잠복해 있는 관계를 사람들에게 일깨우고 고취하여 삶을 변화시키는 선택을 하도록 자극한다. 헤르츠베르거의 통로와 방들은 부차적인 역할을 폭넓게 하면서도 항상 주요 기능에 충실하고, 자발적인 활동과 실용적인 필요, 보다 일반적인 의미에서 유희와 일을 접목하여 사람들을 자유롭게 하는 복합적 형식을 띤다.

위: 앨코브와 좌석이 있는 실내 보행로.
아래: 카페테리아 위쪽에 있는 옥상 광장. 센트랄비히어 본사(1972), 네덜란드, 헤르만 헤르츠베르거 작.

　　형태를 과도하게 드러내는 대신 자발적인 선택의 여지를 미묘하게 개입시키면 건물과 사람 사이에 습관화되어버린 힘의 상관관계가 역전된다. 사람에게 통제권이 되돌아오는 것이다. 이 점에서 헤르츠베르거는 건축과 악기의 상관성을 강조했다. 피아노나 플루트는 '얼마나 다루었느냐에 따라 그 가능성이 늘어나므로 악기는 연주되어야 한다. 악기의 한계 안에서 무엇을 이끌어낼 수 있는지는 연주자에게 달려 있다. 악기와 연주자는 서로에게 각자의 능력을 드러내며 서로를 보완하고 실현한다. 악기처럼 건축의 형식도 개인이 가장 원하는 것을 자신의 방식대로 할 수 있는 여지를 제공한다.'[89]

　　바이올린의 제작과 마찬가지로 헤르츠베르거는 가장 쉽게 고정관념에 빠질 수 있는 부분을 포함하여 각 구성 요소의 활용 범위를 넓혀 심화하고자 했고, 이를 위해 난간을 구부려 앉을 수 있는 장소를 끼워 넣었다(위와 143쪽). 벽의 기초부가 한 차례 접히며 선반을 만들고 구조를 위한 기둥들은 곡선 모양의 벤치를 내놓으며 작은 발코니를 만든다. 바닥에서 올라온 콘크리트 디딤판들은 얕은 원통형 좌석을 제공하고 바닥의 테두리는 약간 올라와 발의 쉼터가 되어준다. 철제 난간은 오목하게 휘어져 좁은 벤치와 선반을 내놓는다. 단단한 벽에는 온화한 목공에 작품이 전시된 벽감과 벤치가 있다.

　계단실 주위의 난간 선반과 앨코브식 벤치, 무지크센트룸 브레덴부르크(1978), 위트레흐트, 헤르만 헤르츠베르거 작.

　예상치 못한 곳에 절제된 방식으로 유희적 요소를 삽입하는 헤르츠베르거의 작업방식은 건축의 역사와 여러 유명한 건물들의 주목받지 못한 디테일에서 의도적으로 끌어온 것이었다. 그 예로, 가우디의 구엘 공원에 있는 열주랑의 원주 하단에 늘어놓은 돌 좌석(144쪽 위 왼쪽)과 위쪽 차도에 있는 미라도르miradores(전망대), 스웨덴 건축가 시구르드 레베렌츠Sigurd Lewerentz가 클리판에 설계한 성 베드로 성당 회의실의 벽돌벽을 도려내 만든 마주보고 있는 창가 좌석(144쪽 위 오른쪽)이 있다. 스카르파의 카스텔베키오 미술관에서 성벽 아래쪽 통로의 경계를 이루는 낮은 벽은 난간에서 높은 의자로 변하고 다시 낮은 선반으로 변한 뒤 마지막에는 성벽 자체 안으로 들어가 강이 굽어보이는 창가 좌석의 발판으로 변한다(144쪽 아래 왼쪽). 비슷한 맥락에서 루이스 I. 칸의 엑시터 도서관 가장자리에서는 유리창문의 목재틀이 등을 맞댄 한 쌍의 책상으로 확장된다. 책상 면은 'L' 자로 꺾여 다양한 작업이 가능하고, 자연광을 조절하는 미닫이 창은 외부조망과 함께 내적성찰을 허락한다(144쪽 아래 오른쪽).
　그러나 중요한 것은 자유의지를 북돋우는 헤르츠버거 특유의 방식이다. 그것은 건설비용의 초점을 건물의 외관에서 사용자의 행위로 옮김으로써, 매우 소박한 재료에 엄청난 기회의 여지를 불어넣었다는 점이다. 초기의 걸작은 델프트의 몬테소리 학교(145쪽)로, 회색 콘크리트와 짙은

좌석으로 변하는 난간, 무지크센트룸 브레덴부르크.

(위 왼쪽부터 시계 방향으로) 구엘 공원(1914), 바르셀로나, 안토니 가우디 작.
성베드로 성당(1966), 클리판, 스웨덴, 시구르드 레베렌츠 작.
필립스 엑시터 아카데미 도서관(1972), 뉴햄프셔, 루이스 칸 작.
카스텔베키오 미술관(1973), 베로나, 카를로 스카르파 작.

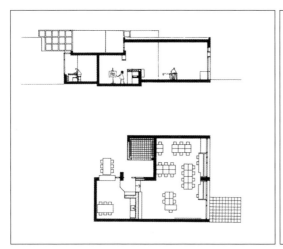
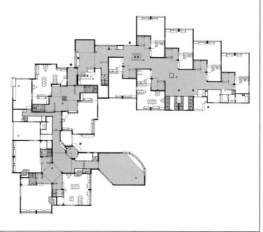

나무로 된 소박한 구조지만 모든 부분이 어린아이들의 결정을 촉발하도록 고안되었다. 현관은 정면의 일부가 아니라 기회로 가득 찬 중간 지대다. 문 근처에 몸을 피할 수 있는 아늑한 구석과 먼 곳을 내다볼 수 있는 구역이 있고, 아이들 키에 맞춘 낮은 난간은 부모를 기다리는 아이들에게 기꺼이 임시 벤치나 테이블이 되어준다. 값싼 자재로 사려깊은 풍요로움을 표현하는 이 형식의 공감 언어는 두 단으로 구분된 교실로 연장된다. 교실마다 서로 맞물린 'L'자형 공간 안에는 초점이 안쪽에 있어 친밀하게 느껴지는 낮은 쪽 'L'자, 그리고 바깥쪽을 응시하며 모험을 꿈꾸는 높은 쪽의 'L'자가 결합해 있어, 매 단계에서 우리의 해석을 자극한다. 현관에서처럼 각 교실의 입구는 단일한 구획선이 아니라 선택을 부추기는 중간적 공간이다. 입구나 현관처럼 이 영역도 아이들이 교사의 통제와 복도의 자유 사이에서 고민할 수 있도록 다소 은밀하고 외져 있다.

　가장 놀라운 공간은 교실들을 연결하는 구부러진 복도다. 일반적인 학교의 똑바른 복도는 그 황량한 축을 따라 쉽게 감독할 수 있고 아이들을 이 반에서 저 반으로 몰아대기 좋은 반면에 헤르츠베르거의 복도는 계속 넓어졌다 좁아지는 지그재그의 볼륨을 갖고 있다. 아이들은 인생 그 자체의 자연스러움을 반영하듯 한쪽 끝에서 반대쪽 끝까지 천천히 굽이치며 흘러갈 수도 있고 똑바로 나아갈 수도 있다. 또한 중간에 순환하는 흐름에서 벗어나 안온한 구석에서 잠시 쉬며 혼자 또는 친구들과 무언가를 할 수도 있고, 마루의 한쪽에 레고처럼 생긴 의자들을 치우면 드러나는 네모난 구덩이 주위에 모일 수도 있다. 보통 위압적이기만 한 복도를 활동과 휴식을 스스로 통제하는 장소로 바꾼 헤르츠베르거의 아이디어는 에릭슨의 '천천히 하라'는 요청을 상기시킨다. '장난치고 빈둥거린다는 것은 우리의 감시자를 은근히 경멸하는 것'이기 때문이다. **'촌각을 다투는 곳에서 유희 정신은 연기처럼 사라진다.'**[90]

　이어 헤르츠베르거는 다면성이라는 주제를 건물에 적용했는데 그 형태와 크기는 학교와 아파트에서 사무용 건물과 공공건물에 이르기까지 광범위했다. 그는 건물에 따라 주민 집단의 범위와 관심사에 비추어 선택을 신중히 조율했지만, 그러면서도 선택의 자유에 담긴 깊은 의미를 의식적으로 추구했다. 그는 하버드 교육평론에 이렇게 썼다. '오로지 하나의 목적을 위해 만들어진 물건은 개인을 억압한다. 개인에게 그 사용법을 엄밀히 명하기 때문이다. 만일 그 물건이 어떤 사람에게 그가 원하는 대로 물건의 사용방법을 결정하라고 한다면 그 물건은 그의 정체성을 강화해줄 것이다. 그러므로 형식은 해석 가능한 것이어야 한다. 이는 또 다른 역할을 할 수 있게 만들어져야 한다는 뜻이다.'[91]

## 모리스 스미스의 공간적 콜라주

모리스 스미스의 매사추세츠 주택들에 있는 복합적 공간은 중앙집중적이고 닫힌 방에서 완전히 벗어나 있다. 몇 안 되지만 이 관대함이 돋보이는 작품으로는 그로턴의 주택(147쪽)과 맨체스터 바이더 시의 바닷가 별장(둘 다 블랙맨 일가를 위해 지은 것이다), 그리고 하버드 시에 소재한 그 자신의 실험적인 집이 있다. 겸손한 의도가 퍼져 있는 이 집들의 방은 각자의 기능을 확실히 수용하면서도 주변부가 느스러져 있어, 일반적인 행동뿐만 아니라 같은 공간에서 즉흥적 행위를 할 수 있는 다양한 방법을 촉발한다. 스미스는 이 허용된 범위를 '**느슨함**'과 '**공간적 관용**' 이라고 묘사한다.

그로턴 주택을 방문한 사람은 도착 순간부터 자신의 미래를 다시금 결정할 수 있다는 자각을 하게 된다. 벽과 주랑 현관은 다의적인 매력을 발하고, 계속 갈라졌다 합쳐지는 구불구불한 길은 몇 개의 문간을 지나 집 안으로 들어선다. 다양한 활력소와 경로가 새로운 기회의 여백을 펼친다. 흐름 중에 기둥들이 나타나 결정과정을 자극하고 완만한 방향 전환을 이끈다. 구석으로 물러난 공간들은 멈칫한 발길을 맞이하거나 몸짓의 제약을 풀어준다. 몇몇 지점에서 상반된 환경이나 조망을 가진 복수의 흐름으로 갈라지는 덕에 사람들은 제각기 같은 목적지에 이르는 매력적인 방법을 골라 자신만의 경로를 그릴 수 있다.

건축가 존 도넛John Donat은 주택이 완공된 직후 이렇게 말했다. '이 주택은 아무것도 규정되어 있지 않은 곳이다. 사람에게 그 자신을 강요하지 않으려고 마음을 쓰는 건축, 다양하고 복잡하지만 명료하기 이를 데 없는 건축, 온화한 다의성이 가득한 장소다. 사람은 제시된 길을 향해 확실하면서도 부드럽게 흘러들지만 입구의 차양 구조물을 지날 때마저도 그 아래를 강제로 통과하는 것이 아니라 옆으로 슬그머니 빗겨갈 수 있다. 실내에도… 온화한 다의성이 퍼져 있다. 특정한 것을 위해 존재하는 듯한 공간은 전혀 없고, 사람이 각각의 공간을 원하는 대로 사용할 수 있다… 몰개성한 텅 빈 공간 (이른바 **유니버설 스페이스!**)의 사이비 융통성이 지배하는 곳이 아니라 안에서 살고 있는 사람이 풍부하게 해석할 수 있는 실질적 기회와 선택이 가득한 곳이다.'[92]

헤르츠베르거의 작업을 반영한 듯한 중앙 계단은 인간의 핵심적 자유, 즉 자발적으로 이동하거나 쉴 수 있는 기회를 예증한다. 중간에서 방향을 트는 층계참은 한껏 넓어져 전망대가 되고 적당한 소파까지 내놓는다. 누구나 쉽게 180도 돌아 층계를 계속 오를 수도 있고, 걸음을 멈춘 뒤 잠시 전체를 둘러볼 수도 있고, 까마귀 둥지처럼 거실 위에 떠 있는 소파에 앉을 수도 있다. 한쪽으로 거실이 보이고 반대쪽으로 온실이 보이는 전망은 각각의 선택을 풍요롭게 한다. 시야는 인접한 복도와 방들을 조망하고 더 멀리 바깥의 풍경과 하늘로 이어진다. 한쪽 면이 막혀 있고 다른 두 면이 트여 있는 소파 역시 본질상 복합적이어서 여러 방식으로 몸을 기댈 수 있다. 계단을 마주하고 앉을 수도 있고 누울 수도 있고 다리를 뻗은 채 난로를 내려다볼 수도 있다. 계단은 그 명시적 기능과 완전히 무관하게 어떻게 오르거나 쉴지를 선택하게 함으로써 열린 미래를 제시하므로 각각의 대안은

위: 현관의 진입부.
아래: 거실 위의 층계참과 소파. 블랙맨 하우스(1963), 매사추세츠 주 그로턴, 모리스 스미스 작.

진정한 기회가 된다. 당연하게도 이 계단은 집주인이 조간신문을 읽기에 최적의 장소가 되었다. 이동과 휴식이 동시에 가능한 이 계단/좌석의 중복성이 제공하는 자유의 범위는 H. H. 리처드슨 Richardson이 월섬 근처의 로버트 트리트 페인 하우스(148쪽)에 설계한 계단을 상기시킨다. 하부의 두 계단이 모서리를 돌려 입구를 향해 앉을 자리를 제공하고, 위쪽 계단은 L자형 벤치가 있는 아늑한 앨코브 안으로 이어지면서 계속 오르는 사람에게 두 가지 이상의 경로를 제시한다.

블랙맨 하우스의 이 이중적 의미는 각 침실에서 고미다락으로 올라가는 작지만 정밀한 계단에서도 되살아난다(149쪽). 은신하거나 몽상을 하고 글을 쓰거나 책을 읽을 수 있는 이 높은 곳은 침실 안의 느슨함과 자유의 범위를 확대할 뿐 아니라 은신처 겸 유리한 위치라는 이중의 매력을 지닌다. 계단은 가파르고 좁고 구부러져 있어 약간의 민첩한 묘기를 요구하고, 여러 개의 작은 판과 그 아래의 구획들을 동원해 여러 가지 기능을 암시한다. 어떤 곳은 열린 선반으로 남겨지고, 또 어떤 곳은 서랍으로 채워져 있어 계단은 좌석 겸 테이블, 책장 겸 선반이 된다. 위층으로 올라가는 가파른 계단 아래 서랍들이 숨어 있는 것은 일본의 계단장(150쪽)과 비슷하다. 스미스의 복합적 건축언어의 기초에는 콜라주의 예술이 있으므로, 작은 콜라주들이 그에게 공간상의 실험을 할 수 있는 매체가 된 것도 우연이 아니다. 작은 요소들을 부분적으로 겹쳐 하나의 전체를 만드는 동시에 단속적이거나 절반만 보이는 것들의 다의성을 이용하는 앗상블라주에서 콜라주는 독특한 복시double-vision를

문 앞쪽에 벤치가 놓인 계단실, 로버트 트리트 페인 하우스(1886), 매사추세츠 주, H. H. 리처드슨 작.

유발해 상상력을 자극한다. 사람은 한 부분을 보고 전체를 상상할 수 있고, 겹친 면 아래에 있는 것을 그려볼 수 있다. 이는 사람이 신체의 눈과 마음의 눈을 함께 사용해 한곳에서 둘 이상을 보는 '동시 지각'에 대해 조지 케페스가 한 말을 상기시킨다.

브라크와 그 이후에 나온 쿠르트 슈비터스Kurt Schwitters의 콜라주에서는 아리송한 파편들이 서로 맞물리며 큰 형태를 이루고 그로 인해 보는 사람의 호기심을 자극한다. 예상했던 맥락에서 벗어난 파편들이 눈에 충격을 가하고, 부분들을 하나의 전체로 재구성하도록 보는 사람을 유인한다. 다양한 요소들, 예를 들면 풀로 붙인 종잇조각, 오려낸 신문지, 카드의 패, 물감 자체의 질감과는 다른 다양한 질감이 균형 있고 동적인 질서하에 배열되어 있다. 가장 중요한 점은 상상력이 창의적으로 도약해서 구성 요소들이 서로 대화하고 그것을 보는 눈 그리고 마음과 소통할 때에야 그 질서가 출현한다는 것이다. 스미스의 콜라주에서 그와 비슷하지만 3차원의 아상블라주를 만들어내는 것은 판자, 나사, 금속과 유리로, 어떤 것은 표면에 붙어 있고 또 어떤 것은 공중에 떠 있으며, 이런 상황에서 약간만 도약하면 바로 스미스의 건물이 된다. 그는 지그재그의 볼륨들을 조립해 방들을 만들고 수많은 모서리와 앨코브를 곳곳에 뿌려놓았고, 이 모든 것이 예기치 않은 연상과 해석의 기회를 펼쳐놓으며 우리의 활력을 북돋운다.

물론 건축 공간의 콜라주는 더 교묘하고, 분명 더 어려운 예술이다. 왜냐하면 그것은 단순히 눈을 위한 것이 아니라 공간에서 이동하는 신체의 무수한 움직임을 함께 조합해야 하는 3차원 혹은 4차원의 중첩을 구현해야 하기 때문이다. 바로 이것이 스미스의 건물들을 한층 더 인상적이게 한다. 그로턴의 거실을 예로 들어보자. 이 공간의 배열은 더 이상 관습적 의미의 '방'이 아니다. 구획을 정확히 가를 수 없는 수십 개의 가상의 방으로 이루어져 있기 때문이다. 여기서 더 중요한 것은 매력적인 활동들의 동시성이다. 많은 사람이 전체 공간에 무리지어 모일 수도 있고, 앨코브나 바닥의 높낮이가 다른 부분적 공간에 소규모로 모일 수도 있고, 또한 개인들이 각자 턱에 걸터앉거나 구석에

다락방 침실로 오르는 계단의 다양한 역할과 형태, 블랙맨 하우스(1963), 매사추세츠 주, 모리스 스미스 작.

틀어박힐 수도 있다. 많은 사람이 동시에 여러 가지 방식으로 함께 모일 수도 있고 혼자 있을 수도 있는 것이다.

## 쟌카를로 데 카를로의 참여유도형 건축

오랜 세월에 걸쳐 개인이나 공동체의 의지에 따라 서서히 형성된 토속 건축의 덧붙여가는 형식은 '참여유도형 건축'을 추구한 건축가 쟌카를로 데 카를로에게 인간적인 융합의 모델이 되었다. 그는 최초의 설계 단계에서 마지막 입주에 이르기까지 거주자들에게 건물의 지배권을 더 많이 행사하도록 격려했다. 이 정신을 구현한 작품으로, 언덕 위에 지어진 우르비노 대학교 기숙사, 도시조직을 파내고 지은 듯한 교육학부 건물인 마지스테로Magistero, 테르니 시의 공장 노동자를 위한 다층 주거단지 빌라지오 마테오티Villaggion Matteotti, 베네치아 인근 마초르보 섬에 있는 알록달록한 입방체의 주택단지 등이 있다.

데 카를로는 건축에서 인간의 영향력이 약해지는 동시에 답답하고 압제적인 구조물들이 그 힘을 발휘하는 경향을 크게 우려했다. '권위주의적인 건축과 참여의 건축은 근본적으로 다르다.' 그는 한 인터뷰에서 이렇게 말했다. '전자는 문제를 해결하려면 변수를 최소화할 필요가 있다는 전제에서 출발하는 반면에 후자는 결과가 다양하고, 가변적이고, 모든 사람에게 접근 가능한 의미가 풍부히 생기도록 변수를 최대한 많이 사용한다.'[93]

데 카를로가 실험한 혼합식 구조 중 최초이자 지금까지도 가장 인상 깊은 것은 우르비노 대학교의 콜레지오 델 콜레 기숙사(아래)로, 그 공간적 형식은 르네상스 도시인 우르비노에서 비롯된 것인데, 특히 사람들이 산책로를 즉흥적으로 선택하는 태도에서 강한 영향을 받았다.[94] 그의 의도는 지난 시대의 형식을 그대로 재현하는 것이 아니라 다양한 경로가 어떻게 초시간적인 인간의 행동을 수용하는지를 배우고 나서 그 에너지를 현대적 어법으로 번역하는 것이었다. 형태와 성격은 뚜렷이 현대적이지만, 이 기숙사의 보행로 계획에는 우르비노의 가파른 언덕에 나있는 오래된 산책로를 오르내리는 사람들의 모습이 새겨져 있다.

지형에 따라 방사형으로 펼쳐진 콜레지오의 기숙사동들은 언덕의 사면을 따라 나 있는 보행로의 인상적인 망과 연결되어 있다(152쪽). 한 지점에서 다른 지점으로 이동하는 사람은 각 동을 지나거나 그 사이로 통과하든, 밑에 있는 주차장으로 내려가든, 부챗살처럼 퍼진 단지의 구심점인 기숙사 회관으로 올라가든 간에 여러 경로 중 하나를 선택할 수 있다. 보행로는 수시로 엇갈리고 교차하지만

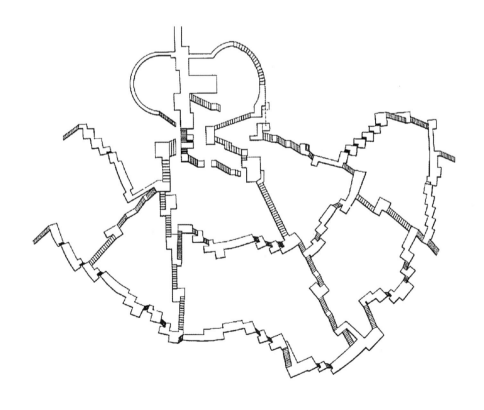

계단, 테라스, 다리로 짜인 보행로 다이어그램, 콜레지오 델 콜레(1966),
우르비노 대학교 기숙사, 잔카를로 데 카를로 작.

**공간의 융통성**    151

인상적인 윤곽을 자랑하는 콘크리트 난간이 모든 길을 확실히 구분해준다. 보행자는 똑바른 경로와 구불구불한 경로, 급한 경사와 완만한 경사, 날씨에 노출된 길과 비를 막아주는 길을 조합해 선택할 수 있다. 물론 선택한 각본에 따라 안쪽의 경치와 마르케 주의 산간지대가 보이는 바깥쪽 전망이 약간씩 달라진다. 이 사려 깊은 선택 기회를 부추기는 대조적인 성질이 몇 가지 더 있다. 다리와 함께 높이 오르거나 땅속을 통과할 수 있는 경로, 방향을 바꾸며 넓어지는 굴곡들, 구석진 곳의 조용한 벤치에 앉아 쉬어가라는 끈덕진 유혹이 그것이다(116쪽). 이 통로들은 비좁은 복도가 아니라 학생들이 한가로이 거닐거나 원하는 활동을 할 수도 있고, 그냥 바깥에 모여 쉴 수도 있는 보행자 거리로 설계되었다. 그 결과 강제적이거나 불필요한 동작을 요구하는 정해진 연출이 아니라 각자 자유롭게 실행할 수 있는 수백 가지의 잠재적 기회로 이루어진 놀라운 망이 탄생했다.

## 알도 반 아이크의 이원적 가치

건축가 알도 반 아이크가 보여준 건축 정신의 핵심은 호혜적 관계에 기초한 이중성 개념이다. 서로를 배척하고 분리하는 단일한 가치가 현시대와 건축에서 극단화되는 현상에 대응하기 위해 그는 보완적 성질, 즉 큰 것과 작은 것, 빛과 그늘, 공적인 것과 사적인 것이 서로 조화를 이루어 평형 상태와 '본래적 다의성'을 회복할 수 있는 '다중적 의미'의 구조를 추구했다. 정반대 가치들을 혼합하기 위해 그가 개발한 수단은 그 자신이 '온화한 호혜적 톱니바퀴'라고 명명한 구성력이 높은 건축 언어였다.

다수의 선택이 가능한 휴식공간과 우회로, 콜레지오 델 콜레(1966), 우르비노 대학교 기숙사, 쟌카를로 데 카를로 작.

대비되는 성질들은 그의 손에서 고립된 채 남지 않고, 통합되어 서로에게 투명해지며 각각의 경험을 완화하고 풍요롭게 했다.

　　그 결과 어렴풋이 통일되어 있으면서도 다양성을 유지하고, 부분적인 중복이 서로 다른 해석을 이끌어내 사람의 자발적 선택이 가능한 이원적 구조물들이 탄생했다. 반 아이크는 이러한 복합적 성질을 자연에 비유해 묘사했는데, 예컨대 백사장을 적시는 바닷물(위 왼쪽), 해질녘이나 일식 때 하나로 포개지는 빛과 그림자(위 오른쪽), 햇빛이 프리즘을 통과할 때 생겨나는 스펙트럼 등이었다. 이 생각은 그의 가장 작은 작품들 속에 가장 확실히 구현되어 있다. 아른헴의 손스비크 파빌리온 (154쪽)과 뒤셀도르프의 슈멜라 하우스 앤 갤러리(155쪽)의 입구가 대표적인 예로, 인접한 세계들이 서로를 향해 밀고 들어와 한데 어우러진다.

　　건축에서 양의적 의미를 추구한 반 아이크는 라이트, 스미스, 헤르츠베르거, 데 카를로와 마찬가지로 소박하고 꾸밈없는 형식 속에 이런 양의적 현상이 남아 있는 민속 문화에서 확증과 자원을 발견했다. 그는 또한 불확실한 부분을 확실한 형식으로 전환해서 20세기 예술의 동시성과 상대성을 시각화하는 방법을 도출했다. 이런 특징이 살아 숨 쉬는 건축은 더 이상 절대적이고 고정된 것이 아니라 개인의 유동적인 준거틀에 따라 지속적으로 변하는 것이었다. **사물들의 경계는 예리하게 구분되는 선이 아니라 두 면과 그 성질들이 뒤섞이는 상호 교환의 장소다.** 세잔, 몬드리안, 조르주 쇠라, 로베르 들로네 같은 화가들은 오랫동안 이 개념을 탐구해왔고, 콘스탄틴 브랑쿠시, 제임스 조이스, 아널드 쇤베르크 같은 다른 분야의 예술가도 같은 흐름에 합류했다. 반 아이크는 이 모든 예술가를 '그 모든 위대한 집단'이라고 묘사했다 (그는 건축가 얀 뒤커Jan Duiker, 알바 알토, 르코르뷔지에도 여기에 포함했다). '경이로운 지성과 예술성으로 그들은 해당 분야의 문을 활짝 열고 더 자유로운 세계, 더 온화하고 상대적인 세계의 윤곽을 성공적으로 찾아냈다.'[95]

왼쪽: 바다와 육지의 마주침, 코트 소바주, 브르타뉴.
오른쪽: 일식현상으로 겹쳐진 빛과 그림자, 금환金環.

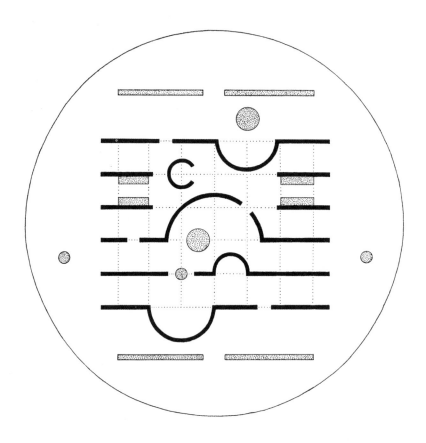

공간적 행동과 관련된 이원성의 의의는 그 성질들이 본래 이중적이어서 해석을 요청한다는
데 있다. 게다가 그 보완적 가치는 서로의 호소력을 강화한다. 이 상호작용이 반 아이크 건축의
핵심이다. 암스테르담의 후베르투스 하우스(156쪽)에서 노르빅의 ESTEC 단지에 이르기까지 그는
각각의 건축을 기회가 넘쳐흐르는 작은 도시로 구상했다. 실내 공간은 상반되면서도 매력적인 특징을
지닌 작고 편안한 구역들을 품고 있고, 길들은 다르지만 미래의 희망이 살아있는 우회로로 갈라진다.
후베르투스의 입구 같은 단순한 곳에서도 개인은 보호됨과 노출됨 사이를 오가는데, 대조적인
경로들이 다양한 도착점을 제공한다. 각각의 경로에는 잠시 멈추거나 쉴 수도 있고, 유리로 된 벽
안쪽에 대한 예상도 가능하며, 건물을 나설 때는 창밖으로 볼 수 있는 도시의 전망이 내려다보인다.
이 풍부한 선택 가능성은 아이들의 거주 공간에서 정점에 이른다. 상호 작용하는 모든 경계가 인접한
공간을 밀고 당기며 관계와 의미를 중복하고, 주변을 모임이나 식사, 공부나 취침의 장소로 바꾸는
것이다.

손스비크 파빌리온의 평면도(1966), 네덜란드, 알도 반 아이크 작.

반 아이크의 헤이그 성당(157쪽)에 울려 퍼지는 상호보완적인 가치는 중세 유럽의 석공들이
창조한 복합적인 신의 도시와 본질상 다르지 않다. 하지만 그는 이 가치들을 완전히 변형하여 축
중심의 통제와 세분화된 구획, 더 나아가 종교적 명령과 수사법에서 해방했다. 공간과 재료의 요소
하나하나에 새겨진 다의적 해석들은 늘 모호하며 도발적이다. 높은 익랑은 지성소로 들어가는 다수의
출입 지점을 제시하고, 이와 더불어 바닥도 계속 측면으로 흐르며 인접한 공간들과 뒤섞인다. 경로
주변에는 반 원통 모양의 예배실들이 인접해 있으며, 각 예배실의 경계는 익랑과 성소에 반씩 걸쳐
있다. 벽면이 휘어진 그 공간들은 절반은 열려 있고 절반은 닫혀 있어, 다른 신자들과 떨어져 조용히
명상에 잠길 수 있는 작은 안식처가 되어준다.

원통형 유리로 된 현관에서 뒤섞이는 도시와 주거, 화랑 공간, 슈멜라 하우스 앤 갤러리(1971),
뒤셀도르프, 알도 반 아이크 작.

　복시複視라는 이 주제는 거의 모든 디테일에서 변주된다. 제단은 지성소를 관통한 익랑의 바닥 한쪽에 설치되어 있다. 익랑과 지성소 사이의 벽들은 기둥으로 바뀌어 높이가 대조적인 양쪽 측면의 지붕을 떠받친다. 지붕면 위아래로 절반씩 걸쳐 있는 커다란 원통형 채광창들은 입사 광선을 노란색 햇볕과 보라색 하늘로 분리한다. 고딕 성당에 무수히 펴져 있는 동선 선택의 가능성과 염원의 정서를 환기하면서도 고딕 공간의 영적 권위는 약화함으로써 반 아이크는 자신의 모델을 공격하고 있다. 중심축들을 규정하는 동시에 깨트려 흩어놓았고, 제단의 권위를 확립한 뒤 누그려뜨려 하느님께로 가는 '정해진' 길을 모두 없앴다. 부담스러운 교의, 강압적 포교, 종교적 명령은 말끔히 사라지고, 대답보다 질문을 더 하게 만드는 유희의 정신이 엄숙함을 대체한다.

　현관 입구, 후베르투스 하우스(1981), 암스테르담, 알도 반 아이크 작.

위: 횡랑과 지성소의 경계에 걸쳐 있는 반 원통형 예배실.
아래: 횡랑, 예배실, 지성소가 상호작용하는 공간, 가톨릭 성당(1969), 헤이그, 알도 반 아이크 작.

2개 층의 미닫이문을 가려주는 여러 겹의 격자 틀, 와치가이야輪違屋 게이샤하우스(1680), 교토.

# 4

## 발견의 중요성

세계를 향한 억누를 수 없는 호기심은 인간의 타고난 특성이다.
호기심은 매혹적이고 희망적이면서도 신비하고 알려지지 않은 것들을
탐구하려는 충동에서 나온다. 건물이 사람의 발견을 기다리는 흥미로운 측면,
즉 설명할 수 없는 공간, 불가사의한 디테일, 칸막이나 가림막이 안개처럼
감싸는 공간, 유혹적인 시선 끌기, 전망을 향해 가는 매력적인 길 등을 갖고
있을 때, 그 건물은 환경을 세밀히 살피고 탐험할 수 있는 소중한 힘을
우리에게 부여한다. 이런 건축은 경이로움을 결코 잃지 않으며, 물건이나
일용품으로 축소되지도 않는다. 무언가가 우리의 마음을 끌고 우리의 능력을
통해 자신의 존재가 드러나길 기다리는 듯한 느낌, 세계 속으로 직접 들어가
그 안에 숨겨진 것들을 찾아낼 능력이 우리에게 있다는 매혹적인 느낌이
이런 건축 속에 늘 살아있기 때문이다.

건축물에 은밀한 안쪽 공간이 있어 그 비밀을 탐사하고 드러낼 수 있을 때 우리는 공간의 단순
점유자가 아닌 능동적 탐구자가 된다(위와 161쪽). 우리 앞에 미지의 나라가 있어 모험 정신을
발휘할 수 있고 앞으로 계속 나아갈 수도 있을 것 같은 느낌이 든다. 이 여행에 나설 때 우리의 행위는
주변 세계에 있던 예상치 못한 보물을 드러내어 흥미를 일깨우고 우리를 새로운 발견으로 이끈다.
건축의 경험이 탐험으로 변하는 것이다.

애석하게도 이 탐험의 힘은 지난 세기의 건축에서 대체로 사라졌으며, 심지어 건물이 인간의
탐험 욕구를 촉발하는 요소를 걷어내 갈수록 얄팍해지고 노골적인 것이 되었다는 막연한 인식 외에는
그 힘이 사라졌다는 사실마저 거의 눈치채지 못하는 상황이 되었다. 일반적이면서도 대단히 기만적인
예가 유리면으로 마감되어 투명하고 노출이 과다한 공간이다. 우리의 시선에 완전히 개방된 그
공간은 비밀스러운 것, 우리의 답사를 기다리는 은밀한 안쪽이나 한적한 구석을 남겨두지 않는다.
매력적이면서도 포착하기 어려운 특징이 결여된 공간 역시 볼품이 없다. 예를 들어 손쉬운 해결책에
저항하는 디테일이나, 저쪽 공간을 흐리고 어둡게 조절해 주는 창문 같은 게 없는 곳에서 우리는
흥미로운 것을 만날 수 없다. 일직선으로 뻗은 보도나 반복적인 방 같은 공간도 우리를 무기력하게
한다. 너무 획일적이어서 어떻게 해봐도 정해진 결론만 나온다. 그런 곳은 우리에게 예정된 경험,
신비로움이 제거되고 우리의 현존에 무관심한 경험을 선고하는 것이다.

반면 완전히 닫힌 공간은 우리를 체념으로 이끈다. 건물이 자신의 단단한 정면이나 닫힌 구조로
바람직한 공간을 밀폐하거나 시야에서 제거할 때, 세계를 탐색할 동기는 사라지고 건축은 우리의
발견 가능성을 가로막는다. 우리가 찾고 싶어 할 만한 공간이 있을 수도 있지만 그런 탐지 능력을
발휘할 기회를 애초에 차단한다. 기회가 존재한다고 해도 완전히 은폐되어 그것을 알아보고 드러낼

동틀 녘의 마에스타 델레 볼테 가도Via Maestà delle Volte, 페루자.

가능성이 보이지 않을 땐 사실상 매장된 기회로 전락한다.

인간의 탐사욕구를 더 굴욕적으로 좌절시키는 경우는 멀리서 손짓하는 모습을 보여준 뒤 장벽을 세우거나 찾아갈 길을 없애 접근을 아예 허락지 않는 것이다. 예를 들면, 식사를 하고 싶은 레스토랑이나 책을 찾아 읽고픈 도서관이 멀리서 우리를 유혹하는데 거기에 이를 방도가 없을 때 우리는 그것을 눈으로 보고 확인하고 싶은 욕구를 억눌러야 한다. 그것은 장애가 있는 사람들이라면 너무나 익숙하게 경험하는 좌절된 기회로, 인간의 주도권을 감질나게 하는 동시에 차단해버린다. 이는 사적인 공간이 공개되어야 한다는 뜻이 아니라 사적인 공간은 덜 기만적이어야 하고 공적인 공간은 더 개방되어야 한다는 의미다.

인간을 좌절시키는 건축 또한 빼놓을 수 없다. 멀리 떨어져 있는 볼거리 건축은 덜 모욕적이긴 하지만 더욱 교활하게 우리의 힘을 위축시킨다. 이런 건물은 외부에서 통제하는 무언가에 대한 수동적 반응과 적극적인 행동 사이의 중대한 차이를 다시 한 번 입증한다. 많은 건축가와 평론가가 우리에게 출입은 허용하지 않고 추파만 던지는 정면의 화려한 외양과 마천루에 대해 불안하게 여기는 경향을 생각해 보라. 건물은 노골적인 자기 과시의 형식으로 변하고 우리의 움직임을 유인하거나 보상하는 요소는 없기 때문에 우리는 그 멋들어진 오브제 앞에서 그저 얼어붙고 마는 게 아닌가!

극장의 좌석에 붙박여 쏟아지는 자극을 맞을 때처럼 우리는 눈앞의 건물에 창의적으로 대응하지 못하고 단지 수동적으로 반응한다. 아무리 인상적이고 짜릿해도 우리의 호기심에 응하거나 그 신비를

캄포 광장의 발견, 시에나.

찾아나서라고 격려하지 않는다면 그런 오브제는 기본적으로 우리의 인간성을 제거해버린다.

　다행히 건축의 역사에는 풍부한 탐험의 자유라는 오랜 전통이 있어 이 무기력의 문화에서 벗어나는 길을 알려준다. 내가 말하는 것은 그 기능이나 맥락은 차치하고, 마주칠 때마다 우리를 궁금증과 매혹에 불을 붙이고 안쪽 공간을 드러내 호기심을 보상해주며 우리의 탐구 정신을 장려하는 건물들이다. 이런 건물에서 자아 확인이 가능한 것은 우리에게 탐색자의 역할이 제공되고, 스스로 중요한 것들을 추적해서 밝혀낼 수 있는 권한이 주어지기 때문이다. 여기서 우리 자신의 중요한 어떤 면이 드러나기 시작하는데, 우리가 세계에 호기심을 느끼고 거기에 관여한다는 사실, 공간을 탐험하는 살아있는 힘이라는 사실, 관심사를 실행할 능력이 있는 행위자라는 사실이 그것이다.

## 잔여 공간의 비밀

가장 단순한 유형의 발견은 온전한 방보다 접근 가능하면서도 숨겨져 있고 주된 기능도 별로 없는 공간에서 발생한다. 이런 주변 공간에는 로버트 벤투리Robert Venturi가 '분리된 안쪽'과 '잔여 공간'이라고 묘사한 것들, 예를 들어 두꺼운 벽에 깊숙이 들어간 포켓이 포함되지만, 또한 일상적 영역의 위나 아래쪽에 있어 발길이 뜸한 구역도 포함된다.[96] 마감작업도 안 된 다락으로 올라가거나 어둑어둑한 지하실로 내려가는 것은 결코 중립적인 공간에 진입하는 사건이 아니라 어떤 일이라도 일어날 수 있는 불확실한 오지를 탐험하는 것이다. 이 영역들은 일상생활에서 격리되어 있고 자신만의 기억과 비밀을 품고 있어 정신의 깊은 곳에 있는 신경을 건드리고 모험의 느낌을 증폭한다.

　가장 흔한 주변 영역 중 하나는 벽장과 반침으로, 내부는 가려져 있지만 손잡이와 문의 윤곽이 빈 공간을 암시해준다. 친숙하게 느껴지는 이 공간들은 그러나 의외의 가능성을 품고 있다. 문을 열 때 안에 수납되어 있는 것들에 따라 늘 새로운 모습을 보이기 때문인데 예기치 않은 이벤트가 일어날 수 있는 곳이다. 안의 물건들이 기억과 다를 수도 있고, 조명을 켰을 땐 놀랄 정도로 새롭게 보인다. 『공간의 시학』에서 바슐라르는 이 우묵한 곳에 있는 심리적 깊이를 '비밀의 필요성, 은밀한 장소에 대한 직관적 감각을 보여주는 아주 명백한 증거'로 간주한다. 그러나 문제는 이러한 장소가 '문이 열리는 오브제라는 것이다. 닫혀 있는 궤짝은 일반적인 물건에 속하고, 외부 공간의 한 자리를 차지한다. 하지만 이 벽장은 열린다! 이런 이유로 철학자 겸 수학자라면 벽장은 발견의 1차도함수 (발견의 출발점이라는 의미로—옮긴이 주)라고 말할 것이다.'[97]

　보통 이런 주변부 공간들은 너무 흔한 것들이어서 우리의 호기심을 그다지 자극하진 않는다. 하지만 셰이커 교도의 건축은 예외다. 질서와 청결에 대한 그들의 열정은 복잡한 형태의 붙박이식 수납장을 낳았는데 겉모습만으로도 안쪽에 대한 기대감을 불러일으킨다.[98] 이 매혹적인 가구들은 매사추세츠 주 핸콕의 교회 가족주거에서 볼 수 있듯이, 대개 노란색이나 오렌지색 칠이 된 붙박이 가구로, 목재를 다루는 솜씨를 보여주며 엄격한 순백색 실내를 배경으로 존재감을 드러낸다(163쪽). 채광창이 난 다락은 지루한 오르막이 아니라 쏟아지는 빛을 뚫고 의미 있는 오르기를 감행해야 나타나는 곳으로 대개 가장 매혹적인 보관함 세트를 간직하고 있다. 뉴햄프셔 주 캔터베리의 교회 가족주거의 다락방에는 서랍이 80여 개, 걸어 들어갈 수 있는 벽장이 7개나 있다. 노란색 칠이 된 소나무 벽은 신중하면서도, 구획들을 나누는 돌출된 이음매, 훌륭한 맵시를 자랑하는 손잡이 같은 디테일이 풍부하다. 몇몇 벽장은 빈 공간이 포개져 있어 더욱 신비롭다. 함 속에 함이 있는 중국의

장롱처럼 문을 열면 더 은밀한 방이 나타나고 그 안에 숨겨진 장이 있다.

    일본 문화에도 실내공간을 단순하고 평온하게 유지하려는 충동이 있어 건물 구석구석에 퍼져있는 잔여 공간을 예술로 승화한다. 정교한 별장이나 왕궁은 물론이고 다실이나 농장 주택도 불확실성의 분위기를 물씬 풍긴다. 전체적인 건물은 어떤 면에서 일련의 아리송한 장지문 뒤에 숨겨진 비밀스런 복합체를 이루고 있다(164쪽). 겹겹이 쌓인 공간들은 전면 개폐방식과 안쪽을 암시하는 단서를 드러낸다. 단일한 기능으로 한정되지 않은 방들이 과묵한 분위기를 한층 더 강화한다. 서양의 방들이 수면이나 식사 같은 고유한 기능에 배정되어 있는 것과 대조적이다. 옆방에서 누가 무엇을 하는지는 결코 확신할 수 없다. 명상이나 회합 등 어떤 용도로도 쓰일 수 있기 때문이다.

    일본의 장지문 자체가 불가사의하다. 방들을 구분하는 문이 벽장의 문과 외관상 똑같기

호두나무와 소나무 소재에 황색 칠을 한 벽장과 캐비닛, 교회 가족주거(1831), 매사추세츠 주.　　　　　　　　**발견의 중요성**　163

때문이다. 벽장이라고 생각하고 문을 열었는데 다른 방이 나올 수 있다. 벽장도 책이 들었는지 이불이 들었는지를 나타내는 표시가 없어 호기심을 자극한다. 문 너머의 공간이 옆방인지 벽장인지 베란다인지 알 수 없을 때 우리는 공간을 열기 전에 무엇이 나타날지를 상상하고 망설인다. 실제로 일본의 주택에서 하나의 벽은 안쪽이나 뒤에 어떤 숨겨진 공간을 품고 있는 경우가 허다해서 아주 부드러운 손길만으로도 노출은 물론이고 무단 침입도 쉽게 허용하는 세계를 만들어낸다.

## 일본의 창살과 발

일본의 민속 건축에서 높은 투과성으로 호기심을 자아내는 또 하나의 요소는 나무 창살이다. 그 틈새는 아련하게 내다볼 수 있는 동시에 필요한 만큼 사생활을 지킬 수 있도록 세밀히 조정되어 있다. 이 직물 같은 가림막은 빛과 공기의 순환을 조절할 실용적 필요에서 나왔지만, 바깥을 향한 과시보다는 스스로를 자제하고 넌지시 보이는 것을 선호하는 문화에서도 비롯한다.

　외부 세계, 특히 마을의 거리에 면해 있는 창살은 수많은 얇고 좁은 나무 널로 조립되어 있는데 센본고시千本格子, 즉 '천 번 이상의 손놀림 자국이 난' 격자창에서 정점에 이른다(158쪽). 실내와 정원 사이에는 더 나긋나긋하고 섬세한 가림막이 있다. 얇고 투명한 발은 그 너머의 경치를 세분해 안개처럼 부드럽게 퍼뜨린다. 그 결과 여름에는 특히 실내가 다채로운 여과망에 둘러싸인다. 각각의 망에는 각기 다른 정도로 빛을 거르면서 산들바람을 통과시키는 동시에 외부의 시선으로부터 방을 보호하는 역할이 있다. 노출하거나 분리하기보다는 신비감을 더해주는 벽인 셈이다.

　일본식 발의 절묘함은 세계에 대한 우리의 시각적 의문을 자극한다는 사실에 있다. 창 너머의

카노 에이토쿠의 그림이 있는 장지문이 방들을 나누고 안쪽 공간을 가린다. 다이코쿠지大覺寺 주코인聚光院(1566), 교토.

풍경은 우리의 지각 기능을 일깨울 만큼만 비친다(아래). 발이라는 중간의 매개물이 눈에 들어오는 윤곽과 특징을 절반쯤 지우고 미세하게 쪼개 황홀감을 더하고, 발견을 기다리는 무언가를 남겨 눈을 창의적으로 만든다. 시각적 확신과 미리 결정된 사실들을 거부하는 이 나무로 짜인 베일은 상상력이 깨어나 작동할 수 있는 특별한 여지를 주어 걸음을 옮기거나 머리를 돌릴 때마다 약간씩 변하는 여과된 풍경으로 공간 속의 움직임에 활기를 불어넣는다. 잠시 동안 우리는 발견의 전율과 설핏 드러난 풍경에 사로잡힌다. 이렇게 의도적으로 만들어진 불완전한 시야는 사실 그대로의 세계를 부분적으로 삭제해 합리적인 시각을 좌절시키지만, 우리에게 모든 것을 던져주는 대신 어렴풋이 제시만 해서 우리를 탐구하고 발견하는 존재로 고양하는 것도 바로 이 삭제와 결핍이다.

　　건축가 쿠마 겐고는 이 경이롭고 오래된 베일의 효과를 되살려 디자인의 원천으로 삼아왔다. 쿠마의 독창성은 그 효과의 초시간적 가치를 다듬어 현대 건축에 적용한 데 있다. 과거를 활용함과 동시에 초월하는 방식이 특별한 설득력을 발휘하는 작품은 그가 설계한 바토 히로시게 미술관인데, 여기서는 촘촘하게 짜인 겹겹의 삼목 격자 구조가 공간을 분할하며 건물 전체를 덮고 있다. 각도와 움직임에 따라 격자 틈새로 계속 변화하는 시야가 미술관을 감싼다. 쿠마가 묘사한 대로 '풍경 속에 떠 있는 분자들의 구름'이 비나 안개에 덮여 흐릿해진 세계를 환기한다. 미술가 우타가와 히로시게의 우키요에에서 흔히 볼 수 있는 정경이다.[99]

　　오늘날 은밀함을 자아내기 위해 쓰이는 일반적인 요소는 민감한 경계에 펼쳐진 얇은 다공성

햇빛과 그림자로 얼룩진 발을 통해 보이는 후정, 요시지마 저택, 다카야마, 일본.

금속막으로, 토요 이토, 이츠코 하세가와, 카즈요 세지마, 준 아오키 등과 같은 건축가들이 활용하는 알루미늄 타공판 가리개가 대표적이다. 매혹적으로 빛나는 베일이 실내를 차단하고, 아련한 실루엣이나 물결무늬가 그 매력을 끌어올려 우리에게 눈앞에 계속 나타나고 변하는 신비를 캐묻게 한다. 예를 들어 1989년 나고야 세계 디자인 엑스포에서 하세가와의 인테리어 전시관은 반짝이는 알루미늄 스크린이 만들어내는 구름 같은 실루엣과 부분적으로 겹치는 스크린의 간섭 패턴으로 뒤덮여, 어렴풋한 인상이 가득한 연무를 연상시키고 일본의 다습한 기후와 공명하는 경험을 선사했다. 설핏 반짝거리는 산업 제품이어서 예전처럼 어둡고 소박하진 않지만 이 빛나는 망들은 여전히 불가사의에 둘러싸여 노출을 기다리는 공간이 일본에서 사랑받고 있음을 말해준다.

　도쿄에 위치한 테피아 과학전시관의 속이 비치는 스크린은 특별한 설득력으로 탐험을 유인한다 (위). 건축가 후미히코 마키는 자신의 작품에 대해 '은밀한 장소가 있을 수 있다는 환상을 계속 유지해야 한다'라고 언급한다. 크면서도 매우 얇은 알루미늄 막이 실내와 외부를 나누고 도시와 건물 사이에 현혹적인 커튼을 드리운다. 밖에서 보든 안에서 보든 커튼 너머의 공간은 초점을 잃고 빛의 입자로 곱게 부서져, 희미한 윤곽과 흐려진 색상으로 불분명해진 형상들을 파악하려면 공간 속에서

투과성 알루미늄 막 너머로 몽롱하게 보이는 계단과 그 너머의 거리, 테피아 과학전시관(1989), 도쿄, 후미히코 마키 작.

직접 행동을 해야 한다. 우리는 앞에 놓인 것을 추론만 할 뿐 결코 완전히 파악하진 못하고, 우리가 그 형상들을 응시하고 분리하려고 노력하는 사이에 그것은 다시 베일에 싸인 빛 속으로 가라앉으며 끊임없이 우리를 매혹하고 유인한다.

## 숲속의 모험을 환기하는 경험

일본식 가리개의 미세한 차이에는 크게 못 미치지만 서양의 스크린 역시 은신처를 제공하며 탐험을 자극하는 이중의 역할을 해왔다. 프랭크 로이드 라이트가 설계한 일리노이 주 스프링필드의 다나 하우스에는 촘촘한 납틀 유리창으로 중첩된 창문을 만드는 그만의 방식이 압축되어 있다(168쪽 위). 이 창문이 표면적인 즐거움을 뛰어넘어 더 깊은 경험을 갖게 하는 것은 호기심 어린 눈과 모험정신을 일깨우기 때문이다. 검고 가늘게 줄세공을 한 기하학적인 창문은 가을의 색을 머금은 복잡한 사각형과 갈매기 무늬로 인해 시야가 불분명하다. 설계의 의도는 시선을 붙잡는 동시에 통과시키고 마치 추상적인 대초원의 푸른 모습을 통해 태고의 경험을 되살리듯 세계를 바라보게 하는 것이다. 라이트는 자서전에서 이렇게 말했다. '나무 위에서 살던 우리 조상들의 자유가 이 유리를 통해 부분적으로나마 우리에게 전해져, 20세기의 삶에서 누릴 수 있는 자유의 선례가 될 수도 있다.'[100] 라이트의 표현대로 이 '가벼운 스크린'을 통해 응시할 때 그 너머의 공간은 초점이 흐려지고 호기심과 매혹으로 채워져 친밀함을 유지한 채 행동을 유발한다.

핀란드 현대 건축의 특징인 목재 가리개도 이 원시적인 연관성에 기초해 있는 듯하다. 이 형식은 목재를 이용하는 전통에서 나왔지만 북부의 삼림지역에서 진화한 지각 양식에도 기인한다. 촘촘히 자란 나무줄기와 가지를 통과하며 무수히 쪼개지는 빛과 시야는 분명 핀란드 사람들이 세계를 보는 방식을 형성했을 것이다. 은신하고 수색하는 이중의 능력은, 특히 빙하로 덮힌 핀란드에서 먼 과거에 숲 언저리의 개간지와 호수에서 인간의 생존을 좌우하며 극대화되었을 것이다. 사람은 가려진 은신처에서 세계를 내다보며 외부 공간에 대한 시야를 확보하는 동시에 자신이 노출되는 상황을 최소화하고 단순히 앞뒤로 움직이며 균형을 조절한다.

이 격세유전의 힘을 능숙하게 사용한 초기의 대가 알바 알토는 현관, 계단, 문, 창문 등 건물의 전이영역을 칸막이와 장대로 에워싸 그 취약한 장소들을 은신과 모험이 뒤섞인 숲으로 바꿔놓았다. 이 주제는 핀란드 노르마르쿠의 빌라 마이레아(168쪽 아래)에서 절정에 달한다. 층층의 얇고 좁은 널들이 시야를 쪼개 아련한 공간을 만들어낸 이 숲의 추상화는 지금도 핀란드의 여러 걸작에서 볼 수 있는 주요한 특징이 되었다. 카이자Kaija와 헤이키 시렌Heikki Sirén 형제의 오타니에미 채플, 카이라-라델마-말라마키 건축사무소의 박물관과 학교, 야르비넨과 니에미넨이 라자살로에 지은 교회들, JKMM이 비키에 지은 교회들은 모두 신비와 발견의 분위기를 발산한다.

일본처럼 핀란드에서도 베일로 감싸 시각을 활성화하는 공간이 산업용 망사와 얇은 강철 프레임을 통해 재탄생하고 있다. 에르키 카이라모Erkki Kairamo의 외관의 골격과 헤이키넨-코모넨 Heikkinen-Komonen의 희미하게 반짝이는 격자가 대표적이다. 헤이키넨-코모넨의 로바니에미 공항은 진입공간에서 이륙까지 전 여정이 갈수록 세밀해지는 격자로 둘러싸인다. 설치미술가 로버트 어윈Robert Irwin의 반투명한 막과 '객체를 주체 안에서 용해'하려는 그의 목표에 영감을 받아 헤이키넨-코모넨은 어렴풋한 스크린을 이용해 우리의 시각에 당혹감과 움직여야 할 동기를 동시에

위: 복도와 응접실 사이의 납틀 유리문, 다나 하우스(1902), 일리노이 주, 프랭크 로이드 라이트 작.

아래: 숲을 연상시키는 계단실의 나무 장대와 빛, 빌라 마이레아(1941), 핀란드, 알바 알토 작.

안겨준다.[101] 출발 라운지로 이어지는 탐험로는 허공의 스크린에서부터 미세한 망에 이르기까지 갈수록 촘촘해지고 작아지는 구멍들에 둘러싸인 공간들을 통과하고, 그 과정에서 짧은 이동은 탐색의 여정으로 변한다. 비행의 순간에 다가갈수록 여행자는 안개 같은 이미지를 통해 더 많은 것을 탐지하며 다가올 모험의 기대를 부풀린다.

## 그늘의 신비

빛에 매혹되는 인간의 성향은 어둠에 대한 인식을 감소시켰다. 어둠은 마법 같은 분위기를 자아내고 정해진 현실을 보다 덜 명료한 현실로 바꾼다. 어슴푸레한 공기는 공간의 한계를 모호하게 함으로써, 사물의 분명한 윤곽을 감추고 그 형태를 초점에서 벗어나게 하여 우리의 눈에 미지의 것을 적극적으로 탐색하는 힘을 더해준다.

그늘과 아련한 빛의 뒤섞임에는 루돌프 오토Rudolf Otto가 말한 전율의 신비mysterium tremendum를 불러일으키는 힘이 있어 오래전부터 신성한 종교 건축에서 주요한 역할을 해왔고 수많은 교회, 사원, 성당 건축에 활용되었다.[102] 하지만 이런 신비한 힘이 있다는 점과 상징적 죽음을 제공해 영적 부활이 가능하게 한다는 점 외에도, 가시적인 것들을 덮는 그늘은 더 단순하고 즉각적으로 우리의 상상을 일깨우는 힘을 갖고 있다. 사물과 공간이 반쯤 흐릿해지면 그 필연성을 잃기 때문이다. 확정된 사실에서 풀려난 이 자유는 세속과 종교의 공간, 풍경과 도시와 건물에 고루 나타날 수 있다. 그늘은 어디에서나 의혹을 유발해 새로운 발견의 기회를 창조한다.

다니자키 준이치로는 그의 빛나는 저서 『음예공간 예찬』에서 시와 음식에서부터 도예와 건축에 이르기까지 일본 문화 전반에 그늘이 미치는 중요성을 논한다. 오래된 시골집, 소박한 다실, 산중의 외딴 절이 품고 있는 짙은 어둠은 꿈의 상태나 형성 단계에서 포획된 듯한 사물들이 희미하게 감지되는 장소를 만들어낸다(170쪽). 짙은 색의 목공과 장지가 과도한 빛을 점차 흡수해 넓은 천장 공간을 어둑히 물들이고, 들보와 천장의 편린들만 어둠 속에서 깜빡이게 한다. 눈은 감각적 질감의 흔적들, 때로는 대나무의 광택이나 번쩍이는 금빛을 포착하지만 그 정체를 알아내기 위해 분투한다. 여기서 결정적이거나 절대적인 현실은 어스름하게 부식되고, 논리나 분별의 욕구 또한 사라져 탐색을 촉구하는 어스레한 비밀 속으로 흡수된다.

일본의 전통적인 방에서 볼 수 있는 조용한 단순성과 장식의 부재는 눈앞에 나타나는 것, 즉 끊임없이 변하는 그늘의 움직임을 빈 공간 속의 근본적 실재로 간주하지 않는다면 오해를 부르기 쉽다고 다니자키는 주장한다. 객관적인 눈과 마음에는 물리적으로 비어 있는 듯하겠지만, 그 꾸밈없는 방에는 눈이 포착하거나 마음이 이해할 수 없는 어떤 것이 담겨 있다. 그는 이렇게 말한다. '빈 공간의 주요한 특징은 수수한 목재와 소박한 벽이고 그로 인해 그 속에 들어온 빛은 공허함 속에 어렴풋한 그늘을 드리운다. 하지만 대들보 위, 화병 주위, 선반 아래에 집결한 어둠을 응시할 때 그게 단지 어둠일 뿐이라는 것을 잘 알고 있음에도 우리는 이 작은 방에 완전하고 절대적인 침묵이 군림하고 있다는 느낌에 휩싸인다… 이 신비의 열쇠는 어디에 있을까? 그 열쇠는 결국 그늘의 마법이다. 그 그늘이 구석에서 사라지는 즉시 우묵한 곳은 그냥 빈 공간으로 되돌아간다.'[103]

이 손에 잡힐 듯한 어둠은 중세 서양의 교회에서도 빛을 발했다. 노르웨이의 통널식 교회에서는 검게 타르 칠을 한 목재들이 천장 아래 작은 창에서 들어오는 빛을 거의 흡수해버리고 로마네스크

어슴프레 밝혀진 실내, 후신안不審庵 다실, 오모테—센케, 교토.

양식의 교회(위)나 어슴푸레한 고딕 성당에는 동굴 같은 그늘이 있어, 이를 관조하고 음미하기에 귀중한 소재를 던져준다. 동공이 이 어두운 성역에 적응하고 한참이 지난 뒤에도 사람은 마치 야간에 오랫동안 꾸준히 탐색해야 조금씩 드러나는 세계를 수색하듯 외부의 시선을 거부하는 공간들 사이로 길을 조심스레 더듬어 이동해야 한다.

이후 르네상스의 교회들은 빛을 듬뿍 끌어들이는 경향이 있지만, 20세기의 몇몇 종교 건축에서는 모험적인 어둠이 다시 등장했다. 르코르뷔지에는 롱샹, 라투레트, 피르미니에서 그늘을 없애지 않고 놀라움을 자극하기 위해 여린 빛을 사용했다. 스칸디나비아 반도의 몇몇 교회에서도 웅변적인 어둠이 우리의 호기심을 활발히 일깨운다. 이 전통을 가장 빛낸 예로는 스웨덴 예테보리 소재의 할란다 교회로 대표되는 피터 셀싱Peter Celsing의 어두운 벽돌 교회들, 핀란드 칸가살라 소재의 빌요 레벨 Viljo Revell의 바티알라 예배당과 바사 소재의 루수부오리Ruusuvuori의 후토니에미 교회, 잉에르 Inger와 요하네스 엑스너Johannes Exner 부부가 덴마크 코펜하겐에 설계한 이슬레브 교회와 알보르크에 설계한 뇌르 우트루프 교회가 있다.[104]

지난 세기의 어둠에 대한 가장 놀라운 탐구를 보여주는 두 교회가 있다. 스웨덴 클리판 소재의 시구르드 레베렌츠의 성 베드로 성당과 오슬로에 있는 룬트 & 슬라토의 상트할바르 교회인데,

세 개의 문이 있는 어두운 입구 홀, 베즐레 성당(12세기), 프랑스.

이들 교회에서는 탐색하는 시선 앞에 섬뜩한 것들이 나타난다. 성베드로 성당의 육중한 어둠 속으로 시력을 집중할 때 하얀 조개껍질 모양의 커다란 성수반이 눈에 들어오고(아래), 성수가 똑똑 떨어지는 바닥의 가늘고 긴 검은 구멍으로 시선이 끌린다. 다른 이상한 특징들도 예기치 않게 출현한다. 가장 흥미로운 것은 회중석 중앙에 거대하게 솟아 있는 녹슨 강철 기둥과 그 위로 날개를 펼쳐 지붕을 떠받치고 있는 대들보다(173쪽). 상트할바르에서도 놀라운 것들이 우리의 발견을 기다린다. 마치 천국이 성당으로 내려온 듯 어둠을 몰고 내려오는 불룩한 천장도 인상적이다. 두 교회에서 가장 중요한 요소들은 우리 존재와 무관하게 표현되지 않으며, 첫눈에 지각되는 것이 아니라 점진적으로 드러나며 시각을 계속 활성화한다. 어둠은 현실을 완전히 파괴하는 것이 아니라 현실의 통제력을 약화하여 합리적인 세계에 속한 사물들을 우리의 상상력을 품어주는 주체들로 전환한다.

　　종교 건축에 어둠이 적합하다는 주장은 쉽게 나올 수 있지만, 오늘날 세속의 환경에도 그 신비로움이 적합할 수 있을까? 알바 알토가 내놓은 대답은 긍정적이다. 세이나찰로 타운홀에 그 감동적인 증거가 있다. 풍경에 노출된 계단에서 시작되는 여정은 맨 위에서 희미한 빛이

홀러드는 계단을 오르며 민주주의 탄생과 그 지속적 갱신의 필요성을 떠올리게 한 뒤 아주 어두운 대회의실에서 정점에 이른다. 소나무 블라인드에 부드럽게 여과된 빛은 회의실 위로 따뜻한 그늘을 드리우고, 손가락을 고르게 펴서 지붕을 떠받치듯 부챗살 모양으로 펼쳐진 트러스를 머리 위로 천천히 드러낸다.

근래에 세속의 어둠을 새삼 확인한 예로는 페터 춤토르의 발스 온천장이 있다. 이곳의 비밀스런 공동부는 지하의 어두운 터널과 마법의 동굴을 연상시킨다(174~5쪽). 땅속에 반쯤 묻혀 희미한 빛이 들어오는 암체巖體 속에 신비한 석실들이 있고 방마다 빛과 소리, 향기와 온도가 다르게 맞춰진 풀들이 있다. 우리는 그 은밀한 장소들-뜨겁거나 차가운 욕조, 꽃과 소리의 욕조, 실내외 욕조 등-을 찾아내 원하는 순서대로 감각적 쾌락을 한가로이 맛보고 싶어진다.

우리는 어둠 속에 감춰진 이 경이의 장소를 짐작으로 겨우 찾아낼 수 있다. 가늘게 떨어지는 빛을 헤치며 석조 건물의 습곡을 촉각으로 탐험하고, 어둠 속에서 길을 더듬고 시행착오를 통해 그 매혹적인 방들을 찾아야 한다. 도착보다 여정이 더 중요한 까닭은 우리가 이 더딘 모험 속에서 길을 잃기 때문이다. 춤토르는 욕조에서 욕조로 이어지는 이 느긋한 경로를 '꼬부랑길'이라고 묘사하며 이렇게 말한다. '우리는 사람들이 자유롭게 돌아다닐 수 있게 하고 싶었고, 그냥 안내받기 보다는 유혹을 느낄만한 분위기를 만들고 싶었다… 어느 한 곳에 서서 잠시 머물 수도 있지만, 잠시 후면 무언가가 나를 모퉁이쪽으로 끌어당길 것이다. 여기저기에서 빛이 떨어지는 길을 따라 나는 느긋이 걸어갔다… 그것은 발견의 항해였다.'[105]

어둠에 가려진 녹슨 철골 구조물(위)과 조개껍질로 만든 성수반(172쪽), 시구르드 레베렌츠, 성 베드로 성당(1966), 스웨덴.

174    지하의 동굴로 내려가는 길(위) 그리고 방문객을 유혹하는 공간과 빛(175쪽), 페터 춤토르, 발스 온천장(1996), 스위스.

## 반투명한 벽의 안개 이미지

일본 전통 건축의 핵심은 불명료한 빛에 녹아드는 공간으로, 그 안에는 마음을 위로하면서도 상상력을 일깨워 탐색을 유도하는 안쪽 공간이 있다. 뒤에서 빛을 받는 하얀 창호지는 섀도박스(평면상의 그림을 여러 장 겹쳐 쌓아 음영효과를 만드는 입체작업-옮긴이)나 후면 영사 스크린처럼 기능하고, 그 위에 자연의 어렴풋한 인상들이 나타나 무정형의 매혹적인 세계가 우리에게 주어진다. 그 흐린 이미지 위에 근처의 초목이나 대나무 발이 던지는 약간 더 확실한 그림자가 겹치고, 장지가 붙어 있는 가는 나무틀이 한층 더 검고 또렷한 직선을 그린다. 이미지들은 시타지마도下地窓에서 더 촘촘히 겹치는 데다가 갈대나 대나무가 던지는 불규칙한 그림자 때문에 한층 더 풍부해진다. 이러한 장지문을 통해서 현실은 가능성으로 바뀌고, 구체적인 사물들은 확실성에서 풀려난 모호한 그림자로 대체된다. 공간은 실루엣 사진처럼 2차원으로 압축되어 원근법을 무산시킨다. 우리는 이 암시적인 세계에 놀라 더 자세히 살피고 탐색하는 눈으로 상상력을 가동해 그 신비를 깊이 생각한다.

장지문에 비친 무정형의 이미지가 응시하는 눈에 고정된 인상들만 던진다면, 조용한 관조를 넘어 행동하는 힘을 이끌어내진 못할 것이다. 발견을 이끌어내는 장지문의 능력에서 결정적인 것은 거리에 따라 내용과 깊이가 교묘히 변하는 방식에 있다. 장지문 가까이 다가가면 무작위로 분포된 섬유들이 보이고, 멀리서는 뚜렷이 보이지 않던 미세한 색조의 변화들이 모든 단계에서 드러난다(177쪽). 게다가 탐색의 욕구는 장지문에서 끝나지 않는다. 문을 열었을 땐 조금 전까지 그림자로 어른거리던 세계가 갑자기 모습을 드러낸다. 날씨나 태양의 각도, 뜨락과 풍경이 드러나고, 마루로 걸어 나가 새로 출현한 가능성에 접근하도록 격려한다. 다시 말해 장지문의 신비는 끝이 아닌 시작을, 한계가 아닌 입구를 제시해 우리를 수동적 관객에서 능동적 탐구자로 전환한다.

현대의 많은 일본 건축가들이 과거에 장지로 성취했던 무궁무진한 신비감을 유리로 재현하고 있다. 히로시 하라는 특히 능숙한 기술로 유리를 다루었다. 그는 판유리에 선, 점, 거미줄, 원 등으로 암시적인 이미지들을 에칭하고 어떤 경우는 투명한 바탕에 반투명한 형상을, 다른 경우엔 그 반대로 새기기도 한다. 그런 뒤 유리벽을 주름진 막으로 변형하여 그 효과를 복잡하게 한다. 다채로운 층들의 시각적 효과가 중첩되어 더욱 교묘해지고 사람들의 눈과 움직임에 따로 대응한다. 합리적 공간은 튀면서 부유하는 빛에 의해 산산이 흩어지고 멀리서 반사된 이미지들이 다른 각도의 유리면에 부딪혀 현실과 허구가 뒤섞인다. 이 효과가 가장 두드러진 예로 일본 나카니이다에 있는 하라의 겐주 공원 내 '숲속의 집'과 이이다 시 박물관을 들 수 있다.

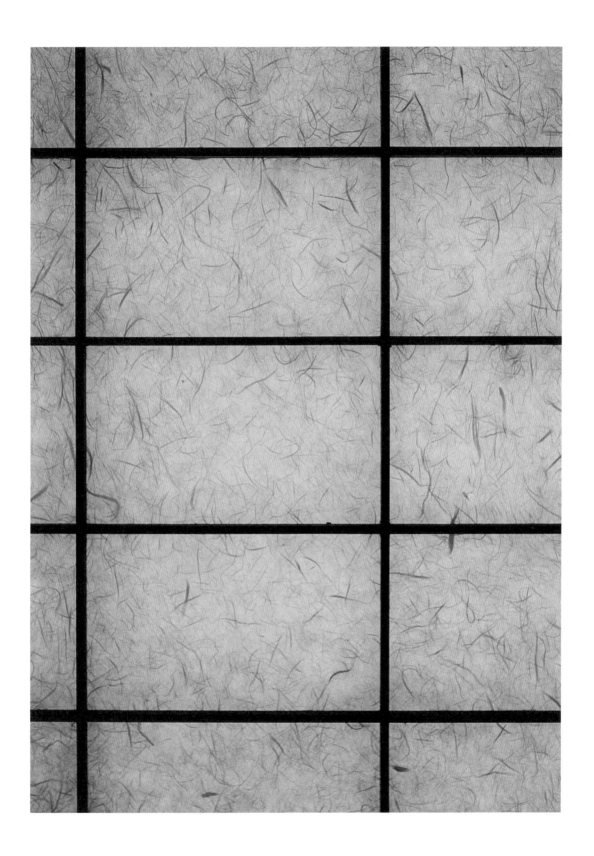

장지문의 종이섬유 세부사진, 호센인寶泉院 사원, 오하라.

교묘한 점은 같지만 더 하늘거리고 절제된 작품이 있다. 톨레도 미술관에 사나SANAA가 설계한 유리 파빌리온의 곡면유리 벽(아래)은 렌즈와 거울로 쓰이는 유리의 이중 기능을 활용하고 있다. 실내를 배회하는 방문객의 눈은 전시물이나 이벤트를 찾아 물결 모양의 베일을 들여다본다. 하지만 이 시야에는 유리 곡률에 의해 왜곡된 인접 전시실의 유리면과 사람들의 이미지가 겹쳐져 일그러진 상이 나타난다. 방문객은 마음에 드는 것을 보고 추적하지만 예상할 수 없는 곳에서 오는 유혹이 시야를 모호하게 한다. 그 유령 같은 동선은 개인의 관심, 신중한 경로 설정, 이동 속도에 의거해야 따라잡을 수 있다.

혹자는 이런 시각적 처리가 서양 건축가들에겐 너무 난해하다고 상상할지 모른다. 그러나 샤로의 '유리의 집'은 거의 한 세기 전에 이 생각이 틀렸음을 입증했다. 그에게 영향을 준 것으로 보이는 공동 작가이자 건축가인 베르나르드 베이보에트는 걸출한 유리 건축물인 힐베르쉼 소재의 존네스트랄 요양소를 설계한 네덜란드 건축가 얀 뒤커와 함께 일했다. 유리의 집에서 현실은 여러 종류의 반투명 유리와 빛의 변화가 함께 피워내는 안개에 휩싸이고, 계속 새로워지는 모호한 이미지들이 호기심을 유지한다. 발견의 힘은 네바다 유리 렌즈로 만든 거대한 벽에서 가장 뚜렷해진다(179쪽). 검은색 강철 격자에 들어간 반투명 유리는 멀리서는 반짝이는 사각형처럼 보이고, 중간쯤에서는 약간 볼록한 원들의 패턴처럼 보이고, 가까이 다가가면 레몬 껍질 같은 결 때문에 플라스틱의 느낌을 풍긴다. 끝으로 눈을 유리에 바짝 붙이면 그늘을 배경으로 한 밝은 빛의 무수한 점처럼 작은 보석 면들에서 굴절되는 수천 개의 반짝임이 드러나고, 화창한 날이면 그 위에 노란색 태양과 보라색 하늘 패턴이 점묘법으로 그려진다.

중첩과 반사로 왜곡된 이미지들, 사나SANAA 그룹, 유리 파빌리언(2006), 톨레도 미술관, 오하이오.

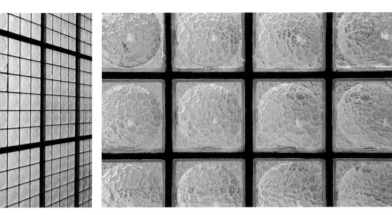
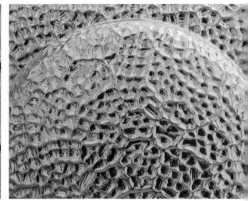

## 복잡함과 그윽함

반투명한 창이 바라보는 사람과의 거리에 따라 다양한 모습을 드러내며 우리에게 발견의 소재를 제공한다면, 불투명한 벽도 그럴 수 있을까 라는 물음이 생긴다. 여기서도 일본의 건축 예술은 관찰자의 접근 거리에 따라 점진적으로 드러나는 디테일의 세계를 보여준다. 탐색의 눈길은 전통 건물의 거의 모든 부분에서 새로운 특징을 발견할 수 있고, 가까이 다가가면 점점 더 풍요로워지는 미시적 세계가 드러나 눈길을 뗄 수가 없다. 익명으로 지어졌지만, 그 풍부한 축조 형식은 건축가의 작가 의식에 과도하게 지배되지 않은 탓에 우리의 눈에 놀라운 발견의 여지를 듬뿍 제공해 마치 미지의 풍경을 배회하는 듯한 경험을 선사한다.

일본의 전통 다실, 절이나 신사, 가츠라나 스가쿠인 같은 황궁 별장의 복잡한 구조는 멀리서 볼 수 있는 큰 특징들을 갖고 있지만, 가까이 다가가는 동안 사람들의 움직임에 따라 드러나며 계속 나타나는 새로운 속성도 곳곳에 품고 있다. 이 힘들은 다도 문화가 정교하게 다듬고 찬양한 시골풍의 단순한 건물에서 특히 강렬하다. 천연 소재로 된 벽, 바닥, 천장은 다른 소재를 덧대 지은 경우가 많아 본래 결이 단계적이고, 소재 역시 각각의 미시적 세계에서 층을 이루어 풍부한 주름 구조를 자랑한다. 눈에 잘 띄는 이음매와 묶음 그리고 재료의 특성을 살린 장인의 능숙한 손기술은 또 다른 디테일의 척도를 보여준다. 대나무 천장이나 석재 포장도로에서 보이는 재료의 조합과 표면처리의 빼어난 풍요로움은, 보는 각도나 거리를 달리할 때마다 눈에 새로운 것을 드러내 계속 놀라움을 안겨준다. 풍화현상과 사람의 손길, 예컨대 햇빛으로 인한 탈색, 빗물 자국, 무성히 자란 이끼와 지의류, 사람의 발길이나 날씨로 인한 침식 등은 일본인이 소중히 여기는 그윽함으로, 세월이 갈수록 그 깊이를 한층 더 심화한다.

보는 거리에 따라 달라지는 네바다 유리 블록의 디테일,
유리의 집(1931), 파리, 피에르 샤로와 베르나르드 베이보에트 작.

(위 왼쪽부터 시계 방향으로) 대나무 가지로 만든 울타리, 시모가모 신사, 교토.
검고 푸른 자갈로 된 모자이크 바닥면, 왕궁의 소로, 가츠라 궁, 교토.
검게 처리된 표면 속에 짚이 섞인 황토 흙벽, 사안 다실, 교쿠린인 사원, 다이도쿠지, 교토.
껍질을 벗기지 않은 참나무 보로 지지되는 대나무 천장, 궁문, 가츠라 궁.

흙벽 같은 단일한 구조물도 일본인의 손을 거치면 무한한 발견의 영역으로 변신한다. 흙덩어리는 단순하지만 이질적 재료가 뒤섞여 갈라지고 깨지고 벗겨진 딱딱한 껍질은 사람의 호기심을 부른다. 흙과 점토 입자들의 다채로운 결과 빛깔 속에 작은 짚 토막들이 뒤섞여 있다. 교토 미요키안妙喜庵의 다이안太庵과 교쿠린인玉林院의 사안簑庵(180쪽 아래 오른쪽) 같은 다실들의 벽에서도 이 작은 줄기들이 흙벽에서 비어져 나와 눈에 보이지 않는 아래쪽 단층을 넌지시 보여준다. 공중에서 바라보거나 확대경으로 보는 풍경과도 같이 조화로우면서도 무한해 보이는 그 벽의 깊이감이, 다가가는 눈 앞에서 점점 더 흐려지는 동안 우리는 현실의 가장 바깥면 너머의 세계를 찾다가 결국 삶은 하나의 과정이라는 개념이 여기에 구현되어 있음을 알게 된다.

걸출한 또 하나의 예는 교토의 료안지龍安寺에 있는 모래정원(가레산스이)의 벽으로, 흙을 두드려 다진 담(위)은 가장 대표적인 동시에 자극적이다. 이른바 '유토油土담'에 사용된 진흙은 유채씨에서 나온 기름에 끓여 내구력이 높다. 진흙 속에 불균등하게 섞여 있던 철 성분이 오랜 세월에 걸쳐 기름과 함께 빠져나와, 옅은 갈색과 오렌지색이 밝은 회색과 어우러져 뭔가를 환기하는 무늬를 표면에 남겨놓았다. 그 추상적 이미지는 정적인 것이 아니라 보는 눈의 각도와 거리에 따라 변하는 탓에 매 순간 인간의 추론에서 벗어나 직관에 기쁨을 준다.[106]

탐구심을 자극하는 료안지의 힘은 20세기 예술이 보여준 표면에 대한 탐구를 연상시킨다. 장 뒤뷔페Jean Dubuffet의 함부로 긁은 자국과 흙처럼 거친 바탕, 안토니 타피에스Antoni Tapies의 특별한 질감이 나는 물감, 에드워드 웨스턴Edward Weston과 마이너 화이트Minor White가 절묘하리만치 세밀한 사진으로 표현한 벗겨진 페인트, 부식된 나무, 닳은 물건들이 대표적이다.

세월과 비바람을 견뎌온 자재들이 각자의 경험과 기억을 품고 있어 그 표면은 영감이 가득한 눈에 적극적인 탐색의 영역이 되고, 우리를 점점 더 가까이 끌어당겨 표피를 뚫고 안쪽을 파헤치게 한다. 합리적 영역 바깥에서 자유로운 유희 충동이 깨어날 때 우리는 앞에 놓인 신비를 음미하고 자신의 깊은 내면으로 들어가 무의식에 잠겨 있는 기억을 들추거나 상상력을 끌어올려 놀라운 것들을 발견한다. 곰팡이가 핀 벽은 단지 벽일 수도 있지만, 그 역사를 응시하는 사람에게는 광대한 산맥이 되고 얼룩덜룩한 자국은 빛나는 행성이나 별밭이 될 수 있다.

## 작은 무한성

우리에겐 자발적 행위를 통해 세계의 새로운 양상을 밝혀내는 능력이 있지만, 특징이 별로 없거나 고정적이어서 우리를 끌어당기는 매력이 없는 건물에서는 이 능력이 사라진다. 메마른 공간은 처음부터 자신은 탐험할 가치가 없다고 선언한다. 하지만 관점을 달리해도 변하지 않고 계속 사람의 눈을 현혹하는 특징 역시 우리가 미리 정해진 전시물의 수동적 관객임을 서서히 그러나 분명한 목소리로 증언한다. 두 시나리오 모두 우리의 실존을 부정하고, 우리가 즉시 선택할 수 있는 미래가 아니라 타인이 미리 결정해놓은 미래를 우리에게 강요한다.

활동력을 억누르는 이런 구조물들과 극명하게 대조되는 것은 각 부분이 전체와 관련되어 있고 패턴 안에 패턴이 있어 새로운 안쪽 공간들이 바뀌고 드러나는 공간들이다. 일본 주택의 마루와 정원의 디딤돌(183쪽 왼쪽)같이 작은 것이든, 라투레트의 노출 콘크리트(183쪽 오른쪽)같이 큰 것이든 그런 곳들은 세밀한 탐색에 보상을 준다. 예컨대 라투레트의 벽에는 여러 크기의 결들이 새겨져 있어, 어느 것이든 가까이 다가가면 마치 우리의 열정적인 탐색을 격려하기 위해 기다리고 있었다는 듯 새로운 모습을 드러낸다. 그 주변을 이동하며 우리는 즐거운 숨바꼭질을 하듯 더욱 자세히 살피고, 다시 뒤로 물러나 배경과 함께 보면 전에는 감지하지 못했던 새로운 것이 나타난다. 그런 것들은 항상 지각 면에서 불완전하다. 한 패턴이 나타나면 다른 패턴이 사라지는 탓에 창조적인 마음의 눈으로 오랫동안 파악해야 한다.

이런 식으로 자꾸 되돌아보게 되는 건축은 사람의 호기심과 관심은 물론이고 눈높이, 나이와 민첩성에 따라 다르게 보인다. 그것은 이해할 수 없을 만큼 작은 동시에 상상할 수 없을 만큼 크고, 작은 것 속에 큰 것이 들어 있고 큰 것 속에 작은 것이 들어 있어 크고 작음이 동시에 존재한다. 모든 규모의 중요한 특징이 담겨 있다는 의미에서 척도가 아예 없다고도 할 수 있다. 가까이 다가갈수록 더 작은 디테일이 나타나고, 새롭고 매혹적인 안쪽 공간이 시야에 포착된다. 미세한 특징과 빈 공간들이 나타나지만 가까이 다가가면 다시 확장되고 뒤로 물러나 낯선 영역으로 변한다. 그 앞에서 우리는 윌리엄 블레이크가 '모래알 속에서 세계를 보네'라고 노래했듯이 비밀스러운 우주 속으로 이끌린다. 미세한 질감과 이음매, 또는 작은 디테일 속에 숨어 있는 무한히 작은 디테일은 자신의 보물을 완전히 드러내지 않고 사람에게 끝없는 탐험과 재발견의 힘을 불어넣어주는 왕국으로 우리를 인도한다.

당연히 이 자유의 여지에는 공허함이나 지루한 반복 혹은 정반대로 과장된 조각이나 지나친 장식 이상의 어떤 것, 즉 우리의 존재에 감응하는 무언가가 필요하다. 작은 것들의 인간적 잠재력은 우리가 그로부터 자유롭게 만들 수 있는 것, 그것들이 우리에게 제안하는 탐험의 범위와 탄성에 달려 있다. 하지만 그것은 또한 디테일을 제작자의 고유한 스타일로 묶어두지 않을 정도의 겸손함,

우리를 누군가의 창조적인 생산물에 자족하는 관객으로 한정하지 않음으로써 달성되는 익명성에도 달려있다. 자그마한 것이 우리의 상상을 허락해 그 속에 들어갈 수 있다면, 우리는 바슐라르가 생각한 '관점의 전환', 즉 자연에 특히 풍부한 '자유의 원천'을 경험할 수 있다. 그것은 풀 한다발이나 나뭇잎이 보여주는 무수한 색조를 들여다보거나 밤하늘의 반짝이는 행성에서 세계의 축도를 발견할 때와 같다.[107] 상상력을 분출하는 이 힘은 작은 인형이 주는 기쁨에 뿌리박고 있어서 우리를 아련한 유년기로 돌려보낸다.

물리적으로 작진 않지만 고딕 성당에서 볼 수 있는 반복적인 형식도 겹겹이 중첩되어 있다. 대단히 큰 공간 안에 중간 크기의 빈 공간들이 있고 그 안에 우묵한 작은 공간들이 있어 전체 구조물은 줄어드는 동시에 늘어나면서 파동을 치고, 모든 요소가 각기 다른 크기로 반복된다(184쪽). 거대한 기둥은 중간 크기의 기둥과 가는 원주로 나뉘고, 가는 원주는 무수히 많은 수직선으로 분할된다. 기본적으로 같은 형식에서 갈수록 점점 더 작은 형식이 발아하고, 이 단계적 이행을 통해 변화하며 인간의 끈질긴 탐색에 계속 반응하는 유연성을 유지한다.

작은 것이 커지고 큰 것이 축소되는 고딕 건축의 이미지 증식은 스테인드글라스 창문에서 정점에 달한다(185쪽). 란셋 창은 주변의 공간 형태를 반영하지만 또한 그 안에는 새로운 디테일을 가진 인물과 풍경이 담겨 있어 우리의 눈을 끌어당긴다. 처음에는 한 가지 색으로 보였던 것이 기본색이 같은 여러 색조의 혼합으로 밝혀지고, 모자이크 같은 수많은 반점의 면면은 몇 인치 앞에서도 완전히 드러나지 않는다. 거대한 장미창은 방사상으로 펼쳐진 수많은 조각과 파편으로 산산이 흩어지고, 낱낱의 조각은 눈을 가늘게 뜨고 창의 알록달록한 색과 보석 같은 복잡성을 주시할 때에야 드러난다. 전체 모습을 파악하기 위해 뒤로 물러나거나 디테일을 파악하기 위해 가까이 다가가는 동안 우리의 눈은 톱니바퀴에 물린 듯 서서히 변하며 창 폭에 맞게 넓이를 조정하고, 또 닿을 수 없는 곳으로 계속 물러나는 그 놀라운 화려함의 원천을 파악하기 위해 영점 조준을 한다.

다진 땅에 박아 넣은 디딤돌이 보여주는 지질학적인 깊이감, 가츠라 궁의 정자(왼쪽).
동쪽 벽의 빗물 홈통과 거친 거푸집 흔적이 남아 있는 콘크리트 벽면, 라투레트(1960),
에보, 르코르뷔지에 작(오른쪽).

　　『천상의 저택과 건축에 관한 에세이 모음집Heavenly Mansions and Other Essays on Architecture』에서 존 서머슨은 성당은 기본적으로 '에디쿨라(작은 사당)의 판타지aedicular fantasy'라고 주장한 뒤, 많은 기둥 사이의 '작은 집들'이 발산하는 그 매력은 아주 작은 은신처에 대한 인간의 '원초적이고 보편적인 애착'에 기인하며, 인형의 집이나 우리가 어렸을 때 직접 짓곤 하던 즉석의 거처가 그 증거라고 부언한다.[108] 하나의 에디쿨라는 작고 텅 빈 성소지만 갈수록 큰 성소 안에 포개지는 탓에 성당은 극소함과 장대함이 불가사의하게 합쳐진 공간이 된다.

　　빌헬름 보링거가 쓴 『고딕의 형식Form in Gothic』에서도 같은 메아리가 울린다. '중세 사람들은 큰 것의 무한성뿐 아니라 작은 것의 무한성에도 몰입하려고 한다. 전체적인 건축 구조에 거시적으로

위: 서쪽 정면에 보이는 형태의 다차원적 스케일과 디테일, 아미앵 대성당(1220년 착공), 프랑스.
　아래: 수많은 크기로 나타나는 에디쿨라, 생투앙 대수도원(1318년 착공), 루앙, 프랑스.

란셋창에 잠재된 세 가지 차원의 발견 가능성(위)과
남쪽 장미창의 보석 같은 복잡성(아래), 샤르트르 대성당(1194년 착공), 프랑스.

표현된 움직임의 무한성이 낱낱의 가장 작은 디테일에까지 미시적으로 표현되어 있다. 각각의 모든 디테일이 본질상 우리를 당혹하게 하는 무한성의 세계, 동일한 수단으로 전체의 표현이 되풀이되는 축소된 세계… 첨탑의 정상부는 성당의 축소판이다.' 보링거는 이렇게 맺는다. '개구부 장식 격자의 정교한 혼돈에 빠진 사람은 전체적인 건물 체계에서 경험한 그 전율을 여기에서도 작은 규모로 경험할 수 있다.'[109]

고딕 성당이 보여준 척도의 유연성을 소박하지만 독창적으로 되살리고자 한 소수의 건축가가 있다. 그중 한 사람인 페이 존스Fay Jones의 골격구조의 교회들은 우리와 건물의 관계에 끊임없이 활기를 불어넣는다. 아칸소 주 유레카 스프링스에 있는 그의 겸손한 가시면류관 교회Throncrown Chapel는 무한한 줄기와 가지를 추상화하여 주변의 숲과 공명하고, 일정하게 가공한 북미산 미송 목재들이 나무들과 뒤섞여 그 숲과 하나가 된다(위). 천장은 기본 틀이 계속 배가되어 각목 위에 각목이 겹치는 몽환적인 덮개를 형성하지만, 동시에 뒤집힌 새둥지의 포근함이 느껴지는 원시의 안식처를 이룬다. 교회에 들어서는 순간 숲처럼 보이던 전체 이미지는 목재 구조에 가득 울려 퍼지다 회중석을 따라 도열한 작은 목재 램프로 수렴한다. 각각의 등에는 교회의 전체적인 성격이 축소되어 있고, 그 선과 공간의 뒤얽힘은 눈길이 닿을 수 있는 곳 너머로 후퇴한다. 건물은 안팎으로 숨을 쉬고, 확장과 수축을 하며 고정된 차원을 모두 지워낸다.

미시시피 주 피카윤에 있는 존스의 후기작 파인코트 파빌리온에는 이 융통성 있는 언어가 더욱 순수하게 다시 등장한다(187쪽). 복합적인 척도의 격자구조에서 눈을 돌리게 하는 것은 아무것도 없으며, 전체적인 구조에서부터 가장 작은 요소에 이르기까지 모든 부분에 숲의 유전자 코드가 스며 있다. 건물의 모든 부분은 거대한 동시에 미세하고 우주인 동시에 원자인 특징을 지니고서 탐색하는 눈을 유혹한다.

## 존 손 경의 유연한 공간

절대적 사실과 고정된 차원에서 우리를 해방하는 작은 것들의 힘을 좀 더 유쾌하게 구현한 건물로는
런던에 소재한 존 손 경의 미술관을 들 수 있다. 주거지인 동시에 자신의 골동품 및 미술품 컬렉션
전시장으로 설계된 이 집은 하나의 척도가 아니라 여러 척도를 지니고 있어 매력적인 요소들이 모든
크기로 존재한다. 방들은 계속 작아지는 칸과 구역들로 둘러싸여 있고, 수많은 물건이 눈을 가까이
대고 응시해야만 비밀을 드러내는 아주 작은 형식들을 통해 우리의 경탄을 이끌어낸다. 호기심 어린
눈에 숨겨진 차원들이 계속 나타난다. 우리는 마치 이상한 나라의 앨리스처럼 몸이 일부만 들어갈
수 있는 마법의 영역에서 예기치 못한 차원과 보물을 발견하고는 '점점 더 신기해진다'고 중얼거리며
실눈을 뜨게 된다.

　　눈앞의 대상들이 원래 호소력이 없어 우리가 시간을 들여 몰입할 만한 것이 없었다면 우리는
이 손 경의 세계, 즉 큰 공간들이 차츰 더 작아지는 부분 공간들을 품고 있고, 석고상, 에칭, 그림,
청동, 고대의 항아리로 뒤덮여 있는 세계에 발을 들이지 않을 테고, 우리의 눈과 상상력에 고무되어
여유로운 탐험을 하는 일도 없을 것이다. 인형의 집처럼 축소된 매력을 풍기는 오찬실의 조명등과
드레스룸 등에선 이런 매력이 정점에 달한 건축 디테일을 볼 수 있다(188쪽). 이 미세한 세계들은
밝게 빛나고 지각적으로 두드러져 우리의 눈을 끌며 폭넓은 창조의 여지를 제공한다. 드레싱룸의
경우 돔 천장형 조명등은 존 손 경이 구현한 건축의 축소판으로, 과거의 기능과 규모에서 벗어나
있다.

　　공간의 유연성을 만들어내는 시각적인 원천인 작은 볼록 거울은 집안 곳곳에 있지만 특히
오찬실 천장에 집중되어 있다. 그 반짝임을 포착하고 가까이 다가가 거울에 비친 왜곡된 상을 응시할
때 우리가 딛고 서 있는 세계가 줄어들며 원근법이 역전된다. 그 왜소하게 변형된 공간은 이성적

(위 왼쪽부터 시계 방향으로) 손 경이 디자인한 머소닉홀의 돔형 조명이 부착된 드레스룸 천장.
플랑드르 스테인드글라스와 아래쪽에 볼록거울들이 부착된 오찬실 조명.
밑에서 올려다본 돔 천장, 존 손 경의 미술관(1792년 착공), 런던.

확신을 거부하고 작은 공간 속에 큰 것을 담아내는 탓에 우리는 단지 공상의 힘으로 그 속에 들어가 눈을 가까이 대고 그 마법의 안쪽 공간을 탐색할 수 있다.

## 카를로 스카르파의 신비스런 디테일
고정된 차원들이 지배하는 감옥에서 건축을 풀어놓는 카를로 스카르파의 방식에는 유쾌함 못지않게 일견 당혹스러운 면도 있다. 베네치아 소재의 올리베티 전시장이나 퀘리니 스탐팔리아 재단은 유혹하고 도발하는 디테일에 모든 관심을 쏟고 있어 공간 자체는 그리 흥미롭지 않다.(190쪽, 위 왼쪽과 가운데) 하지만 이 작은 디테일들이 놀랍고 때론 경이롭기까지 한 것은 그것들이 건물의 가장 평범한 요소에 해당하기 때문이다. 올리베티 전시장의 경우, 입구의 심벌마크 디자인, 바닥에 박혀 있는 쪽 유리, 천장 근처에 황동 조인트로 연결된 검은 강철 버팀대가 그것이다. 퀘리니 스탐팔리아 재단에서는 방열기 한 쌍이 놓여 있고 금색으로 강조된 벽에 둘러싸여 있는 퍼즐 같은 방, 그림들을 매달고 있는 청동 레일, 출입구 홀 유리벽의 캔틸레버식 금속 까치발 등이 아주 흔한 물건들을 반추의 대상으로 변화시킨다.

브리온 가족묘지는 호기심으로 지칠 줄 모르는 눈에 자꾸 반전을 드러낸다. 가장 작은 것들에도 기도서 여백에 그려진 중세의 작은 삽화를 연상시키는 강한 힘이 스며 있다. 먼저 청금석 또는 남동광藍銅鑛의 짙푸른 안료와 금색 빛깔이 어렴풋이 눈을 사로잡지만, 몇 인치 앞에서 보면 그 얼룩진 색 안에서 놀랍도록 정교한 세계가 나타난다. 그 세계는 다가갈수록 뒤로 물러나 거의 무한한 디테일로 확장되어 우리는 결국 그 창문 너머에 풍경, 건물, 인물, 하늘과 뭇별의 미시 영역이 펼쳐져 있는 걸 보게 된다. 중세의 작은 삽화들과 마찬가지로 너무 서두르거나 이성적으로 이것저것 따지다 보면 이 미세한 신비의 세계에 발을 들이지 못하게 된다. 콘크리트 벽이 지그재그식 테두리로 끝나는 곳에 상감 기법으로 박혀 있는 황금색 무라노 유리 타일을 자세히 들여다보면 그 얇은 안쪽 공간에 여러 색조들이 뒤섞여 있음을 볼 수 있다. 브리온 부부의 무덤 밑에는 다공의 금속 원반에 덮인 작은 배수구가 있는데, 그 실루엣이 작은 인물상으로 보이는 탓에 방문객은 무릎을 꿇고 앉아야 그 정체를 확인할 수 있다. 이와 마찬가지로 예배당으로 들어가는 문의 복잡한 손잡이, 그림이 새겨져 있는 대리석 성수반, 불명료한 그림자와 대못 패턴을 품고 있는 청동 제단, 지하실 예배 공간의 콘크리트 지붕에 나 있는 채광창의 낯선 강철 테두리(190쪽 아래) 등은 동시에 다양한 방식으로 공간을 끌어들이고, 무너뜨리며 확장한다.

가장 어리둥절케 하는 것은 콘크리트 벽의 상단 모서리에 박혀 있는 금속의 물체들이다 (190쪽 위 오른쪽). 그 이해할 수 없는 형태와 기묘한 위치는 매혹적으로 시선을 끌어당기지만 어떤 합리적 기능과도 연결되지 않는다. 고대의 암석에서 발견된 화석처럼 이들도 산업 폐기물이 건물 속에 남아 흡수되었음을 암시한다. 어쩌면 우연일 수 있지만 공사과정의 자취일 수도 있어 구시대의 유물처럼 우리의 상상력을 자극하고 가장 작은 건축 요소에 가장 커다란 초현실적 신비와 암시의 동력을 부여한다.

## 시원으로 가는 여행
언뜻 보기에 1950년대 이후의 르코르뷔지에 건축의 볼륨들은 지나치게 낯설면서도 대단히 신선한

위: (왼쪽부터) 올리베티 전시장, 퀘리니 스탐팔리아 재단, 브리온 묘지에서 보이는 작고 신비한 디테일.

아래: 지하 서비스룸 위에 뚫린 금속 프레임의 조그만 천창, 브리온 묘지(1977), 이탈리아, 카를로 스카르파 작.

특징을 보이는데, 이는 특히 몇 안 되는 종교 건축의 공간에서 한층 더 두드러진다. 이 매혹적인 호소력의 기초에 중요한 요인이 숨어 있다. 그 형태가 우리의 가장 깊은 정신을 건드리고 지난 세기에 가장 원시적인 예술작품들이 갖고 있던 잠재의식의 힘과 공명한다는 것이다. 그 힘은 구체적으로 호안 미로Joan Miró의 작품, 이사무 노구치의 변형하는 석재조각, 잠재된 에너지로 충만한 에두아르도 칠리다Eduardo Chillida의 단조강 조각(아래)에 응축되어 있는 엄청난 생명력이다. 우리는 롱샹의 육감적인 곡면과 개구부(192쪽), 라투레트의 놀라운 원통형 채광창과 고졸한 콘크리트(193쪽 위), 피르미니의 분화구 같은 원뿔형 공간과 별빛의 깜박임(193쪽 아래)을 경탄의 눈으로 보지 않을 수 없다. 이 공간들은 클로드 레비스트로스Claude Levi-Strauss가 '야성의' 마음이라고 부른 원시적 시각을 일깨우고, '신비한' 것과 '마법적인' 것에 매혹되는 성향을 되살린다.

그림이나 조각과는 달리 르코르뷔지에의 애니미즘적인 형식은 우리를 잊을 수 없는 여행으로 초대해 의식적 사고와 무의식적 사고를 중재하는 놀라운 특징을 끊임없이 보여준다. 숨바꼭질과 같은 이런 경험은 몸과 마음속에 깊게 자리한 무언가를 자극하기 때문에 시각이나 논리를 초월한다. 뿐만 아니라 그 어떤 단일한 순간도 초월한다. 그 모험은 탐구욕에 의해 계속 펼쳐지고, 그동안 우리는

단조강 조각의 원시적 형태. 에두아르도 칠리다 작.

노트르담 뒤오 성당(1955)의 외관(위)과 디테일을 숨겨 벽면을 총안처럼 처리한 남쪽 벽(아래), 롱샹, 르코르뷔지에 작.

위: 원형 천창이 있는 지하 예배실, 라투레트(1960), 에보.
아래: 생피에르 대성당(1971년 착공), 피르미니.

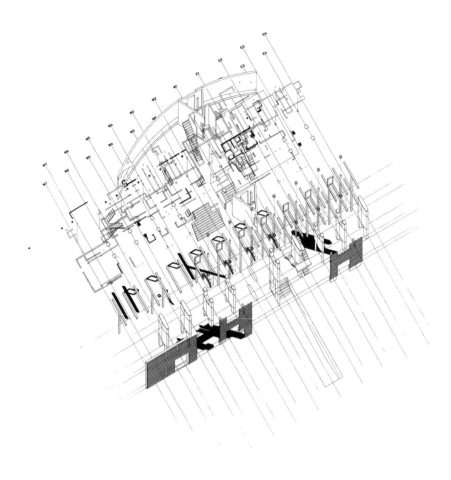

매력적인 동시에 위협하는 듯 보이는 형태와 개구부 속으로 더듬더듬 들어가면서 '건축을 하는 것은 생명체를 만드는 것'이라는 건축가의 믿음을 확인하기 때문이다.[110]

　　은밀한 것들을 품고 있는 건축이 열렬한 탐색과 발견의 공간, 즉 살아있는 여행의 영역으로 바뀔 수 있다는 생각은 건축가 톰 메인Thom Mayne과 그의 스튜디오 모포시스의 건축에도 나타난다. 다른 점이 있다면 더 기계화된 형식의 언어에 의존한다는 것 정도다. 그들의 건물은 낯설면서도 왠지 친숙하게 느껴지는 요소로 구성되어 있다. 이는 피카소의 그림에서 파편화된 인물들이 지닌 역설적 매혹이나 초현실주의자들의 몽환적 이미지와 비슷하다. 이들 작품에서는 다수의 관점을 가진 환각의 형태가 생기 넘치는 물리적 파편을 통해 마음 깊은 곳들을 스치며 어지럽힌다. 모포시스의 디자인에 숨어 있는 활성의 원천은 부분적으로 세계를 혼란에 빠트린 뒤 다시 불안한 균형의 상태로 되돌리는 게임에 있다. 절대적인 것들의 통일성을 부수고 다시 뒤섞는 과정에서 어떤 부분은 아주 신비하게 변형된다. 결과적으로, 관찰자의 상상을 자극해 지각적 긴장에 빠뜨리고 다양한 길을 따라 사물의 흔적을 추적하게 해서 그 부분들의 매혹을 강화하는 과정을 수반한다. 공감하는 관찰자에게는 이 부서진 형식들을 보는 방식, 그리고 더 중요하게는 그 형식들을 추적하고 그 주변을 돌아다니면서 공간적으로 탐험하는 방식에 자유재량의 여지가 맘껏 부여된다. 그 자유의 범위를 더욱 확장하는 것은 놀랍고 두렵기까지 하지만 때론 서정적 아름다움으로 마음을 사로잡는 신비한 속성들이다.

모포시스의 건물이 최면을 걸듯 우리를 사로잡는 힘의 근저에는 일견 산업 쓰레기처럼 보이지만 마음을 환기하는 방식으로 구성된 예상치 못한 세계가 있다. 예컨대 캘리포니아 주 몬테시토의 크로퍼드 하우스(194쪽과 아래)에는 부서진 채 점진적으로 변하는 일련의 형식을 통과하는 산만한 입구와 복도가 있고, 포모나의 다이아몬드랜치 고등학교 건물의 실외 보행로는 한쪽은 땅속에 묻혀 있고 반대쪽은 언덕 위에 캔틸레버식으로 떠 있는 돌연변이의 볼륨들 사이로 나 있으며, 샌프란시스코 연방빌딩(196쪽)에서는 스테인리스강 덮개가 입구에서 광장에 그늘을 만들어주고 인접한 타워를 커튼처럼 가린 뒤 지붕 위에서 펄럭이는 텐트의 안쪽 공간으로 우리를 인도한다. 각각의 건물에는 어긋나게 휘어져 있거나 당혹스럽게 갈라지며 의혹을 유발하는 것들이 빚어낸 빈 공간들이 포함돼 있어, 우리는 그 불확실성에 이끌려 건물과 그 해부학적 구조 속으로 빨려 들어간다. 고대의 유적지에 층층이 쌓여 있는 여러 시대의 불완전한 유물들처럼 하나의 공간적 패턴이 눈에 들어왔다가도 곧 다른 패턴들이 그 위로 스며나오는 탓에 사람들은 다수의 출발점을 제공하는 몇 개의 겹쳐진 시공간 영역을 왕복한다. 여기엔 끝은 없고 새로운 시작을 여는 테두리만 있을 뿐이다.

파열된 형식을 추구하는 다른 작품들과 모포시스를 구분 짓는 특징은, 어렴풋이 인지되는 격렬하지만 왠지 거부할 수 없게 느껴지는 현실의 파편들이다. 공간에 반향하는 낯선 토템의 탑문塔門들이 마치 탄생이나 죽음의 순간에 포획된 듯 풍경 속에서 출현하고 그 안에 발견할 공간이 묻혀 있음을 암시하며 자석처럼 우리를 끌어당긴다. 보이지 않는 힘들이 빚어낸 베일처럼 금속망의 판들이 허공에 너울거린다. 어렴풋이 사람의 모습을 닮아 뼈나 팔다리를 연상시키는 조립품 등

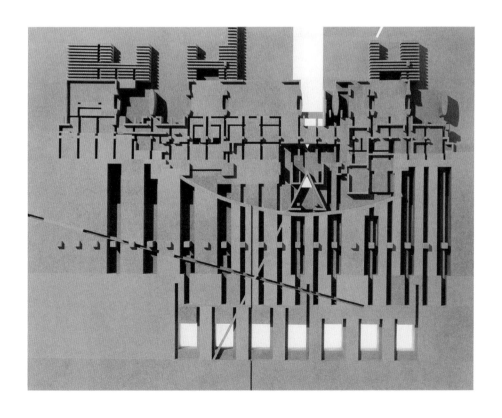

개념적인 릴리프 모형(위)과 펼쳐진 투영도(194쪽), 크로퍼드 하우스(1990), 캘리포니아, 모포시스 작.

기괴하게 생긴 강철 장치들이 애니미즘의 존재감을 드러낸다. 뉴욕 쿠퍼스퀘어 41번지와 댈러스의 페럿 자연과학 박물관(197쪽, 중앙과 아래)의 아트리움에 있는 모험적인 계단에서는 활기 넘치는 형체들이 곧추세워져 텅 빈 공간을 만들며 격렬한 느낌을 자아낸다. 이 우묵한 공간이 발산하는 마법의 긴장과 억눌린 에너지 그리고 그 안에서 느껴지는 열기는 매혹적이며 불안하다. 브루노 베틀하임은 이렇게 지적한다. '이 세계에서 인간으로 존재한다는 것은 힘든 도전을 어쩔 수 없이 수용해야 하지만 또한 중간에 경이로운 모험들과 마주치게 된다는 것을 의미한다.'[111]

불확정적 공간을 다룬 모포시스의 작품 중에 애석하게도 실현되진 않았지만 가장 위대한 비전이 다공성의 지하세계를 뚫고 올라온 대형 복합단지 계획안에서 드러난다. 로스앤젤레스 아츠파크 공연예술 전시관의 중첩된 틈과 빈 공간들 그리고 허공을 나는 다리와 플랫폼들, 파리 엑스포 건축 유토피아 응모전에 제출한 센 강변의 침식성 언저리, 일본 나라의 컨벤션센터 응모작과 간토의 지바 골프클럽(197쪽 위)에 포함된 반쯤 묻힌 계란형 볼륨과 단층적 설계가 그 예다. 치바 골프클럽의 지형은 부분적으로 지하의 윤곽이 드러나도록 깊이 긁어내고 둥글게 깎았으며, 건물의 통로들은 밖으로 퍼져나간 뒤 땅속으로 들어간다. 구덩이 위로 당혹스러운 건축 형식들이 돌출해 있으며, 겹을 이룬 벽들과 반복적인 구조물은 먼저 수직의 동선에 정교함을 더하고 통로와 건물의 윤곽을 안팎으로 엮은 뒤 공중에 떠 있는 파빌리온에서 끝이 난다.

여기서 우리는 바실리 칸딘스키Wassily Kandinsky가 피카소의 그림에 표현된 왜곡되고 흐트러진 현실을 가리켜 '캔버스 위에 구성적으로 분산된 이 파편들'이라고 묘사했던 것을 떠올리게

　공공 광장과 남동쪽 파사드 전경全景, 샌프란시스코 연방건물(2007), 모포시스 작.

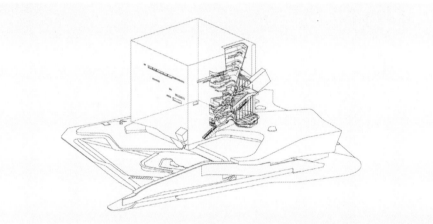

지바 골프클럽 모형(1991), 일본(위).
페럿 자연과학 박물관(2012)의 아트리움 계획안(중앙).
테라스, 다리, 계단 등이 펼쳐지는 파노라마(아래), 댈러스, 모포시스 작.

된다.[112] 바로 이런 식으로 치바 골프클럽을 비롯한 모포시스의 건물들은 당혹스럽지만 탐사를 부추기는 수많은 파편을 풍경 위에 펼쳐놓는다. 어느 길을 선택하든 사람은 실제의 문에 도달하기 훨씬 전에 그 효과를 발견한다. 우리는 그 신비에 이끌려 목적지에 도달할 뿐 아니라 그 길에 놓인 장소들의 다채로움에 능동적으로 참여한다. 이는 결국 건축에서 삶의 도전은 피해선 안되며 가급적 강렬하게 살려야 할 것임을 확인해준다.

## 눈길을 사로잡는 요소

건물에서 우리의 동기를 가장 강하게 끄는 힘 중 하나는 눈앞에서 힐끗 보이는 매혹적인 공간으로, 행동을 유도하는 이 요소는 오래된 일본 사찰의 입구에서 섬세하게 완성된다(위와 199쪽). 짙게 풍화된 잿빛 목재 출입구는 전방의 풍경을 더욱 돋보이게 한다. 다채로운 색을 풍기는 이끼, 사각 프레임을 이루는 대문을 배경으로 힘차게 서 있는 나무들, 절묘한 대나무 울타리나 일련의 디딤돌이 무언가를 암시하는 듯한 부분, 담장이나 울타리를 살짝 굽어보는 지붕 등을 포착하는 프레임 효과가 생기는 것이다. 매혹적인 징후 하나하나가 우리의 주의를 사로잡고 발길을 끌어당기며 다음 굽이에도 뭔가 찾을 게 있음을 말해준다. 이 여정은 우리가 탐지하고 밝혀낼 수 있는 단서들이 끊이지 않아 줄곧 왕성한 탐구욕을 자극하여 결국엔 우리를 정결한 상태로 끌어들인다.

릭 조이Rick Joy의 애리조나 하우스에서도 최면을 거는 듯한 장면으로 호기심을 자극하는 솜씨를 볼 수 있다. 그의 집들은 사막을 신중히 담은 액자 몇 개만 보여준다. 투벅 하우스(200쪽)는 사막의 변두리에 묻혀 있어 전방에서 지평선을 깨고 우리에게 손짓하는 지붕의 윤곽 외에는 모습을 드러내지 않는다. 다음으로 나타나는 발아래 안뜰은 우리를 물과 그늘로 유혹한다. 이 한적한 공간에 도달한 뒤 문으로 갈 때에는 먼 풍경을 틀에 담아 보여주는 창문 하나가 방향을 암시하고,

고토인高桐院의 입구, 다이도쿠지, 교토.

산과 사막이 어우러진 그 놀라운 그림은 전경과 대조되어 강렬하기 이를 데 없지만, 앞에 놓인
벽이 단지 사막과의 얇은 경계임을 암시해주는 탓에 당혹스럽기도 하다. 실내로 들어서는 즉시 그
인상은 새로운 자력에 일소된다. 순백의 인테리어가 거실 너머의 사막풍경을 한층 아름답게 하는
것이다. 이런 종류의 현란한 매력과 놀라움의 혼합은 주택 전체의 다른 형식에서도 다시 나타나는데,
특히 복도 끝에서 사막을 바라보는 장면은 일품이다. 이곳은 우리 스스로 어떤 것을 발견할 기회를
되살려주는데, 마르셀 프루스트의 다음과 같은 말에서도 같은 생각이 메아리친다.
'진정한 발견의 여정은 새로운 풍경을 찾는 것이 아니라 새로운 눈을 갖는 것이다.'
　　새롭게 드러내기 위해 아름다움을 감추고 넌지시 암시하는 솜씨는 핀란드 건축가 유하니
팔라스마Juhani Pallasmaa의 로바니에미 미술관(201쪽)에서 다시 한 번 빛을 발한다. 입구에
설치된 두 쌍의 문에는 좁은 틈새들이 나 있고 유리 테두리 너머로 눈길을 끄는 것들이 있어, 바로
앞에 있는 세계를 알아내려면 그 갈라진 틈들 사이로 앞으로 있을 상황의 징후를 수집해야 한다.
저편에 놓여 있는 세계의 단편들이 비밀을 들춰내고 불가사의를 해결하려는 우리의 욕구를 일깨운다.
분명 누구에게나 열려 있진 않고 우리가 지금 여기에 있지 않으면 밝혀지지도 않을 무언가가 있어 그
안에 담긴 의미를 천천히 감지하고 탐색하게 한다. 현대예술의 영적 즉흥성에 영향을 미친 아프리카
부족의 가면들처럼 이곳의 문들도 특별한 시력을 깨우도록 방문객을 부추긴다. 핀란드 현대미술의

불가해한 작품들을 감상하고 그 내적 진리와 외적 형식을 통찰하는 데 필요한 준비과정인 것이다.

## 방들의 병렬 배치와 멀어지는 경계

매력적인 공간으로 이어지는 문턱들이 늘어서서 차례로 모습을 드러낼 때 탐사욕구는 일련의 연속적인 행위로 확장된다. 각각의 사건이 다음 사건을 암시하는 탓에 우리가 원하는 것을 예상하거나 위험을 피할 수 있게 해준다. 서양 건축에서 이 순차적인 노출은 진입축을 따라 만들어지는 경향이 있다. 예컨대 여러 겹의 경계와 방을 통해 가상의 터널을 만들어내는 병렬배치 구조는 향후에 만날 여러 단계를 깊이 생각하고 준비할 기회를 제공한다.

　병렬로 배치된 구조를 걸을 때 솟구치는 강한 쾌감은 우리가 그곳에서 다수의 행위를 상상하고 예측할 수 있다는 사실에서 나온다. 여러 가능성이 한 줄의 시선에 들어오고 각각의 위치에서 그곳에 담긴 비밀을 충분히 암시해, 우리가 스스로의 의지를 행사할 수 있는 시공간적 범위를 확장한다. 그러나 이 드러남의 기회는 우리가 관심을 기울이고 우리의 마음을 사로잡을 때에야 비로소 진정한 기회가 되는데, 연속된 공간들이 너무 단조롭거나 공허할 때 그곳은 우리를 마비시키는 단순 반복으로 전락하기도 한다.

　이와 대조적으로 고딕 성당에서 반복적으로 나타나는 기둥 사이의 공간들은 빛의 강도와 색상,

스테인드글라스의 감춰진 매력, 그림과 장식이 매우 다양해서 축을 따라 이동하며 숱한 필연적인
계기를 포착할 수 있다. 로마에 있는 프란체스코 보로미니Francesco Borromini의 산지오반니
인 라테라노 대성당 복도에서도 그런 기대감이 솟아오른다. 반복되는 기둥 사이 공간들은 뚜렷이
대비되는 빛의 강도, 바닥에 드리운 그림자의 인상적인 명암 배합, 독특한 형태와 매혹적인 채광을
품은 측면의 예배실들 덕분에 찾을 가치가 있는 공간으로 변신한다. 다음으론 토머스 제퍼슨의
버지니아 대학교의 잔디 광장을 에워싼 열주와 주랑 현관의 환상적인 재즈가 있다. 각각의 리듬은
서로 경연을 벌이고 지형에 따라 올라가거나 내려간 뒤 황홀한 불빛과 우묵한 구석을 지닌 열 개의
별관 입구에 이른다. 바로 여기서 획일적이었던 사이공간이 매력적인 사건의 연속으로 바뀌는데 이는
풍부하게 흐르는 빛의 율동이 자석처럼 우리를 뜻밖의 경험으로 끌어당기는 덕분이다.
　　최근에 병렬배치를 중심으로 건물을 조직하려고 한 작품 중 특히 눈에 띄는 것은 스페인에
소재한 라파엘 모네오Rafael Moneo의 국립 로마예술 박물관(위)으로, 그 형태는 이 박물관이
경의를 표하는 고대 로마의 건축을 환기한다. 여러 겹으로 구성된 전시공간은 수많은 개구부가
교차하는 벽돌벽으로 나뉘는데, 그 중 가장 크고 눈에 띄는 것은 박물관의 중심축을 따라 배치된
거대한 아치형 통로이다. 나란히 늘어선 이 벽면 구조를 응시하며 이동할 때 우리의 눈은 우묵한
공간의 바깥쪽에 노출된 겹겹의 테두리, 그리고 그 테두리가 암시하는 유물들 쪽으로 계속 이끌린다.
심오한 탐색의 분위기가 박물관 전체에 퍼져 있으며, 특히 바닥의 트인 구조는 유물이 아직 땅속에
묻혀 있는 지하세계를 포함해 다른 층들과 미술품의 존재를 알려준다.
　　고조되는 발견의 기쁨으로 우리의 발걸음을 이끄는 또 하나의 길이 일본의 신사에 있다.

이 길은 세속에서 성지로 넘어감을 표시하는 일련의 통과의례의 문들, 즉 도리이鳥居로 활기를 띤다. 인간의 행위라는 관점에서 볼 때, 이 문의 존재가 중요한 것은 드러냄을 암시하고 유인하는 동시에 이를 축복하는 그 방식이며, 여러 개의 문이 길게 늘어서 있는 큰 신사의 경우, 깊이 생각하고 행동의 기초로 삼을 일련의 여정을 보여주는 방식이다. 그 정점에 해당하는 교토의 후시미 이나리타이샤 신사에는 산을 오르는 길에 수천 개의 문이 있다(아래). 반복적으로 끊어지고 꺾어지는 구간들 때문에 축이 산만해질 때에도 점증하는 탐색욕구는 우리의 호기심을 계속 끌어내고 여기서 비롯된 수많은 작은 행위들을 묶어 통일성 있는 여행을 만들어낸다.

건축 이야기를 역사적으로 풀어나가는 광범위한 논의는 대부분 종교 의식과 통과의례에 뿌리를 둔 것이어서 이 책의 범위를 넘어서지만, 이런 삽화 형식의 구조에 현대적 형태를 부여하고 그 방식으로 한나 아렌트의 행위의 선결조건, 즉 '기적 같은 모습'을 하고 나타나는 '놀라운 의외성'을 구현한 공로자로 안도 타다오를 거론하지 않을 수 없다. 안도의 공간 배열은 폭넓은 기회뿐 아니라 실수의 여지도 담고 있다. 그가 만든 경로는 경솔하게 따라갈 수 없고 때로는 위험하거나 혼란스럽지만, 늘 흥미롭고 매혹적인 탓에 그 결과는 성공적이다. 게다가 그 여행에는 내밀한 경탄의 요소와 더불어 외형은 단순하지만 심리적으로 복잡한 것들이 감춰져 있어 여행자에게 자신의 행동으로 비밀을 발견하고 드러낼 권한을 부여한다.

후시미 이나리타이샤 신사, 교토.

롯코 산의 예배당으로 가는 길(위)은 순차적인 드러냄을 능숙한 솜씨로 표현해낸다. 성소에 이르는 우회로는 갈수록 풀리지 않는 비밀들을 간직하고 있다. 처음에는 하나의 경사로가 높이 날아오른 뒤 180도 방향을 틀어 원형의 보도에 안착한다. 두 기하학적 구조 사이에는 작은 틈이 있어 보도의 바닥과 유리 터널을 구분 짓는다. 조심스러운 걸음으로 차분한 빛의 영역에 들어선 사람은 최면을 거는 듯한 한 폭의 풍경을 향해 나아간다. 이 평화로운 구간이 끝날 즈음에 우묵한 공간이 오른쪽에 나타나는데, 대단히 어둡고 대수롭지 않게 보이는 탓에 쉽게 지나칠 수 있고 길을 잘못 든 게 아닌가 하는 의심마저 불러일으킨다. 여정의 결정적 순간에 마주하게 되는 이 도발적인 전략은 의식적인 탐색을 일깨우고, 발견의 기쁨과 그에 따른 결론 내리기를 늦추도록 한다. 주의 깊은 방문객은 예배당의 위치를 대략 기억해 은색의 빛을 따라 어둠 속으로 뛰어든다. 그 빛을 따라 다시 한 번 오른쪽으로 틀면 환한 성소가 나타난다. 그러나 북유럽의 많은 교회에서처럼 모험은 여기서 끝나지 않는다. 실내의 한쪽이 트여 있고 그 자리에 유리벽이 있어 비밀스러운 정원이 내다보이기 때문이다. 경사진 정원은 빛이 가득한 이 예배당이 의외로 땅속에 잠겨 있음을 말해준다.

아와지 섬의 물의 사원(本福寺, 205쪽)은 안도의 건축 중 가장 난해하면서 도취성이 높은 작품으로, 당혹스러운 장애물과 뜻밖의 이야기가 곳곳에 숨겨져 있다. 고찰 옆의 언덕길을 오르다 보면 긴 콘크리트 평면에 문처럼 뚫린 구멍을 만나고 그곳을 통과하면 휘어진 벽이 나온다. 벽을 따라

　롯코 산 예배당(1986)을 향해 에둘러 오르는 방문로, 안도 타다오 작.

난 좁은 길 옆에는 눈이 부실 정도로 새하얀 자갈밭이 펼쳐져 있고, 벽이 끝나는 곳에서 길은 180도 방향을 튼 뒤 풍경 위에 떠 있는 듯한 연못으로 이어진다. 방문객은 본능에 따라 연못 한 가운데 나 있는 불가사의한 통로를 지난 뒤 숨겨진 계단을 통해 연못 아래 막다른 골목처럼 보이는 곳까지 내려간다. 호기심에 이끌려 계속 전진하다 보면 계단 끝에서 마주 보는 두 개의 입구를 발견하고, 그중 왼쪽에 있는 입구가 더 매혹적이면서도 더 아리송하고 위험하다는 것을 감지한다. 깊은 어둠 속에서 불그스레 빛나는 빛과 쉴 자리에 대한 갈망 때문에 방문객은 오른쪽으로 방향을 트는 대신 왼쪽 길로 빨려 들어가지만, 칠흑 같이 어두운 복도는 휘어져 있어 끝이 보이질 않는다. 손으로 더듬어 찾아간 뒤에야 법당 입구에 도달한다. 숭고한 붉은빛으로 흠뻑 적셔진 원형 공간과 목재 격자를 마주하는 순간 부활을 연상시키는 그 형태와 빛깔은 우리의 방문을 희열로 마무리한다. 여기서 우리가 발견하는 것은 단지 공간이 아니라 우리 자신 그리고 인간의 조건과 깊이 관련된 어떤 것이다.

법당에 도착한 순간, 물의 사원(1991), 일본, 안도 타다오 작.

다리, 주랑 현관, 과학자의 연구동 등에서 보이는 다공성 구조. 솔크 연구소(1965),
캘리포니아, 루이스 I. 칸 작.

# 5

# 행동을 부추기는 장

건축이 제공하는 기회가 우리 주변에 많아질수록 우리는 무한한 자유의 여지를
누린다. 우리를 둘러싼 구조는 민첩성과 변형, 융통성과 발견의 기회가 풍부한
행동의 장이 된다. 이런 가능성은 자연의 풍경과 대도시에도 분명 존재하지만
다공성의 볼륨과 일련의 공동부가 펼쳐지는 건물에도 나타난다.

이 스폰지 같고 활달한 건축 형식은 사람이 스스로 탐지하고 결정할 수 있는
행동 경로를 끝없이 생성한다. 이런 건물은 공간의 연속성뿐 아니라 시야에
포착되는 폭넓은 기회 때문에 '열린 작품, 열린 형식'이 되고, 우리가 직접
선택하고 좌우할 수 있는 '열린 미래'를 무수히 제공하기도 한다.

기회가 흘러넘치는 건물, 즉 우리를 유혹하는 것들이 시야 가득, 위아래, 좌우, 앞뒤로 펴져 있고 새로운 기회가 계속 나타나는 공간에는 독특한 종류의 열린 구조가 있다. 그 가능성은 앞에서 논의한 네 종류의 기본적인 공간 기능에서 유래할 수 있지만, 다섯 번째는 행위를 최대한 펼치도록 장려한다는 점에서 그 범위와 풍부함이 각별하다.

이러한 기회를 넓고 깊게 제공하는 건물은 우리의 눈이 거기에 제시된 미래를 꿰뚫어볼 수 있을 만큼 투명하다는 점에서 본질상 다공성을 띤다. 하지만 그곳은 또한 어떤 매혹적인 내용물을 담을 만큼 불투명해서, 사적이긴 하지만 탐험하고 밝혀낼 수 있는 것들이 감춰져 있음을 시사한다. 마지막이자 가장 긴요한 조건으로, 그곳은 특별하고 강력한 장소들의 배열 상태를 보여준다. 우리의 능력을 발휘할 가치가 있는 선택지로서 우리의 관심을 사로잡는 장소 말이다. 단 하나의 지침 또는 어쩔 수 없이 받아들여야 하는 몇 개의 선택지가 아니라 우리의 마음을 끄는 선택지들이 차고 넘쳐서 우리에게 인간적 욕구를 충족할 기회를 제공하는 것이다.

인간의 행위에 이렇게 열려 있는 구조는 어떤 방향에서 바라보든 거의 언제나 우리의 시선을 사로잡고 유혹할 것이다. 우리는 투과성이 있는 볼륨 속으로 들어가거나 통과할 수 있는 다양한 경로를 식별할 수 있을 것이다. 눈을 사로잡는 요소들이 기대감을 자극하면서 우리의 관심과 참여를 얻기 위해 경쟁한다. 이 유혹적인 요소들 앞에서 우리는 여러 행위를 고려해서 가능성 중 하나를 선택하고 실현할 욕구를 느낀다. 프랑스 생물학자 프랑수아 자코브François Jacob는 『가능한 것과 현실적인 것The Possible and the Actual』에서, 그런 유혹적인 요소는 '살아있는 생물의 가장 근원적이고 일반적인 기능 중 하나'인 '앞을 보고 미래를 생산하는' 능력을 자극한다고 말했다. '미래를 향해 한 걸음 더 나아감을 의미하지 않는 움직임이나 자세는 단 한 가지도 없다'는 것이다. 활용 가능한 미래가 넓게 펼쳐져 있는 곳에서는 행동을 할 때마다 '우리는 앞으로 일어날 일에 참여한다.'[113]

우리가 흔히 건물에서 마주치는 닫힌 형식들, 예컨대 굳게 닫힌 정면, 밀폐된 공간, 단조로운 터널, 고립된 방도 부분적으로는 우리에게 열려 있다. 불통의 정면은 우묵한 공간에서 다문 입을 잠시 열고, 단단한 덩어리에는 내부에서 볼륨을 잠식하는 공간이 뚫려 있어 우리의 눈에 들쭉날쭉한 실루엣과 우묵하게 빈 형태를 보여준다. 투과성은 내부로 스며들어 보통 닫혀 있는 방과 복도, 벽과 천장, 바닥과 계단 구조의 세포벽을 깨뜨린다. 마치 건축의 외피가 밀폐된 경계에서 돌연 끝나지 않고 그 가장자리에 해체된 부분과 깃털이 생긴 것처럼 볼륨들이 상호침투를 허락한다. 그러나 이 가능성들 역시 그 수에 상관없이 특성이 없거나 무덤덤하다면 우리의 관심을 끌지 못한다. 모든 가능성은 각기 우리의 추적 의지를 자극하는 강하고 매력적인 성격을 지녀야 한다. 그럴 때 우리는 그 건물이 유용하거나 화려하다고 해도 더 이상 중립적인 물체로 보는 것이 아니라 우리가 그 형식 속에 스며들어가 많은 가능성에 접근할 수 있고 가장 내밀한 매력을 탐험할 수 있는 상호주관적인 복합물을 보게 된다.

이 같은 구조를 가리키는 일반적인 이름은 없지만, 다양한 부분이 이웃한 구역으로 얼마간 흘러들거나 스며들고, 엎질러지거나 흘러넘치는 '공간의 장'이라고 할 수 있다. 이곳에서는 인접한 구역들이 서로를 밀어내는 대신 자유롭게 뒤섞인다. 결국 이 구조의 가장 중요한 속성은 형태나 공간이 아니라 에너지의 문제, 즉 강한 전류가 흐르는 행동의 광장을 우리에게 제공한다는 것이다.

이 광장은 풍부함이 가득한 열린 미래로서 우리가 그 공간 속으로 스며들어 자유의지를 마음껏 행사할 수 있는 곳이다.

이 행동의 장에 담긴 인간의 잠재력을 최초로 언급한 시인들은 전통 시의 짜여진 구조와 고정된 강세를 극복하여 독자를 더 활발한 창의력의 주체로 세우는 일에 전념했다. 1948년에 워싱턴 대학의 강연에서 윌리엄 칼로스 윌리엄스는 자신의 시는 '행동의 장'을 구성하려는 노력이라고 묘사한 뒤, 독자에게 활동성을 주고 수동적 태도나 습관으로 되돌아가지 않도록 장려하기 위해 의도적으로 단어의 배열과 간격두기의 방식을 구상했다고 설명했다.[114] 과거의 시가 보여준 딱딱하고 뻔한 흐름을 깨고 독자에게 부과된 이야기의 연속성을 포기하는 과정에서 윌리엄스는 비슷한 생각을 가진 시인 T. S. 엘리엇Eliot, 에즈라 파운드Ezra Pound, 힐다 둘리틀Hilda Doolittle, 찰스 올슨과 같은 맥락에서 비연속적이고 공간적 긴장이 흐르는 말의 단위를 창조했다. 그는 독자가 통제권을 갖고 지면 위를 이동하며 몇 개의 다른 시점에서 단어를 파악하도록 자극할 때 '시는 인간에게 권한을 되돌려준다'고 썼다.

장field의 개념에는 특이한 구조 못지않게 중요한 요인이 하나 더 있다. 행동의 장은 많은 사람이 변화의 행위를 할 가능성이 풍부한 세계이자 거꾸로 월리스 스티븐스가 '수백 개의 눈이 한마음으로 동시에 본다'고 묘사한 세계인 것이다.[115] 그러나 이 다성 음악 같은 측면을 특히 설득력 있게 설명한 사람은 윌리엄스였다. 그는 「행동의 장으로서의 시」에서 이렇게 말한다. 물론 '우리는 이질적이고, 서로 안 어울리고, 숨 막힐 정도로 복잡하고, 모든 종류의 것을 포괄하는 풍부함을 추구한다. 단지 작은 새 한 마리를 더 잘 관찰하기 위해 총을 쏘았던 오듀본Audubon(미국의 조류학자 · 화가)처럼… 그러나 그 순간에 우리는 더 관대해져야 한다.… 우리는 보석은 아니지만 스스로 찾아낸 그 파편들을 포함하여 큰 덩어리 또는 집성체를 쌓아 나가야 한다.… 우리는 자신의 기회를 본 뒤 남들도 찾아 이용할 수 있는 저장물을 늘려야 하고 우리는 거기에서 자부심을 느껴야 한다. 우리는 그것을 만드는 일에 자부심과 겸손함, 전율을 느껴야 한다.'[116]

## 스며들 수 있는 세계의 회화적 이미지

행동의 장을 상상할 때 먼저 그림에 나타난 허구적 공간 속으로 눈길을 돌려보는 것도 도움이 될 수 있다. 그림 속의 이미지들이 우리에게 해당 장면을 뚫고 들어오라고 부추기기 때문이다. 예를 들어 북유럽 르네상스 풍경화의 큰 매력은 구멍이 많은 복잡한 지형과 건물들 속에 아리송한 특징과 신비함이 풍부히 들어있어 우리를 시각의 모험으로 끌어들이는 방식에서 나온다. 그런 그림에는 다층의 공간이 끝없이 중첩되고 뒤로 물러나면서 다음 층에 흡수되는 특징이 있다. 대조적이면서도 서로 맞물려 돌아가는 이 사건의 파노라마에 참여하는 데 있어 중요한 것은, 그것이 어떤 정해진 순서로 예정된 것이 아니라 우리가 매 순간 바라는 순서에 따라 시각적으로 탐색할 수 있다는 점이다.

한스 멤링Hans Memling의 작품에 담겨 있는 공간의 끝없는 놀라움과 압도적인 다양성에 우리의 눈이 접근할 수 있는 것은, 층층이 쌓여 인접한 층들에서 비어져나오는 다공성의 볼륨들 덕분이다. 〈그리스도의 수난〉(210쪽) 같은 그림의 건물들에는 껍질이 벗겨지거나 지나치게 큰 창문과 아케이드 때문에 휑해 보이는 정면들이 있다. 내용물이 더 잘 드러나 보이도록 기울어진 바닥과 빙빙 도는 테라스는 층을 이루며 전경前景으로 내려가고, 지나치게 낮은 담들이 발코니와 누벽을 두르고

있다. 그 결과 호기심에 찬 시선은 성경에 나오는 매혹적인 장면을 무수히 캐낼 수 있다.

이와 비슷하게 히에로니무스 보스Hieronymus Bosch의 계시적인 작품 〈세속적인 쾌락의 동산〉(1503~15)에 묘사된 공기가 통하는 땅과 공상적인 볼륨 역시 매혹적인 사건, 유혹과 공포의 최면이 가득한 천국과 지옥으로 캔버스를 채우고 있다. 땅은 사람들이 지옥으로 빠지고 떨어지는 흙으로 된 스펀지인 반면에 지상은 가볍고 투명한 구조로 이루어진 영역이다. 나체의 인물들이 살고 있는 이 매혹적이면서도 당혹스러운 파노라마에는 비밀과 경이로움이 가득해서 그림을 볼 때마다 다른 시나리오를 보여주며 영원한 매력을 발산한다.

피터 브뢰겔Pieter Bruegel(아버지)이 그린 농촌의 그림들은 덜 기이하지만 복잡한 풍경 위에 다수의 장면이 펼쳐져 있어 탐사를 기다리는 미결정의 공간이 그에 못지않게 풍부하다. 〈네덜란드 속담〉(1559)에서 지상의 풍경과 어우러진 마을의 볼륨들은 창과 문, 현관과 아케이드, 기둥과 벽, 발코니와 테라스, 삐죽삐죽한 지붕과 탑으로 가득하다. 그림을 가득 채운 수많은 열린 방은 경계가 확실하면서도 다른 공간으로 흐르고, 수십 명의 주민은 탁 트인 곳에서, 모퉁이 근처에서, 언덕 너머에서 소란스럽게 갖가지 활동(농업, 사냥, 춤, 게임, 축제)을 동시에 하고 있다. 탁 트인 곳이든 모퉁이 근처든 언덕 너머든 그들의 활동 공간은 감추는 듯 드러나는 세계다. 〈눈 속의 사냥꾼〉(1565)에서 브뢰겔은 높은 지평선과 굽어보는 관점을 이용해 우리의 참여 범위를 확장하고, 그로 인해 그림 앞에 선 사람은 목적이나 의도를 잊고 자신을 캔버스에 몰입시킨 뒤 어슬렁거리며 그림의 특징을 하나하나 밝혀낼 수 있다.

북유럽 르네상스 회화가 보여주는 매혹적이고 영화 같은 오버레이(겹침) 방식은 '압축'에서 유래한다. 로버트 하비슨Robert Harbison은 『별난 공간』에서 이렇게 말한다. '(압축은) 작은 세계들, 심지어 세계 속의 세계들을 낳고,' 가장 훌륭한 경우에는 '디테일이 전체를 삼켜 완전한

〈그리스도의 수난〉(1470), 사바우다 갤러리, 토리노, 한스 멤링 작.

이미지를 보여준다… 그 앞에서 우리는 무작위로 선택한 어느 구석에 완전히 몰입한다.'[117] 그러나 브뢰겔의 경우 종종 익살스러운 주제로 표현된 이 혼잡하고 주마등 같은 형식을 증폭하는 것이 하나 더 있다. 지상과 지하뿐 아니라 전경과 중앙, 먼 배경에서 공간의 후퇴가 다양하게 반복적으로 나타난다는 것이다. 이 요소가 우리의 시선을 끌어당기는데, 이 방식은 의미 있는 공간에서 자신이 선택한 길을 탐색하고 추적할 때 상상력이 깨어나고 권한을 얻어 자유롭게 활동하게 되는 것과 같다.

## 건설과 해체의 이행기

건설 중이거나 해체되는 구조물에서, 우리는 좀 더 확실하게 건축에서 나타나는 '행동의 장'이란 징후를 발견할 수 있다. 이때 내부의 벽은 물론이고 실루엣과 외피도 불완전해서 관찰자의 눈은 평상시라면 서로에게 닫혀 있어 그 가능성들이 시야에 잡히지 않았을 감춰진 구성 요소와 공간을 해부할 수 있다.

　　건물의 시공 단계는 덧없이 지나가지만, 이 미완성의 시기는 대개 집중적인 탐사 욕망을 유발하고 상상력으로 충만한 행동으로 우리를 매혹한다. 지지물이 없는 벽에는 아직 지붕이 덮이지 않았고, 바닥은 일부만 깔려 있고, 골조가 불완전하게 싸여 있거나 채워져 있는 건설 현장은 구멍이 많은 세계를 보여준다. 준공 시점이 다가와 구조물이 서서히 지퍼를 닫으면 암시된 기회와 자유의 폭은 그만큼 축소된다. 무언가가 전개되는 이 발생의 단계가 브뢰겔의 작품 〈바벨탑〉(아래)의 주요한 매력이다. 이 지구라트 신전에는 불완전한 수직의 도시를 오르고 드나들고 통과할 수 있는 즉석의

〈바벨탑〉(1563), 빈 미술사 박물관, 피터 브뢰겔 작.

길과 공간적 구성요소들이 백과사전처럼 다양하다. 묘사된 건축의 다양성 그리고 인간이 지상에서 벌이는 사업의 헛됨은 그렇다 쳐도 우리는 거대한 벌집 구조가 절반쯤 노출되어 이곳저곳을 드러내고 있는 이미지를 지나치기 어렵다. 수많은 아치, 둥근 천장, 미완성의 공동은 건물의 정면을 통과하거나 그 안으로 진입해 점점 줄어드는 방으로 들어갈 수 있는 통로를 열어주며 겹겹이 쌓인 다공성 공간을 노출해준다. 발생단계에 있는 볼륨들이 높고 깊게 쌓여 있는 가운데, 완성된 부분은 상당히 닫혀 있어 우리가 출발한 지점이 미완성의 부분이라는 사실을 더욱 강하게 암시한다.

　　건축가가 설계단계의 건물을 그림이나 모형으로 묘사할 때에는 대개 외피나 지붕, 내부 벽이나 바닥의 일부를 잘라내고 닫혀 있는 부분의 해부 구조를 드러내 자신이나 의뢰인이, 완성된 작업에선 볼 수 없는 측면을 파악하게 하려는 실용적 목적이 깔려 있다. 하지만 동시에 허구적이고 때론 터무니없는 행동의 장을 묘사해 꿈에도 생각할 수 없는 구조를 넌지시 암시하기도 한다. 단면 투시도와 3축 투영도를 보면 이렇게 부서진 형식으로 건물의 형태를 보여주는 방식이 생각난다. 건축의 개념이나 구성방식을 설명하는 것 외에도 이런 프레젠테이션 방식은 우리의 시선이 가상의 구조를 뚫고 가장 안쪽까지 걸어 들어가, 최종 완성품에서는 불가능하진 않아도 심하게 축소될 값진 모험을 가능하게 한다.

　　건축이 제공하는 행동의 장에 대한 최면성 있는 묘사는 존 손 경의 작업을 수채화로 해석한 조지프 갠디Joseph Gandy의 그림에서 볼 수 있다. 입단면도가 건물의 외피를 벗겨내 다양한 볼륨과 층위에서 가상의 접근을 허락한다. 우리는 공간을 한 눈에 살펴보고 숙고한 뒤 안으로 들어가 위아래 인접한 구역들을 바라보며 이동할 수 있다. 갠디의 환상적인 세계에서 가장 놀라운 것은 잉글랜드 은행의 단면 투시도다. 정면과 내벽 그리고 지붕의 대부분이 벗겨져 있어 복도와 안뜰이 미로처럼 맞물려 있는 모습이 적나라하게 드러난다. 심지어 벽과 기둥도 세월에 시달린 것처럼 다른 높이로 부서져 있고, 바닥에 흩어져 있는 주춧돌과 둥근 천장이 사라진 텅 빈 아치들까지 더하여 건물은 폐허처럼 보인다. 그 앞에서 우리는 불규칙하게 깨진 구조를 누비고 다니며 갈라진 틈과 은밀한 구석을 들여다보고 싶은 충동에 사로잡힌다. 그 모든 요소가 다양한 무작위의 관계를 맺고 있어 우리의 시선이 입체파 그림이나 추상화 속을 배회하도록 자극하는 것과 같은 효과를 발휘한다.

　　고대의 폐허 그림도 이런 욕구를 불러일으킨다. 고대 로마의 유적을 묘사한 피라네시Piranesi 의 동판화(213쪽)와 나폴레옹의 원정이 낳은 결실이자 그의 과학자들이 〈이집트 묘지〉라는 제목으로 출판한 이집트 신전들의 판화가 대표적이다. 유명한 〈로마의 경관〉 시리즈에서 피라네시는 다공성 대지 위에 퍼져 무수한 탐험로와 뒤얽혀 있는 침식된 형상의 세계를 묘사했다. 광대한 폐허 지대에는 사라진 부분도 있고, 어떤 곳은 흙속에 반쯤 묻혀 있거나 갈라진 결 사이에 뿌리를 내린 초목에 가려 있다. 불완전한 잔해는 물론이고 땅속에 일부를 감추고 있는 것이 시선을 자극한다. 없음을 통해 있음을 강조하면서 우리가 발굴하여 드러낼 수도 있을 것 같은 느낌을 불러일으키는 장면이 그림 곳곳에 있다.

　　실제의 폐허에 흩어져 있는 아름다움의 파편을 접하면 이처럼 호기심을 자극하는 이미지들이 현실로 바뀌었음을 알게 된다. 지구에서 거대한 폐허보다 더 풍부하게 인간의 행동을 부추기고 사색에 보상을 해주는 곳은 없을 것이다. 카르나크 신전과 파에스툼 신전(214쪽 위 왼쪽), 로마의 포룸, 영국의 틴턴 대수도원과 리보 수도원, 프랑스의 쥐미에주(214쪽 위 오른쪽)과 레보(214쪽

아래), 뉴멕시코의 차코 케니언, 페루의 마추피추, 캄보디아의 앙코르와트를 생각해보라. 한때
하나의 전체를 이루며 닫혀 있었던 그 구조물은 세월이나 폭력에 변형되어 부서지고 절반이
노출되었다. 부서진 것들은 당혹과 불안을 일으키지만 또한 매혹과 경탄을 자아낸다. 그것은 예기치
않은 형식과 개구부들이 해석을 장려하고, 기대감에 젖어 수많은 은신처와 공간의 비밀을 찾아 나설
수 있는 길들을 드러내기 때문이다. 게다가 원래의 질서와 기능이 약화되어 있는 탓에 우리는 외부의
지침이나 논리적 절차에 구애받지 않고 자유롭게 행동할 수 있고, 시작이나 끝에 얽매이지 않고 어떤
순서로든 행동할 수 있다.

　　폐허는 여러 면에서 행동의 장을 가늠하는 시금석이다. 폐허가 주는 끝이 없어 보이는
자연발생적 기회에는 완성된 아름다움과 실용의 목적이 동시에 결여되어 있기 때문이다. **절대적인
것은 모두 사라지고 순수한 행동의 영역이 그 자리를 대신한다.** 우리는 돌아다니면서 살펴볼 수
있는 장소, 잠시 앉아 쉬어갈 턱, 들어갔다 나올 수 있는 틈새를 수십 개 정도는 볼 수 있고, 폐허의
회화적 이미지, 낭만적 호소력, 또는 고고학적 가치와 관련된 조작 가능성에서 완전히 벗어난 순수한
행동만을 고려할 수 있다. 부서진 벽을 조사하다 상상치 못했던 평면과 개구부를 발견할 때, 우리의

(위 왼쪽부터 시계 방향으로) 그리스 신전의 열주, 파에스툼, 이탈리아.
쥐미에주 대수도원 교회당의 폐허, 프랑스.
레보의 다공성 지하세계, 프랑스.

눈은 콜라주를 볼 때와 비슷한 복시를 경험한다. 하지만 이 콜라주는 이제 우리의 신체로 돌아가 자유롭게 누비고 탐험할 수 있는 3차원의 격자가 된다. 고개를 돌리거나, 앞이나 뒤를 힐끗 보거나, 전진하거나 후진해 관점을 달리할 때마다 거기에 숨은 안쪽 공간이 드러난다.

## 과학과 예술에서의 힘의 장

인간과 상호 작용하는 행동의 장은 건축을 고정된 물체로 보는 개념과 정확히 대립한다. 고정된 볼륨은 일정하고 안정적이며 닫혀 있고 접근이 불가능해 그 주변에 있는 것들과 우리에게 둔감하다. 이런 '비활성inert'(라틴어 어원인 iners는 '활동하지 않는,' 또는 '숙달되지 않은'을 뜻한다)의 장과는 대조적으로 행동의 장은 에너지와 매력이 충만한 호혜적 요소들의 결집체다. 이런 구조물에서 우리의 경험은 독립된 물체가 아니라 눈에 보이진 않지만 실제로 활성을 불러일으키는 물체들 사이의 공간에 집중된다.

건축을 '영향력의 장'으로 보는 견해는 1800년대 말에 출현한 물리적 실체에 대한 개념과 유사하다. 그 시작은 세계를 전자기장으로 본 과학자 마이클 패러데이Michael Faraday의 개념이었다. 1861년에 제임스 클러크 맥스웰James Clerk Maxwell은 '장' 개념을 도입해 공간 속에서 활성화 된 힘-에너지가 미치는 구역들로 공간을 채우는 다양한 응력과 긴장, 인력과 척력, 압력과 변위를 뜻함-의 존재를 표현했다. 맥스월의 장 이론은 '실재(實在)는 거리를 두고 운동하는 개별 입자'라는 뉴턴의 정적인 견해에 도전했으며, 대신 힘은 중간의 매개에 가로막히지 않고 그 너머로 흘러 뻗어나간다는 것을 보여주었다. 공간은 이제 텅 빈 비활성의 허공이 아니라 보이지 않는 전기와 자기의 힘이 고동치는 영역이며, 그 힘은 항상 미시적인 것에서 우주적인 것에 이르기까지 모든 척도에서 발생하지만 육안으로는 보이지 않고 간접적으로 또는 에너지의 파장을 통해 기록할 때에만 제대로 드러난다.

알베르트 아인슈타인Albert Einstein은 1905년에 특수상대성 이론을 발표해 세계는 절대적이고 측정 가능하다는 뉴턴 물리학의 믿음에 재차 균열을 냈다. 물질과 공간은 본래 상대적이고 관찰자와 그의 관점에 따라 변한다는 것을 입증한 것이다. 뿐만 아니라 길이, 질량, 시간의 공인된 치수도 사람의 준거틀에 따라 변한다. 물리적 실재는 개인의 속도 및 위치와 함께 변하고 관찰하는 눈과 무관하지 않으므로 본질상 확정할 수가 없다. 이 상대주의적 견해가 예술에서 더 구체적인 형태로 출현하지 않았다면 과학의 영역에 갇혀 있었을 것인데 예술을 통해 더 많은 사람이 이 생각을 더 쉽게 이해하고 직접적으로 경험하게 되었다. 19세기 말경에 빈센트 반 고흐Vincent van Gogh는 이미 격렬한 에너지가 물리적 존재를 삼켜버린 현실을 그리고 있었다. 〈사이프러스와 별이 있는 길〉 (216쪽)에선 물질적인 것들이 그 주위의 떨림보다 덜 중요하다. 색을 입은 빛의 파동과 토막들이 대기뿐 아니라 고체의 기공들 안팎에서 회오리치고 공명한다. 고흐의 공간은 만질 수 있는 어떤 것으로 가득 차 있고 강렬한 활성 에너지가 단단한 물체들을 관통하며 흐른다.

다른 시각 매체와 더불어 20세기에 무르익은 추상 회화도 우리의 상상에 새로 진입한 이 마법의 장과 그 속에 감춰진 본능적이고 근원적인 매력을 다중 투시와 확장된 시각으로 탐험했다. 파울 클레는 이 새로운 세계관을 이렇게 묘사했다. '고대의 항해자는 자신의 배를 타고 맘껏 즐기며 편안한 안식처를 찾는다. 고대의 예술은 그렇게 주제를 표현했다. 지금은 다르다. 현대인은 증기선의 갑판

위를 걸어 다닌다. 따라서 1)자신의 움직임, 2)그와 반대 방향일 수 있는 배의 움직임, 3)조류의 방향과 속도, 4)지구의 자전, 5)지구의 궤도, 6)항성과 그 위성들의 궤도… 그 결과 우주의 모든 운동이 증기선을 탄 사람에게 집중된다.'[118]

　　이와 유사하게 클레의 그림을 보는 사람은 사전에 결정된 대상이나 외양에 충실한 형태를 수동적인 시선으로 보고 감탄하는 것이 아니라 그림 속으로 뛰어들어 관람자의 상상력과 상호 작용하는 신비한 붓놀림과 어렴풋한 형체들을 만나고 그 주변을 거닐도록 요청받는다. 그 형체는 물리적 형식이 아니며 주로 마음의 눈으로 포착된다. 그림의 진실은 창의력을 발휘하지 않으면 알아보거나 해석할 수 없기 때문에 눈속임 그림이 흉내 낼 수 없는 높은 수준의 참여와 능력을 이끌어낸다. 클레(217쪽)와 세잔, 브라크와 피카소의 입체파 그림, 그 뒤를 이은 다양한 추상화의 모자이크 같은 화폭에서 발생한 것은 세계를 보는 방식의 근본적 변화였다. 이제 화가들은 한 대상을 동시에 여러 관점으로 표현해 병치하고, 서서히 전개되는 시간의 차원을 그림에 도입한다. 사물을 깎아 작은 면들을 만들고 부분적으로 투명한 평면을 맞물리게 해 서로 흘러드는 리드미컬한 구조들을 구성한다. 그곳엔 눈길이 직접 닿는 곳 너머의 세계를 탐험할 수 있는 힌트가 풍부하다. 회화는

〈사이프러스와 별이 있는 길〉(1890), 크뢸러뮐러 미술관, 오테를로, 빈센트 반 고흐 작.

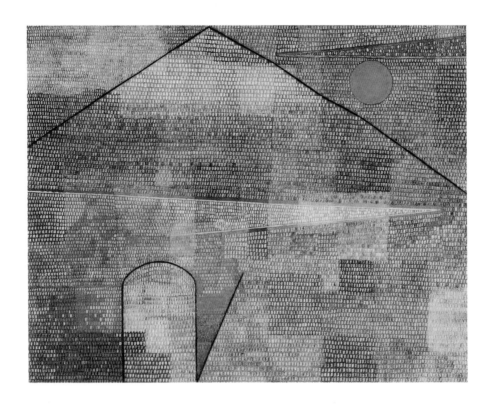

망막을 뛰어넘는 것, 우리를 초대하고 매혹하고 때론 어지럽히고 걱정시키지만 언제나 순간적인 형식을 통해 창조적 참여를 요구하는 것이 되었다. 호기심 어린 눈은 들로네Delaunay나 폴락 Pollack, 로스코Rothko나 토비Tobey, 드쿠닝De Kooning이나 타피에스Tàpies의 그림을 멀리서 차갑게 바라볼 수가 없다. 캔버스에 가득 퍼져 있는 무한히 당혹스러운 세계, 우리를 사로잡고 창의적 시각의 주체로서 우리를 통합하는 그 세계는 더 자세히 들여다보고 탐험하도록 눈을 자극한다.

## 열린 형식의 도시

건축의 장 중 가장 크지만 가장 소박하기도 한 것은 안팎으로 인간의 행동에 열려 있는 토속 마을이다. 프랑스 콩크와 고르드의 절벽 마을, 안달루시아 카사레스(218쪽)와 올베라의 마을, 이탈리아 리오마조레와 마나롤라의 바닷가 언덕마을, 그리스 산토리니와 미코노스의 섬마을, 알제리 가르다이아와 베니 이스구엔의 사하라 도시들, 콜로라도 주 메사 버드의 벼랑 마을이 대표적이다. 이 다공성 도시들의 벽과 지붕은 계속 휘어지고 비틀리며 감춰진 공간의 징후를 드러내고, 안쪽으로 물러나는 동시에 전경으로 흘러나와 탐험할 공간이 풍부한 실루엣을 만들어낸다. 부서진 암석층 (219쪽)을 들여다볼 때처럼 무한히 다른 각도의 계단식 단면과 수천 개의 사건이 눈을 사로잡고, 그 속을 깊이 들여다보고 탐색하도록 우리를 유혹한다. 그 구조는 기본적으로 동일한 색조의 명암 차이를 통해 가파르게 부서진 풍경을 표현한 세잔의 생빅투아르 산의 그림과도 유사하다. 그러나 도시의 고형물들에는 특별히 활기를 불러일으키는 것이 있다. 바로 절반쯤 감춰진 공간의 갈라진

〈파르나소스를 향하여〉(1932), 베른 미술관, 파울 클레 작.

계단식 주택과 길들, 카사레스, 스페인.

틈과 균열로. 이 발견과 추적의 길은 우리가 기대를 품고 도달할 수 있는 미래를 암시한다.

멀리서 볼 때 언덕마을의 실루엣은 반듯하게 깎인 집들과 치솟은 망루, 누벽과 포탑을 곤두세운 채 우리를 손짓하며 부른다. 이 마을들의 최면과도 같은 매력은 또한 가파른 지형 때문에 볼륨과 빈 공간들의 패턴이 계속 비스듬한 시각으로 기울고 때론 거의 조감도의 시점을 보여줌으로써 그 매력들을 찾고 숙고하는 우리의 능력을 확대시켜준다는 사실에서도 나온다. 이 강화된 지각은 멤링과 브뢰겔의 그림에 적용된 시점視點들과 비슷하다. 중간 지점을 낮추고 배경을 올려, 자칫하면 닫혀 있었을 세계를 풀고 시각의 접근성을 강화해주기 때문이다. 토속 마을의 비좁은 거리에 서면 이 지각의 범위는 크게 줄어들거나 거의 사라지는 반면, 좁은 길이 광장에 이르러 넓어지거나 마을의 등고선과 수직을 이루어 폭포처럼 흐르는 구역을 시원스레 보여줄 때에는 다시 확장되어, 다가갈수록 멀어지는 풍경을 음미하게 해준다(220쪽).

이는 언덕마을을 설계한 사람들이 의도적으로 열린 도시의 형식을 구축했다는 뜻이 아니다. 그들의 일차적 관심사는 방어와 기후조건이었으며, 마을의 랜드마크를 제외하고 언덕마을은 대부분 단일한 계획안보다는 수많은 손길과 상황이 오랜 세월에 걸쳐 구축한 건물 유형이 너그럽게 받아들여진 결과다. 그럼에도 오늘날까지 존재하는 가장 매혹적인 다공성의 언덕마을들은 잠재적 행동의 가능성이 거주자에게나 방문자에게나 거의 똑같이 열려 있는 놀라운 행동의 장을 제공한다.

비록 현대의 도시 계획에선 드물지만 지형학적 특징이 풍부한 도시지형은 샌프란시스코, 프라하, 로마와 같은 도시들의 매력포인트로서, 이 도시들은 지형학이 준 선물을 무시하거나 쓸어버리지 않았다. 경사진 경관이 수많은 가능성을 우리의 시야 쪽으로 기울여 은밀한 건축적 선택들을 더 많이 탐지할 수 있고, 보는 것만으로도 그 안에 퍼져 있는 길들을 걷고 싶은 마음이 반사적으로 샘솟는다.

220 불시에 나타나는 기회의 계단, 우르비노, 이탈리아.

이와 유사하게 뉴욕, 런던, 부다페스트 같은 대도시를 가르는 구불구불한 강이나 베네치아와 암스테르담의 인공 수로 역시 기회가 흐르는 광활한 광장과 신선한 길을 열어준다. 이 자유로운 지역은 밀집된 도시의 심장을 행동의 장에 영원히 노출시킨다.

파리와 로마를 극적으로 관통하는 축들에서 볼 수 있듯이 꽉 막힌 도시를 계획적으로 뚫은 인공의 축선 도로는, 강을 따라 조성된 지역이 도시공간을 해부하고 드러내는 모습과 유사하다. 도시의 조직망을 가로지르는 이 도로는 먼 곳의 가능성들을 우리에게 보여주고 숙고하도록 자극하면서 장기적 전망에 따라 행동하도록 우리를 유인한다. 멀리 광장과 교회들, 보도와 아케이드들이 줄지어 나타나 자신의 존재를 알리고 다양한 행선지를 향한 모험으로 우리를 끌어들인다. 이 도로들은 도시의 권위와 통치를 상징할 수도 있지만, 혼잡하고 어수선한 도시를 한가로이 거니는 사람에게는 해방감을 선사한다. 대개 닫혀있기 마련인 도시 공간을 몇 마일이나 탐색할 기회를 주고 미래와의 관계를 주도할 수 있게 하기 때문이다.

## 돌로 이루어진 숲

건축의 역사상 가장 매력적인 행동의 장에는 숱한 다공성 요소를 갖는 종교 건축물이 포함된다 (222쪽). 이런 건물을 종교적 의미와 관련 없이 순전히 숙고하는 공간, 즉 신자들과 마찬가지로 비신자들에게도 유효한 공간으로 볼 때 그 실내에는 잠재된 행동이 무수히 배열되어 있다.

이 유산 중 특히 인상적인 것은 고대 이집트의 열주 신전, 인도의 불교 및 힌두교 사원의 미로 같은 공간, 코르도바 등에 있는 이슬람 사원의 다종다양한 공동부와 열주 등이다. 어느 방향이든 사람의 시선은 수많은 기둥 사이로 침투해 기대감을 부추기는 특징과 분위기의 징후를 포착한다. 수많은 가능성 중 하나의 경로를 선택할 그 길은 기둥의 행렬에 반쯤 가려져 있어 어떻게 그 공간적 단위들을 통과하고 빠져나가야 할지를 결정하도록 촉구한다. 어떤 의미에서 그런 실내는 거대한 추상의 숲으로서, 우리를 초대하고 놀라게 해서 앞으로 펼쳐질 세계를 미리 생각하고 예측할 권한을 가진 선택의 주체로 바꿔놓는다.

행동의 장은 로마네스크 양식의 바실리카와 특히 그 뒤를 이은 고딕 성당의 돌 숲에서 다시 한 번 정점에 도달했다. 중세 기독교도에게 교회는 지상의 낙원이자 계시록과 단테의 「천국」편에 그려진 거룩한 하늘나라의 영적 비밀이 구현된 곳이었다. 하지만 지금도 깨달음을 구하는 사람들에게 의미 있는 장소로 남아 있고, 더 나아가 신앙이 없거나 단지 문화적 통찰과 지식을 찾는 사람들에게도 가치 있는 공간이다.

부르주(223쪽), 쾰른, 밀라노에서 볼 수 있듯이, 큰 통로들이 나 있는 성당의 높다란 회중석에는 열주 사이로 신비감을 내비치고 무거운 그림자들 때문에 더욱 어두워 보이는 기둥 사이의 우묵한 공간들이 뒤얽혀 있어, 매력적인 동시에 놀라운 기회들이 잠재하는 최고의 영역이 존재한다. 우리는 의식을 위해 제단으로 나아갈 수 있지만 정처 없이 배회하다 주변부에서 쉽게 길을 잃을 수도 있다. 정신 집중을 요하는 중요한 지점, 예컨대 성수반, 부속 예배실, 가장 안쪽의 제단 등은 공손한 종교 의례와 최면성이 강한 빛우물로 우리의 주의를 사로잡는다. 하지만 그 주변에도 빛과 색, 성상과 유리가 만들어내는 다양한 매력이 흩어져 있다. 매혹적인 디테일의 세계가 매 순간 우리를 에워싸고 참여를 부추긴다. 어둠은 이 모든 매력 포인트를 강화함으로써, 어렴풋한 빛은 더욱 매혹적인 느낌을

자아내고 우묵한 공간들을 더욱 모험적으로 만들며 우리를 모든 방향에서 끌어당긴다. 지하세계로
내려가는 입구에도 이 숲의 중력이 작용한다.

　어떤 면에서 보면 성당의 숲 같은 구조에서 피라네시의 상상의 감옥(224쪽)까지는 불과
한 걸음 차이다. 케이블과 기계 장치에서 뿜어져 나오는 카프카 풍의 불길한 분위기를 무시하고 그
굉장한 구조만 본다면 말이다. 피라네시의 환상은 상승의 자유를 경험하게 한다는 점에서 다르다.
대각 방향으로 물러나며 증가하는 환상적인 공간 배치와 꺾어지거나 돌아 오르거나 통과하거나
교차하는 다리 등, 이 모든 것이 아치 길과 돌기둥들의 격자를 통과해 원경으로 희미하게 사라진다.
이 상승하는 힘에 가장 근접하는 고딕 건축으로는 누아용 대성당의 거대한 회랑(225쪽 위)과 실내
공간은 아니지만 밀라노 두오모 성당 옥상의 석조물(225쪽 아래)을 꼽을 수 있다. 두오모의 지붕길은
안전 관리가 매우 철저하지만, 서로 얽혀 있는 아치와 부축벽의 한가운데에 자리 잡은 테라스들이
폭넓은 자유의 여지를 암시한다. 가상의 길과 실제의 길이 수천 개에 달하는 대리석 뾰족탑 사이를
누빈다. 그 잎장식과 줄세공이 커튼처럼 시야를 사로잡고 흡수하는 탓에 걸음은 느려지지만 옥상을
유람하는 방식은 무한히 증가한다. 이 다층의 격자 속에서 진로를 결정하는 동안 조각난 풍경이
차례로 나타나고, 곳곳에서 많은 사람들이 걷거나 쉬고 계단이나 경사를 오르고 있는 장면을 보게
된다. 몸을 기댈 기둥, 팔을 올려놓을 난간, 다양한 높이의 앉을 자리, 멀리 시내를 굽어볼 수 있는
층층의 발코니 등 우묵한 공간이 무한히 반복된다.

부르주 대성당(1195년 착공), 프랑스.

## 철과 유리로 빚은 그물망

공간의 장은 산업혁명의 시기에 그 모습을 일신하게 되었다. 엔지니어들과 건축가들이 새로 부상한 판유리와 주철, 나중에는 강철 기술을 최대한 이용해 건물을 인장력이 강화된 거대한 선형 구조물로 바꾼 것이다. 이 근육질의 건축물 중 단조롭지만 가장 눈에 띄는 것은 1851년 당시 만국박람회를 위해 조지프 팩스턴Joseph Paxton이 설계한 수정궁Crystal Palace이다. 반복적인 골조 안에 투명하고 매우 다양한 물건이 전시된 두 개 층의 공간이 있었다. 하지만 관람객의 행동을 이끌어낸 것은 이 덤덤하고 반복적인 공간이라기보다는 눈을 돌릴 때마다 시야에 들어오는 수천 가지 흥미로운 전시물과 사람들의 움직임이었다. 어느 지점에서든 사람과 전시물이 동시에 보였기 때문에 관람객은 빛과 그늘, 나무와 분수, 부스와 행사의 무한한 가능성을 따져볼 수 있었고, 계단과 다리도 그런 기회를 제공했다.

　　앙리 라브루스트Henry Labrouste가 설계한 파리 국립도서관이 건축의 관점에서 더 다채로운 이유는 철을 사용해서 대단히 시적이고 복잡한 골조를 구축했기 때문이다. 열람실은 서로 다른 아홉 개의 공간을 품고 있고, 주철 기둥이 떠받치는 각각의 공간 중앙에는 둥근 채광창이 왕관처럼 씌어 있다(226쪽). 하지만 사람이 붐비는 복잡한 공간에서 라브루스트의 철골 구조가 최대한 활용된 곳은 벽 뒤쪽이다. 서가의 백화점이라고 할 수 있는 이곳은 높이가 다른 네 개의 층이 빛우물을 사이에

　〈상상의 감옥〉(세부 묘사), 1745년에 제작을 시작한 일련의 동판화 작업, 지오반니 바티스타 피라네시 작.

누아용 대성당의 실내(위 왼쪽)와 성가대석(위 오른쪽), 프랑스.
두오모 대성당(1386년 착공)의 수많은 뾰족탑이 있는 옥상(아래), 밀라노.

두고 활짝 열려 있다. 열람자는 책이 가지런히 꽂혀 있는 수백 개의 구역, 각 층을 연결하는 수십 개의 나선형 계단, 격자를 이루고 있는 다리를 한눈에 볼 수 있고, 발판과 계단의 디딤판들이 쇠살대로 되어 있어 바닥과 천장을 통해 다른 층을 들여다볼 수도 있다. 지그프리트 기디온Sigfried Giedion 은『공간, 시간, 건축』에서 이렇게 말했다. '명백한 유용성과는 별개로 이 다리들은 실내에 어떤 힘을 부여한다. 현대 건축에서 파치 예배당 같은 곳을 발견할 수 있다면, 바로 이곳이다.'[119]

에펠탑의 거대한 철골조(227쪽)는 골격으로 이루어진 행동의 장을 야외로 가져와서 수많은 수직 운동과 조망이 가능한 거대한 격자로 변형한다. 시선을 돌릴 때마다 층계참과 다리, 계단과 승강기, 카페와 레스토랑이 포착되지만, 그 밖에도 그늘에 숨어 있거나 촘촘한 구조에 가려진 사이 공간들이 자신의 존재를 감췄다 드러냈다 한다. 공중에서 움직일 수 있는 이 같은 기회에는 발아래 멀리까지 펼쳐진 파리의 매력이 섞여 있어 관람객은 지면 위에서는 보거나 상상할 수 없었던 무수한 풍경을 새의 눈으로 볼 수 있다.

조지 와이먼George Wyman이 로스앤젤레스에 설계한 브래드베리 빌딩의 5층 높이의 아트리움 (228쪽)은 이 해방적 힘을 다른 유형의 건물로 적용한 경우다. 건축가 찰스 무어Charles Moore는 이 공간을 이렇게 묘사했다. '매 순간 발견의 전율이 있다. 항상 기억을 뛰어넘어 훨씬 더 멋지고, 말로 표현할 수 없는 마법 같다.'[120] 밝은 빛이 드는 이 공간을 방문한 사람은 수백 개의 유리 사무실로 통하는 복도와 계단을 만난다. 쇠로 된 그릴, 계단과 난간, 받침대 없이 서 있는 메일슈트(우편물을 빌딩 각 층에서 아래로 내려보내는 관—옮긴이), '새장'이라고 불리는 승강기가 망을 이루며 경험 가능한 모험을 감추고 드러낸다. 에녹 힐 터녹도 시카고의 브루스터 아파트먼트에 이처럼 한데 짜인 세계를 펼쳐놓았다(229쪽).

규모는 작지만 비슷한 주제를 대단히 소박하고 따뜻하게 풀어놓은 곳이 있다. 이탈리아의 타일공예가 시몬 로디아Simon Rodia는 30년에 걸쳐 로스앤젤레스에 버려진 물건과 지스러기 금속으로 와츠 타워(230쪽)라는 소우주를 건설했다. 입구에 들어서면 반쯤 닫힌 방들과 보도들은 미로와 같고 경계는 낮은 담과 철사 울타리로 느슨하게 규정되어 있으며 온갖 종류의 즉흥 의자와 선반이 곳곳에 있다. 반짝거리는 유리조각과 알록달록한 타일, 작은 거울과 수천 개의 조개껍질이 손으로 두드려 만든 벽에 붙어 있고, 거기서 나오는 유쾌한 색과 질감이 각 구역을 구분한다. 다공의 지면 위로 하늘이 비치는 덮개와 뾰족탑들이 솟아 있는데, 끈으로 치장한 듯 보이는 세 개의 철근 구조물이 하늘을 찌른다. 우리가 원할 만한 자유의지를 풍부히 담고 있는 이 축소된 도시에 매혹되지 않을 사람은 없을 것이다. 자존감은 물론이고 큰 기쁨까지 보장하기에 말이다.

에펠탑(1889), 파리, 구스타브 에펠 작.

브래드베리 빌딩(1893)의 아트리움, 로스앤젤레스, 조지 와이먼 작.

브루스터 아파트먼트(1893)의 빛우물과 계단, 시카고, 에녹 힐 터녹 작.

## 맞물리는 공간, 라이트에서 카프까지

철과 유리의 시대에는 사람들의 생각과 행동을 자극하는 방식이 매우 다양해졌다. 이는 다원적 관점을 추구한 입체파의 비전과 무관하지 않으며, 세계를 이렇게 보는 방식은 추상미술에서 발전을 거듭했다. 건축 분야에서 지그프리트 기디온이 반세기 전에 주장한 이같은 인식 방법의 근원은 바로크 후기 건축과 프란체스코 보로미니Francesco Borromini, 과리노 과리니Guarino Guarini, 발타자르 노이만Balthasar Neumann이 추구한 복잡하고 상호 침투성이 있는 볼륨들의 결합에까지 거슬러 올라갈 수 있다.

　이 역사의 선례들은 지배적인 중심과 고정된 시점의 권위를 인정하고 그로부터 유동적이고 계층적인 공간을 탐구한 반면에 입체파는 여러 개의 중심과 다양한 시점을 추구하고 이를 통해 시각이 외적 통제에서 벗어나 배회하면서 예측할 수 없는 모습을 받아들이게 했다. 전자가 수평 축, 수직 축, 방사상의 축을 중심으로 엄격한 구성을 보인다면, 입체파는 이동하는 시선이 느슨한 통제하에 놓인 공간을 살펴보고 계획적으로 행동하면서 자유롭게 유희할 수 있는 여지를 암시한다.

캔버스에 고착돼 있음에도 입체파 그림이나 추상 회화는 형식이 변화무쌍하다. 우리가 다수의 출발점 중 하나를 골라 다의적인 특징 안으로 들어가거나 주변을 배회하는 가상의 여행을 선택할 수 있기 때문이다. 이제는 세계를 보는 방식이 완전히 변했다. 우리가 그림 속의 대상을 돌며 탐사하고 평가하는 주도권을 쥐고 있으며, 대상이 어떤 형식을 취하려면 우리를 끌어들여야 하기 때문이다. 기디온은 이 변형의 힘이 '대상을 몇몇 다른 관점에서… 상대적으로 보는' 입체파의 방식에서 나온다고 주장했다. '대상을 해부할 때 입체파는 위와 아래, 안과 밖 모든 측면에서 동시에 본다.'[121] 공간의 장에서 볼 때 이는 근본적으로 행동의 자유를 의미한다.

20세기에 수많은 건축가가 인접 예술이 개척한 해방의 비전에 주목하지 않은 것은 놀라운 일이다. 그들은 갈수록 유순해지는 고객에게 강한 인상, 편안함, 이익을 안겨주는 것만을 제일의 목표로 삼고 건물을 '과도하게 결정된 오브제'로 만들었다. 다행히 일부 건축가는 정반대의 가치를 추구하면서 건물이 그 규모를 불문하고 골격을 통해서 인간의 책임과 존엄을 일깨울 수 있는 방법을 폭넓게 탐구한다. 이런 종류의 노력은 현대 건축의 몇몇 걸작품에서 볼 수 있지만, 과소 평가된 일련의 작업들에서도 발견된다.

프랭크 로이드 라이트는 종종 강한 중심과 질서 있는 축을 유지했지만, 일관된 힘의 안팎에 원심성을 띤 움직임이 일어날 수 있는 느슨한 장을 구축하기 위해 지속적으로 중심과 축의 수를 늘리고 그 지배권을 축소하고자 했다. 이 균형은 '박스를 깨뜨리고' 공간의 감옥을 부수고자 한 그의 노력에서도 볼 수 있다. 이 노력은 모더니즘이 택했던 과도한 투명성으로 경도되지 않고, 방들이 서로와 자연에게 반쯤 열리고 닫혀 있는 상호침투의 구조를 낳았다. 방들의 경계는 담장, 바닥, 천장의 갈라진 틈을 통해 여러 방향으로 조금씩 열려 있어 사람의 자기결정력을 확장하고 건물을 상황에 따른 기회의 세계로 바꾼다. 이 열린 조망의 가능성은 일리노이 주 오크파크에 있는 유니티 템플, 위스콘신 주 라신에 있는 존슨왁스 본사 건물(233쪽), 시카고에 있는 미드웨이 가든 등 도시적 분위기를 갖는 실내에서 특히 풍부해졌다.

트인 모서리와 광각창을 통해 모든 방의 제한을 풀고 공간을 '자유의 형상'으로 빚어 '움직이는 방향을 수평으로 연장할 때' 개인은 해방된다고 라이트는 말했다.[122] 밀고 파고들며, 미끄러지고 빠져나가고, 올라가고 떨어지며 실내는 '해방되어 바깥 공간으로 흘러든다.' 그는 유소니언 하우스처럼 아주 소박한 건물을 설계할 때에도 그 작은 볼륨에서 원심성을 띤 다양한 행동이 발생하도록 하여, 가장 단순한 주거지에도 '자유의 근본적 실현'이 가능하게 했다. 그런 곳에서 '개인의 힘은 이제 그 자신의 책임이 된다. 자유인으로 살기 전에는 꿈꿀 수 없었던 힘이 이제는 끊임없이 내면으로부터 생겨나, 새로운 환경에 부합하는 능력이 된다.'[123]

라이트에게 명성을 안겨준 많은 특징, 예컨대 깊이 묻혀 있는 육중한 난로에서 높이 날아오르는 듯한 볼륨들, 풍경을 반영하는 수평면, 마치 공중을 나는 듯한 캔틸레버식 지붕들, 지평선에 닿으려고 애를 쓰는 돌출된 발코니와 긴 테라스는 그가 공간의 장에서 좀 더 근본적인 자유를 성취했음을 극적으로 은유한다. 멀리서 볼 때 공감을 불러일으키는 그의 상징적 표현과는 달리 다공성의 실내에는 우리가 몸으로 발산할 수 있는 힘이 담겨 있다. 역동적인 공간의 흐름이 계단을 타고 위아래로 꺾이고 모든 방향으로 거세게 흘러 전체적인 구조를 행동의 무대로 바꾼다. 이 흘러넘치는 모험은 일본의 전통 건축에서 영감을 받았지만, 또한 라이트의 미국식 민주주의 이념과 월트 휘트먼

Walt Whitman의 시 「열린 길의 노래」의 첫 구절도 그에 영향을 미쳤다.

> 두 발로 마음 가벼이 나는 열린 길로 나선다.
> 건강하고 자유롭게, 세상을 앞에 두니
> 어딜 가든 긴 갈색 길이 내 앞에 뻗어 있다.[124]

　　지상의 자유를 추구한 라이트의 성향과 대조적으로 르코르뷔지에는 행동의 장을 하늘로 굴절시켰다. 볼륨을 잘라내고 행동반경을 계단과 경사로로 확대하여 '사람이 거리에서 벗어나 빛과 신선한 대기를 향해 오를 수 있게' 한 것이다.[125] 여러 가지 가능성이 수직적인 긴장감과 극적인 특징을 띠며 사람을 위로 끌어올리는 그의 방식은 건물 자체보다 더 해방감이 넘치는 옥상에서 정점에 이르고, 샹보르 성의 지붕에서처럼 멋진 프랑스풍의 자유분방함을 과시한다. 이 점증하는 개방감과 상승하는 자유는 프랑스에 있는 빌라 가르셰와 빌라 사부아, 아르헨티나 라플라타의 빌라 쿠루셰 같은 청교도적인 주택의 엄격한 상자 형태에 자유를 불어넣고, 지붕을 해체해 매력적인 여러 지점이 장난스럽게 뒤섞인 구조로 재편한다. 좀 답답하게 보이는 위니테 다비타시옹의 다양한 유니트 블록도 여러 형태의 바닥면과 불확실한 가능성으로 가득 찬 옥상 층에서는 자유를 만끽한다.
　　미스 반 데어 로에는 강철과 유리를 우아하게 결합한 것으로 명성을 얻었지만, 젊은 시절에는 1929년 바르셀로나 엑스포의 독일 전시관(234쪽)처럼 유연하고 모험이 넘치는 건물을 만들기도 했다. 행동의 여지는 건물의 토대 언저리를 따라 이뤄지는 수평적인 활동으로 국한되지만 그럼에도 모든 방향으로 펼쳐지며 희미하게 반짝이는 풀장을 향해 미끄러지는 경로를 제공한다. 여기서 공간의 장을 활성화하는 것은 서로 슬쩍 지나가듯 침투하는 평면과 빈 공간들인데 실용성이 제거된 탓에 뭔가 해보려는 동기는 순수한 욕구만 남고 증류된다. 이런 선택은 본질상 감각적 즐거움을 수반한다. 이곳에는 태양과 그늘이 어우러져 만들어내는 온기의 기쁨, 거침과 매끄러움의 강한 대조, 크롬 도금을 한 강철의 반짝임에서부터 회색, 초록색, 흰색을 발산하는 유리의 조용한 빛 그리고 황금빛 오닉스와 초록의 티니안 대리석이 만들어내는 광물의 깊이에 이르기까지 우리를 끌어당기는 육감적인 재료 등이 있기 때문이다.
　　폴 루돌프의 공간 구조도 이 모든 원천에서 비롯한다. 그는 자신의 건물을 가리켜 자유롭게 흐르는 미스 반 데어 로에 스타일의 평면을 수직의 단면으로 돌려 세운 것이라고 묘사했다. 루돌프의 대담한 형태들은 진정한 행동의 여지보다는 형식의 다양성을 우선시했지만, 그의 건축에서 보게 되는 다공성의 특징은 실질적 기회를 제공하는 데 있다. 사우스이스턴 매사추세츠 공과대학의 학생 라운지에서 볼 수 있는 다층적인 발코니와 앨코브, 예일 대학 미술 건축학부의 다층적인 동굴형 공간과 전망대, 노스캐롤라이나 주 버로스웰컴 빌딩의 로비와 별관에 있는 다각형의 공동부들을 생각해보자. 그 폭넓고 풍부한 자유는 루돌프를 유명하게 만든 인상적인 단면투시도(235쪽)를 보면 즉시 이해된다. 그는 종종 조각 같은 형식의 미적 효과에 지나치게 경도되는 우를 범했지만 그럼에도 공간의 장이 가진 가능성을 우리에게 보여줬다는 점에서 개척자라고 부르기에 손색이 없다.

존슨왁스 본사의 사무실 내부(1936), 위스콘신, 프랭크 로이드 라이트 작.

루돌프의 작품 중 피라네시와 가장 가까운 것은 그 자신을 위해 구상한 맨해튼 사무실과 특히 뉴욕 비크먼 플레이스 23번지에 위치한 펜트하우스다. 기존의 바닥을 일부 제거한 뒤 약간 높이를 달리 한 새 층들을 만들어 넣고 수직으로 오르는 계단과 채광정이 통하도록 바닥을 도려낸 결과, 기존의 세포 같은 구조물이 반쯤 열려 서로 넘나드는 다수의 공간으로 바뀌었다. 각 층은 나름의 폐쇄성과 특징, 기능과 활동이 약간씩 남아 있는 동시에 다른 가능성에 열려 있는 가상의 방이 된다. 미궁 같은 자유가 유리벽과 문을 통과해 여러 층을 두르고 있는 발코니와 공중 정원으로 퍼질 때 우리는 이 건물을 하나의 오브제가 아니라 무수히 많은 경험의 매개체로 이해한다.

독일 전시관(1929), 바르셀로나, 미스 반 데어 로에 작.

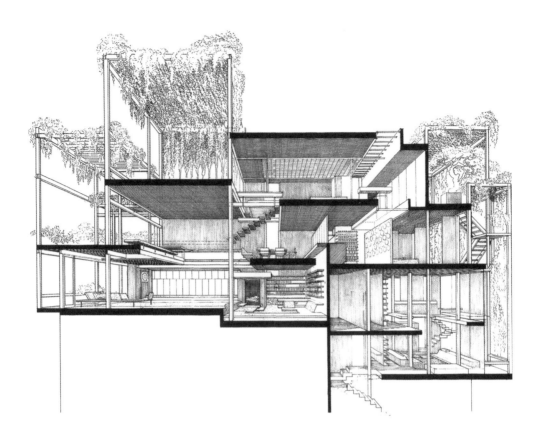

한편 프랭크 로이드 라이트의 열린 공간과 테오 반두스부르흐Theo van Doesburg의 맞물린 평면(236쪽)에 영감을 받은 루돌프 쉰들러Rodulph Schindler는 결정되지 않은 사항이 많아서 오히려 기회가 풍부한 주택을, 값싼 목재와 회반죽을 사용해 건설했다. 붑스코, 색스, 포크 아파트먼트와 더불어 로스앤젤레스 내외곽에 있는 로벨비치 하우스과 엘리엇 하우스(237쪽)는 파편적이고 상호 침투하는 다양한 형식으로 지어졌다. 쉰들러는 다듬지 않은 공간의 기회를 늘리기 위해 재료를 부수적으로 취급하고 모든 자원을 활용했다. 채워진 부분과 빈 공간들이 서로 매이지 않고 떨어져 있으면서도 각각의 가능성이 다음 가능성으로 이어지도록 맞물려 있는 방식이 특히 흥미를 끈다. 경계가 천장 부분에서 흐려져 방들이 뒤섞이면서도 사적인 성격을 유지한다. 벽과 바닥이 만나는 곳은 구석과 틈새가 있음에도 사람이 거주할 수 있는 풍경이 되고, 평면도의 각 부분은 순환하고 상호 침투하며 인접한 공간에 틈을 내고 새어든다. 쉰들러가 설계한 주택은 그가 말한 '무한한 힘'을 수평과 수직, 대각선 방향에서 감지할 수 있어 어느 방향에서든 움직임의 기회를 인식하게 된다.[126]

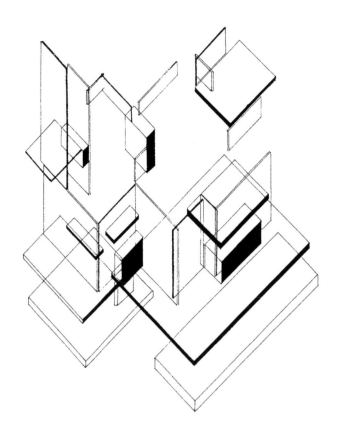

　　건축은 인간의 주도권을 샘솟게 하는 원천이란 개념을 전개한 건축가로 로스앤젤레스의 레이 카프Ray Kappe를 빼놓을 수 없다. 그가 자신의 가족을 위해 캘리포니아 주 퍼시픽 팰리세이즈에 설계한 집(238쪽)에서 방은 여러 층을 뒤섞으며 푸르게 우거진 언덕을 타고 오른다. 일곱 개의 바닥판은 속이 빈 콘크리트 타워들이 지탱해주는 덕에 천연의 샘들을 가로지른다. 삼나무 판자를 덧댄 대들보 아래서 방들은 층을 이루며 서로 개방되어 있다. 현관에 들어서면 앉을 수 있는 공간이 내려다보이고, 왼쪽으로는 스튜디오를 포함해 바닥 높이가 다른 층층의 공간이, 오른쪽에는 약간 높은 층에 식당과 주방이 펼쳐져 있다. 다른 경로를 따라 가면 양 날개 쪽의 침실이 나오거나, 경사면을 타고 올라 수영장에 이르는 다리와 테라스가 나온다.

　　우리의 주위를 감싸는 행동의 가능성은 카프의 후기작에서 다른 구성을 보여주는데, 그 성공 사례로 산타모니카의 셜턴/프라이스 하우스와 퍼시픽 팰리세이즈의 킬러 하우스(239쪽)를 들 수 있다. 킬러 하우스에서 부지를 따라 나 있는 중앙 계단은 전 구간이 채광창과 유리 바닥으로 덮여 있어 환한 통로를 통해 위층과 아래층을 볼 수 있다. 세 개의 주요 층이 시각적으로 열려 계단식 폭포의 공간을 이룬다. 상쾌한 조망, 안락한 앨코브들, 유리벽들은 시선을 나무 꼭대기로 향한 캔틸레버식 데크로 실어 나르며 실외에도 멋진 가능성이 있음을 강하게 암시한다.

　〈건축적 분석〉(1923), 테오 반뒤스부르크 작.

엘리엇 하우스(1930), 로스앤젤레스, 루돌프 쉰들러 작.

카프 하우스(1968), 캘리포니아, 레이 카프 작.

킬러 하우스(1990), 캘리포니아, 레이 카프 작.

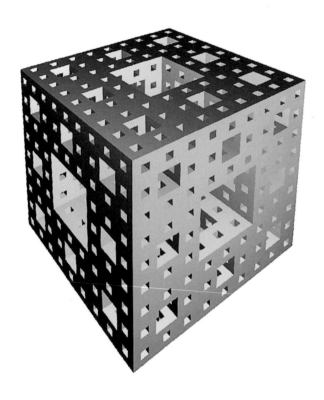

## 다공성 구조의 건축

건물 안에서 이루어지는 우리의 행동은 분명 고체 덩어리에 의존하는 만큼이나 텅 빈 부분에도 의존한다. 이 빈 공간들이 반복적으로 큰 공간 속에 작은 공간을 형성하는 구조를 갖게 되면, 그것은 인간의 탐사를 여러 척도와 방향에서 자극할 수 있는 다공성 매트릭스가 된다. 빈 공간들이 단계적 차이를 이루며 점진적으로 변화할 때, 한 공간에서 다음 공간으로 계속 눈을 끌어당기고, 그와 함께 텅 빈 건축 요소들 속에 끝없는 깊이로 존재하는 행동의 가능성을 차례로 드러낸다. 이렇게 되면 사물 간의 경계는 더 이상 봉인된 유클리드 기하학이 아니라 틈새가 무수히 나 있는 표면, 즉 카를 멩거Karl Menger가 구멍이 무한수로 나 있는 위상기하학의 형태를 연구하기 위해 고안한 스펀지 모델(위)에 더 가깝다.

외형적으로 규모가 크고 구멍이 많은 루이스 I. 칸의 건축도 멩거 스펀지와 매우 유사하다. 칸의 공동부에는 실내 중정, 거대한 기하학적 도형으로 파인 벽, 오목한 볼트 지붕에 난 천창으로 깊이 파인 천장, 휴지부 같은 돌출된 이음매, 느슨하게 합쳐놓은 볼륨의 단위가 있으며, 이 모든 것이 닫히지 않고 인간의 주도권이 흐르는 흐름을 만들어낸다. 순수 기하학적 도형임에도 공동부는 대단히 매혹적이고 서로 포개져 있어 인간의 행동을 연속적으로 자극하고, 자칫 정적이고 과도하게 결정된 상태로 머물 수도 있는 고체 덩어리의 지배권을 완화하여 결국 활력과 관성의 귀중한 균형 상태를 창조한다.

멩거 스펀지 모형.

칸 스스로 '건물을 감싸는 폐허'라고 묘사한 그의 다공성 탐색은 인도 대륙의 무더운 기후에 맞도록 환기가 잘 되는 건축에서 정점에 이른다. 아흐메다바드의 인도 경영대학과 다카의 국회의사당이 대표적이다. 기념비적인 규모로 포개진 층들은 거대하게 도려낸 원과 삼각형의 공간을 통해 서로 소통하며 자이푸르의 하와마할('바람의 궁전')처럼 공기가 잘 통하는 무굴 제국의 석조건축들과 정신적 유대를 보여준다.

반건조 지대인 캘리포니아 남부의 라호야 시에 위치한 솔크 연구소 건물(아래와 242~3쪽)은 칸이 초기에 구현한 '건축된 폐허'의 걸작이다. 실험동 자체는 기능상 닫혀 있지만, 그 사이에는 중정을 끼고 연구실과 옥외 통로가 자유롭게 소통하는 구조로 되어 있다. 중정은 바다를 향해 흐르는 긴 수로의 시원적인 힘을 간직한 채 양쪽으로 스펀지처럼 통하는 공간들의 망으로 숨통을 틔운다. 풍부한 가능성이 옥외 복도와 작은 축들을 따라 생겨나고, 철면을 거는 듯 빛과 그림자의 패턴이 어른거리는 가운데 콘크리트는 심미적 아름다움을 얻어 대리석 같은 빛을 발산한다. 로지아를 관통하는 긴 섬광촬영기형 터널strovoscopic tunnels이 산만한 듯 펼쳐진 동선을 꿰뚫고 지나가는데, 이 터널과 직각으로 만나는 중정의 한 쪽 끝에서 다른 쪽까지 연속적으로 손짓하는 행동의 기회를 무수히 쏟아낸다. 우리는 공간적 주도권을 쥔 채 높은 보행로와 다리, 경쾌한 주랑 현관과 티크목으로 마감된 연구동으로 올라갈 수도 있고 지하의 뜰과 정원, 정원의 서쪽 끝에 있는 분수로 내려가 트래버틴 대리석 좌석에서 평온히 바다를 감상할 수도 있다.

칸이 설계한 여러 건물에서 폐허는 건물 바깥이 아닌 내부에 있어 숨겨진 행동의 장을 만들어낸다. 예를 들어 뉴햄프셔의 필립스 엑시터 아카데미 도서관(244쪽)은 입방체의 덩어리 안에

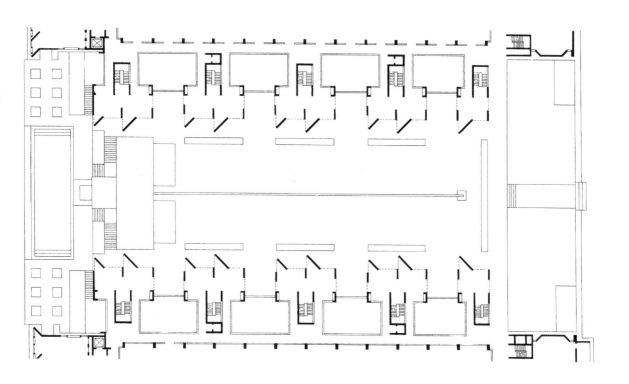

중정과 로지아. 왼쪽으로 하부 테라스와 분수가 있는 1층 평면도, 솔크 연구소(1965), 루이스 I. 칸 작.

분수와 좌석이 있는 하부 테라스 그리고 남측 연구동 외관. 솔크 연구소(1965), 루이스 I. 칸 작.

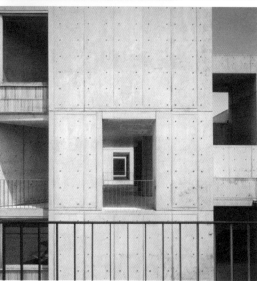

(위 왼쪽부터 시계 방향으로) 솔크 연구소, 중정을 오른쪽에 두고 종렬해 있는 로지아.
연구동의 주랑 현관으로 가는 다리와 건너다 보이는 중정.
다리, 주랑현관, 연구동에서 보이는 다공성 구조.
연구동, 선큰가든, 하부 중정으로 가는 다리가 있는 로지아, 솔크 연구소(1965), 루이스 I. 칸 작.

마법의 동굴이 있어 들어설 때마다 놀라움을 불러일으킨다. 중앙의 높은 아트리움에 도착한 사람은 전체 공간을 훑어 본 뒤 벽을 도려낸 둥근 개구부를 통해 서가가 있는 다섯 층을 찬찬히 살필 수 있다. 이 드넓은 자유의 여지에는 '도서관에 대한 당연한 기분, 즉 당신이 방에 들어서니 거기 온갖 책이 있다!'는 느낌을 불러일으키려는 건축가의 의도가 담겨 있다.[127] 각각의 원은 우리의 시선을 사로잡아 '책들이 초대한다는 느낌'을 자극한다.[128] 위층에서는 시선이 빈 공간을 가로지르고 회랑식 복도 주위를 탐색하는 동안 다른 기회가 발생한다. 멈춰 쉬거나 열람석에서 공부를 할 수 있는 이 복도는 산책과 탐사의 길이자 '건축의 습곡에서 발견한 장소'가 된다.[129]

칸의 대칭적이고 질서 있는 빈 공간들을, 샌프란시스코 캐너리(245쪽)에서 볼 수 있는 조지프 에셔릭의 자유분방한 공동부들과 비교하는 것도 유익하다. 델몬트 통조림 공장의 단일한 볼륨과 규칙적인 창문들을 새로운 공공시장으로 개조하기 위해 에셔릭은 건물의 구조를 깎아내고 채워 넣어 건물을 규제하는 기하학을 제거했다. 칸의 빈 공간들이 보여주는 다양함은 없지만 에셔릭의 절제된 설계에는 더 깊고 예측하기 힘든 행동의 여지가 담겨 있다. 여러 층의 아케이드는 유리창으로

필립스 엑시터 아카데미 도서관의 아트리움(1972), 뉴햄프셔, 루이스 I. 칸 작.

막히거나 트여있는데 사람과 장소, 카페와 상점, 그늘과 햇빛에 관한 선택지들을 드러내며 위아래를 포함하여 네 개의 공간적 차원으로 연이어 확장된다. 옛 구조를 파서 만든 보행로 주변에서 가장 다채로운 자유가 발생한다. 하늘로 트여있는 이 구불구불한 통로는 그 가장자리에서 아케이드 안으로 섞여들고, 일정한 간격을 두고 넓어져 작은 광장이 된다. 미로처럼 얽힌 유혹적인 계단과 에스컬레이터, 다리와 주랑 현관이 곳곳을 연결한다. 형식미에는 완전히 무관심한 반면에 풍부한 경험을 지속적으로 제공하는 캐너리 시장은 시인인 찰스 올슨의 말을 공간으로 되풀이하는 듯하다. '뿌리(혹은 근원)에 존재하는 것은 더 이상 **사물**이 아니라 사물 **사이에** 발생하는 상황이며, 이는 우리 시대의 현실적 조건이자 우리라는 존재의 조건이다.'[130]

　　건축을 구멍이 숭숭 뚫린 구조로 구상할 수 있다는 생각은 아펠도른에 있는 헤르만 헤르츠베르거의 센트럴비히어 본사에서 다시 한 번 정점에 도달한다(246~8쪽). 네덜란드에서 가장 큰 이 보험회사는, 대개 생산성을 극대화하고 매끄러운 기업 이미지를 주기 위해 답답한 기계로 축소되기 일쑤인 대기업 본사들과는 달리 천 명의 직원에게 모두 인간적 의욕을 부추길 수 있는 공간을 곳곳에 제공한다. 전체적 크기는 기념비적이지만 다양한 척도의 이음매와 틈새들이 그 공간을 분할한다. 전체는 먼저 네 개의 다층적 사분면으로 분할되어 있고, 다층의 보행로가 전체를 관통하면서 인접한 구획들을 나누고 섞는다. 각각의 구획은 모듈 단위의 조립 방식 때문에 더욱 느슨해진다. 정사각형의 플랫폼들이 짧은 다리로만 연결된 채 서로 떨어져 있어, 더 큰 영역 안에 중간 크기의 플랫폼이 들어가고 또 그 안에 작은 코너가 만들어지는데 이들 사이로 십자형 자연광이

캐너리(1968)의 보행로, 샌프란시스코, 조지프 에셔릭 작.

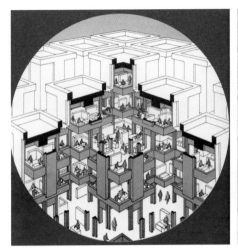

흐르기 때문이다. 이 건물은 안팎으로 다공성이 있을 뿐 아니라 수평과 수직, 대각선 방향으로 구멍이 많은 탓에, 시선과 통로의 복합적인 네트워크 속에서 움직이게 되는 작은 도시가 된다. 사무와 휴식의 공간은 난간, 기둥, 부분적으로 세워진 벽 뒤에 절반쯤 가려져서 고립과 노출의 중간 영역을 이루고 있어 누구나 쉽게 접근할 수 있는 상호 교류의 세계를 만들어낸다.

이 건물의 각 부분에 고유한 특색을 부여하는 은신과 조망의 섬세한 균형은 신중하게 조율된 투명성의 정도, 위치, 명도에서 나온다. 이 평형 상태를 여실히 보여주는 예가 사무실과 실내 보행로가 만나는 모퉁이에 있다. 이곳의 반투명 벽면들은 행동의 자유를 어느 정도 보장하는 동시에 양쪽에 놓인 세계를 어렴풋이 연결해준다. 빛을 흩뜨리는 이 베일은 양쪽 끝의 가늘고 긴 투명 유리와, 의자에 앉아 일하는 사람의 눈높이로 나 있는 반투명의 유리블록을 통해 개방되어 있다. 카페테리아는 또 다른 작은 걸작으로 식사를 할 수 있는 매력적인 장소가 별자리처럼 흩어져 있으며,

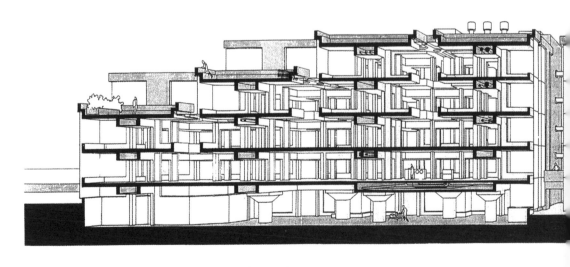

표층부를 잘라낸 사무공간 투영도(위 왼쪽). 사무실과 빛우물(위 오른쪽).
단면투시도(아래). 보행로(옅은 회색)와 사무 공간(짙은 회색)을 보여주는 5층 평면도(247쪽).
센트랄비히어 본사(1972), 네덜란드, 헤르만 헤르츠베르거 작.

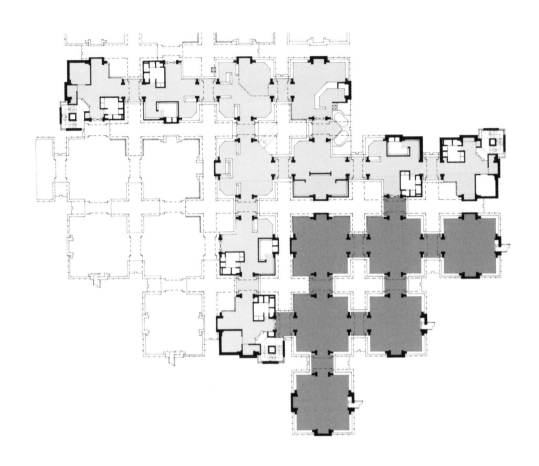

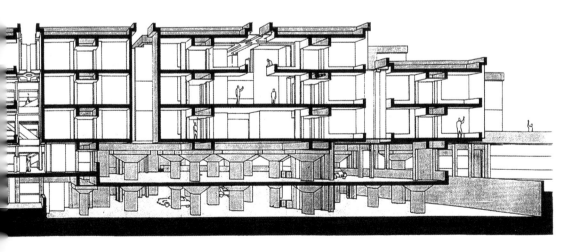

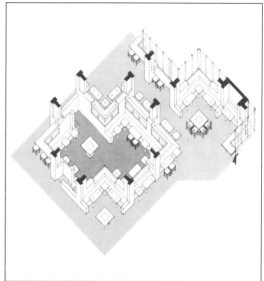

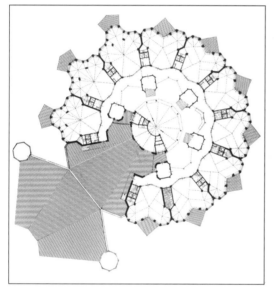

실내 보행로와 사무실 모퉁이(위 왼쪽). 카페테리아의 단면 투영도(위 오른쪽),
사무실과 실내 보행로 사이의 빛우물(아래 오른쪽). 센트랄비히어 본사(1972), 네덜란드, 헤르만 헤르츠베르거 작.

몬테소리 학교(1979)의 평면도(아래 왼쪽), 네덜란드, 얀 버호벤 작.

헤르츠베르거가 1966년에 암스테르담의 학생기숙사를 통해 보여준 생각이 전개되어 있다. 눈앞에 펼쳐진 풍부한 선택지에 따라 사람들은 실내를 등지고 앉거나 창문 앞에서 밖을 내다볼 수 있고, 바 앞에 혼자 앉거나 다양한 크기의 테이블에 일행과 함께 앉을 수도 있다. 또한 몇 개의 층으로 나뉜 바닥 중 하나를 선택할 수도 있고, 콘크리트 기둥 사이에 숨어 있는 아늑한 자리나 유리판들이 우묵하게 만나는 조망이 좋은 구석으로 향할 수도 있으며 천창天窓 아래 밝은 곳이나 그늘진 곳을 찾아갈 수도 있다.

　다이내믹하고 공적인 자유가 실내 보행로에 흐른다. 공중 보도나 중이층에 서면 거리를 밝히는 자연광의 흐름이 내려다보이고 계단, 엘리베이터, 에스컬레이터, 작은 길들이 다양하게 어우러지며 여러 층을 연결하고, 좌석과 벤치, 카페와 화장실이 길가에 줄지어 있다. 거대한 벌집과도 같은 이 공간 안에서 개인은 주변 환경과 가구가 약간씩 다른 수백 개의 흥미로운 가능성을 발견할 수 있다. 윌리엄 칼로스 윌리엄스의 말대로 이 '풍부한 초대장' 덕분에 사람들은 차고 넘치는 유쾌한 선택지를 탐사하고 나서 자유롭게 하나를 선택할 권한을 쥔다. 이 상호작용은 건물 전체를 돌아 출입구에 이르거나 사무실에서 나와 옥상의 테라스에 이를 때까지 계속되는데, 여기에도 아늑한 공간이 숨어 있는가 하면 작은 광장들이 벤치를 펼쳐 내놓는다.

　많은 사람에게 동시에 주어지는 이 가능성은 헤르츠베르거의 작품에 노골적으로 드러나는 주제로, 지금까지 수십 년 동안 그는 작가의 개성을 지운 반복적 요소에서 흔히 볼 수 있는 특색없는 공간을 극복하기 위해 노력해왔다. 같은 네덜란드 출신의 구조주의자인 피에트 블롬Piet Blom과

헤드마크 미술관(1967년 착공), 노르웨이, 스페르 펜 작.

얀 버호벤Jan Verhoeven(248쪽 아래 왼쪽) 역시 비슷한 인본주의적 가치를 추구하면서, 모듈화된 건축의 딜레마에서 벗어날 수 있는 길을 모색했다. 블롬은 이슬람의 카스바를 연상시키는 건축과 '기둥 주거'를 제시했다. 버호벤은 프랙탈 도형과 같은 결정구조를 통해 더 성공적인 작품들을 내놓았는데, 그의 구조는 로마 성 베드로 성당을 위한 브라만테의 평면도에서 볼 수 있는 풍부한 군집의 동심원적 공간과 몇 가지 면에서 유사하다.

다른 유럽 건축가들이 발전시킨 다공성의 포개진 장들도 그에 못지않게 중요하다. 스베레 펜이 설계한 헤드마크 미술관의 누적된 시간을 보여주는 다층평면(249쪽), 조르주 퐁피두 센터의 계단과 에스컬레이터로 꿰매진 듯한 골조식 입면(아래), 가에 아울렌티Gae Aulenti의 오르세 미술관 중심부에서 볼 수 있는 주랑, 보행로, 좌석의 놀라운 계단식 폭포의 흐름(251쪽)이 대표적이다. 이 건물들의 주요한 인간적 가치는 외관이 아니라 자아 확인의 잠재력에 있다. 각각의 건물은 시인 로버트 크릴리Robert Creeley의 말을 인용하자면 '필연성'을 의도적으로 제거한 '가능성의 연속'을 제시한다.[131] 결정적으로 중요한 것은 처음엔 산만한 듯 보이는 건물의 질서와 지속적인 변화의 흐름이다. 그로 인해 사람은 모든 행동 패턴이 정해져 있는 감옥에서 벗어날 수 있다. 여기서 질서를 타파하려는 신중한 계획은 인간이 자신의 자유를 창조하고 활성화할 수 있는 능력을 키울 수 있는 전제조건이 된다.

공간의 장을 도시의 크기로 확장한 사례 중 특히 눈에 띄는 것으로는, 더블린에 본사가 있는

조르주 퐁피두 센터(1977), 파리, 렌조 피아노 & 리처드 로저스 작.

그래프턴 아키텍츠 사가 페루 리마에 설계한 공학기술 대학의 10층짜리 수직 캠퍼스(252쪽)를 들 수 있다. 개념 모형은 채워진 부분과 텅 빈 부분이 평면과 단면에서 어떻게 반복적으로 맞물리는지를 보여준다. 이 방식은 데스틸 조각가 조르주 반통겔루Georges Vantongerloo의 '구성' 그리고 특히 루돌프 쉰들러의 주택을 연상시킨다. 빈 공간들이 구부러지고 겹쳐지며 서로 맞물린 탓에 각각의 공간적 중요성은 본질상 이중적이며 매번 새로운 가능성이 펼쳐진다. 눈길이 닿는 모든 곳에 행동 반경들이 열려 있지만, 그 예상 경로는 끊임없이 모퉁이를 돌고, 지그재그로 불확실성을 띠며 우리에게 자발적 탐험의 권한을 부여한다. 운명은 예정된 길에서 벗어나 개인의 통제에 들어온다.

관대한 활동의 여지는 거대한 콘크리트 구조 틀에 기인한다. 이 골조는 간선도로에서 충분한 거리를 두고 남쪽 면에 추가한 복합 건물을 지탱할 용도로 채택되었지만, 그로 인해 언덕마을처럼 느슨한 결합과 차별성을 지닌 볼륨들의 군집체와 계단식 폭포처럼 흐르는 안뜰patios이 탄생했다. 하지만 지리적 특성이 형태를 밀어올린 언덕마을과는 달리 이 건물은 땅속으로 들어가는 동시에 하늘로 경쾌하게 흩어지고 가장 안쪽의 중심부가 움푹 패여 여러 층에 걸친 아트리움을 만들어낸다. 건물의 높이와 폭을 가득 채우고 있는 이 야외 동굴 속에는 강의실과 실험실, 카페, 테라스, 도서관, 식당 등 캠퍼스의 공동생활 구역이 자리해 있으며, 다리와 계단과 보행로가 풍부한 경로를 만들어 이들이 제공하는 기회를 연결한다. 특히 이곳의 보행로는 쟌카를로 데 카를로의 우르비노 기숙사에서처럼 모험과 인간의 자기 결정권을 가득 품고 있다.

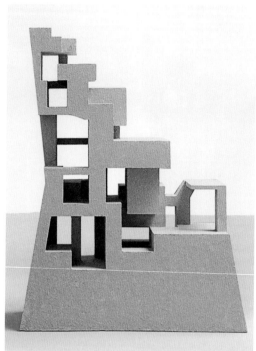

(위 왼쪽부터 시계 방향으로) 기본 계획 모형. 공간과 매스 스터디를 위한 단면 모형. 횡단면도.

공학기술 대학(2015년), 리마, 그래프턴아키텍츠 작.

## 모리스 스미스의 거주 가능한 3차원적 장

모리스 스미스의 매사추세츠 하우스들은 소박한 크기 이상의 의미를 담고 있다. 각각의 집이 도시 같은 구조를 통해 인간의 행동을 자극하는데, 그 가능성과 실행의 범위가 형언하기 어려울 정도로 풍부하다. 어느 위치에서나 새로운 조망점이 출현해 모든 방향으로 움직이고 싶은 욕구를 자극하는 탓에 우리의 마음은 맨 바깥의 도착점에서 출발해 집 안 전체를 휘돈 뒤 다시 주랑 현관과 옹벽의 풍경으로 이어진다. 눈길을 끄는 유혹이 모든 방향에 펼쳐져 있어 어떤 활동도 선택과 거부의 두 갈래 길에서 순간적인 결정을 내려야하는 진정한 자기 창조의 행위가 된다.

블랙맨 하우스에서 가능성이 가지처럼 뻗어나갈 수 있는 것은 지반 자체를 파고들어간 점과 서로 교차하는 콘크리트 블록 벽체가 수직으로 연장된 덕분이다. 단단한 벽들은 어떤 방도 완전히 밀폐하지 않고, 대신 불완전하게 맞물려 크기와 복잡성이 각기 다른 구석과 모퉁이를 만들어낸다. 이 가벼운 은신처들이 지그재그의 볼륨들과 함께 언덕 사면을 흐른다(위). 똑같은 목재 틀과 지붕들이 이 부서진 껍질들과 맞물린 채 위로 솟아올라 조적벽 위에서 복잡한 그물망을 형성한다. 실내 공간의 일부는 스크린처럼 열어두고, 다른 쪽은 사생활 보호와 풍화에 대비하기 위해 유리를 끼웠다. 그 결과 아늑한 은신과 활기찬 모험의 기회가 차고 넘치는 하나의 열린 세포 구조가 탄생한다. 이 구조를 응시하는 사람은 공간적 파편이 그 너머에 있는 다른 파편 속으로 잇달아 섞이고 침투해 들어가는 모습을 보며 은신과 모험의 가능성을 그러모은다.

블랙맨 하우스(1963)의 1층 평면도, 매사추세츠, 모리스 스미스 작.

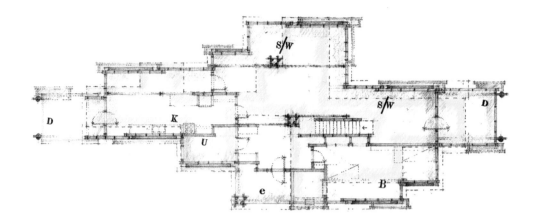

지속되는 공간을 확보하기 위해 스미스가 사용한 또 다른 기법은 헐거운 연결이다. 단면도에서 벽들은 천장 아래서 끝나고 다양한 높이로 그보다 더 올라가거나 내려가며 평면도에서는 길이가 짧아 만나지 않거나 서로 지나친다. 이는 미스 반 데어 로에가 바르셀로나의 독일관과 브릭 컨트리 하우스의 도면에서 표현했던 방식과 비슷하다. 이렇게 각각의 벽은 그 너머에 있는 공간을 탐색할 기회를 주며 전망을 시야에 넌지시 드러낸다. 본질적으로 공간의 경계들이 뒤섞이고 흩어지는 탓에 공간상의 모든 지점은 또 다른 가능성의 테두리와 연결되고, 활동의 여지는 깊고 넓어지지만 그 불확실성은 강해진다. 방들은 결코 밀폐되거나 무기력한 느낌을 주지 않고 계속 흐르며 주변의 공간과 교류한다.

이와 마찬가지로 블랙맨 하우스의 외피 역시 돌출하거나 뒤로 물러나며 자연과 뒤엉키고 두 영역을 서로 투과시킨다(256~7쪽). 창밖으로 나간 시선은 풍경이 드러내는 경이로움이나 위협적인 느낌을 감지한 뒤에 다른 유리벽을 통해 실내로 이동해 근처의 방들과 그 점유자들을 보고, 다시 실내의 창을 통해 그 너머의 공간에서 흥미로운 어떤 것을 발견한 다음 다시 바깥이나 경계부로 이어질 수 있다. 그로 인해 여러 겹의 공간과 기회가 중첩되어 샌드위치 형태를 이룬다. 결국 이런 건물은 전체든 부분이든, 어떤 오브제나 이미지, 볼륨이나 덩어리로 파악되지 않고 충만한 가능성만으로 존재한다.

자아와 세계를 뒤얽는 스미스의 건축은 찰스 올슨의 시에서 영감을 얻는다. 올슨은 예기치 않은 공백과 뒤섞인 단어로 종이 위에 공간의 장을 구축해 독자들에게 결정되지 않은 길들을 제시한다. 그는 이 과정을 '실현되지 않은 행동의 흘러넘침'으로 설명하고, 그 원천은 '모든 지점에 강한

　스미스 서머 하우스(1989년 착공)의 평면도. 메인 주, 모리스 스미스 작.

에너지가 담겨 있고, 모든 지점에서 에너지를 배출하는' 구조라고 밝혔다.[132] 「투시적인 시」(1950)
란 에세이에서 올슨은 단어를 공간적으로 배열하는 자신의 방법을 가리켜 **'장에 따른 구성'**이라고
묘사했는데, 이는 윌리엄 칼로스 윌리엄스의 개념과 비슷하지만, 열린 형식과 닫힌 형식의 차이를
명확히 하고 크게 확장한다.[133] 열린 형식은 독자에게 예측할 수 없는 수많은 방향으로 나아갈 수
있는 자유를 보장하는 반면, 닫힌 형식은 전통적인 연의 구분법과 규정된 읽기 패턴을 고집한다.
올슨에 따르면, 이러한 '에너지의 형태'는 '하나의 문장으로 요약될' 수 있다. 즉 **'하나의 지각은 즉시
그리고 직접적으로 다른 지각을 낳아야 한다'**는 것이고, 그 결과 **'투시적인 시'**가 된다.[134] 바로 이
투시적인 힘이 스미스의 건축의 핵심이다. 그 힘으로 인해 그의 건물에는 움직임을 유도하는 요인이
가득 퍼지고 서로를 끊임없이 증식하기 때문이다. 스미스는 자신의 건물을 **'거주 가능한 3차원의 장'**
으로 규정한다.

옴베르토 에코Umberto Eco도 이와 비슷한 면을 강조했다. 『열린 책』과 『독자의 역할』에서
에코는 문학뿐 아니라 시각예술과 청각예술도 관람객이 자유롭게 해석하고 작가와 협력해 만들어낼
수 있을 때에는 탐험의 매체로 그 지위가 격상된다고 주장했다. 스미스의 건축을 '열린 작품'으로
보는 견해의 타당성은, 에코의 말을 빌리자면 '그것을 보고 이해할 수 있는 관점의 수와 정확히
비례한다. 다수의 관점은 다양하고 풍부한 공명을 건축에 부여하고 반향을 일으키면서도 원래의
본질적 형태를 손상시키지 않는다. 따라서 스미스의 건축은 말 그대로 "미완성"인 것이다.'[135] 그런
공간 구조는 개인이 어떤 순서로든 함께 '용접'할 수 있는 부분들을 남겨둔다. 이 구조가 '열린 작품'
의 축도인 것은 '무수히 많은 해석이 가능하기' 때문이며, 그로 인해 '개인의 주도적 행위는 매번
대상에 대한 해석인 동시에 실행이 된다. 어떻게 수용해도 그 작품은 항상 새로운 관점을 내놓기
때문이다.'[136]

올슨을 비롯해, 마죠리 펄로프Marjorie Perloff가 '불확정성의 시인들'이라고 명명한 작가들의
시는 독자에게 자기의 확인과 자아 통합의 수단이 되어줄 의도를 숨기지 않는다. 이 생각의 뿌리는
월트 휘트먼의 시로 거슬러 올라간다. 그는 『민주주의의 전망』(1871)에서 '글을 쓰는 일은 다음과
같은 가정, 즉 읽는 행위란 반쯤 잠든 상태에서 행해지는 한가한 일이 아니라 하나의 운동, 고차원적
의미에서 볼 때, 운동선수의 고군분투와 같은 행위라는 가정에' 기초해야 한다고 밝혔다. '독자는
스스로 뭔가를 해야 한다. 즉, 경계를 늦추지 말아야 하고, 더 나아가 직접 시를 구축해야 한다…
텍스트는 힌트, 단서, 출발점 또는 틀을 제공한다. **책은 완전한 물건일 필요가 없다. 완전할 필요가
있는 쪽은 독자다.**'[137] 『풀잎』의 재판 서문에서(초판은 1855년에 나왔다), 휘트먼은 이 생각을 더욱
발전시켰다. '나는 거의 아무것도 마무르거나 완성하지 않으며, 일관된 계획을 품고 있다고 해도
그렇게는 하지 못할 것이다… 나는 어떤 주제나 생각을 진술하거나 드러내기보다는 독자인 당신을
그 주제나 생각의 분위기로 이끌고자 한다. 그곳에서 당신이 직접 하늘을 날기 바라며.'

스미스의 글쓰기는 정해진 서사에서 벗어나는 이 자유를 극단으로 확장한다.[138] 그의 아이디어는
프레임에 의한 엄격한 통제에서 풀려난 느슨한 행들로 지면 위에 구성된다. 행의 시작과 끝이
관습적인 종지점 또는 수직의 배열을 따르지 않는 탓에 갑자기 아랫줄로 건너뛰고 그로 인해 예상치
못한 틈과 공백이 출현한다. 그런 행들이 모인 단락은 정적인 지면을 가로질러 비스듬히 기울고
지그재그로 흐른다. 이 생생한 단락이 다양한 각도로 비어져 나오며 상반된 크기와 성격의 그림

위층 복도에서 남쪽으로 층계참과 그 아래 거실을 봄(위). 층계참에서 동쪽을 봄(아래). 층계참에서 서쪽을 봄(257쪽 위).
층계참에서 북쪽을 봄(257쪽 아래).

블랙맨 하우스(1963), 매사추세츠, 모리스 스미스 작.

공간과 경계의 상호관입(위 왼쪽). 다락 침실로 올라가는 계단(위 오른쪽). 목재 프레임과 스크린 사이로
보이는 공간의 겹침(아래 왼쪽). 다른 층과 방으로 올라가는 1층 계단(아래 오른쪽).

258    블랙맨 서머하우스(1993), 매사추세츠, 모리스 스미스 작.

및 철자들과 상호 작용한다. 손으로 쓴 것도 있고 고무도장으로 찍은 것도 있으며, 다양한 각도로 기울어진 것도 많이 등장한다. 각각의 단어 뭉치는 독립적이거나 순서에 따르는 것이 아니라 서로 떠밀고 부딪히며 다른 단어 집단에 침투하고, 그로 인해 고형의 물질 대신 잉크와 단어로 구성된 패치워크가 형성된다. 그중 단연 도전적인 것은 스미스가 특정 표현에 대해 단 하나의 단어만 선택하는 것을 반복해서 거부하는 것이다. 그래서 문장은 두 개 이상의 대체 단어로 싹트고, 여러 뉘앙스로 갈라져 생각의 미세한 변화를 형성해내는 절묘한 형식이다. 그 지점에서 독자는 매번 텍스트 해석에 사용할 단어를 숙고하고 선택하도록 권유받는다.

스미스가 메인 주 애디슨에 설계한 본인의 서머하우스(254쪽)와 매사추세츠 주 맨체스터바이더시에 설계한 블랙맨 서머하우스(258쪽)에서 다공성은 극단적인 골격으로 진화한다. 두 주택 모두 목재 골조로 지어졌고 실내는 여러 겹의 조밀한 스크린에 싸여 있다. 블랙맨 서머하우스에서 행동의 장은 따뜻한 색을 지닌 수십 개의 스크린에 걸러지고, 한 방에서 다른 방으로 침투하고, 수많은 파편적 단서들을 통해 새로운 가능성을 탐지하게 한다. 앞에 펼쳐진 바다와 위에 펼쳐진 하늘이 격자를 통해 들어오고, 계단과 다리와 중이층으로 꿰어진 층들에서 그 두 방향으로 시선을 던지면 피라네시 풍의 공간이 부드럽게 물러나며 열린다. 하지만 피라네시의 〈감옥〉에 묘사된 동굴 같은 빈 공간들과는 달리 블랙맨 서머하우스에는 숲의 부드러운 울창함, 섬세한 풍경들이 무수히 퍼져 있는 세계가 있다. J. E. 마르코Marcault와 테레즈 브로스Therese Brosse가 상기시키듯이, '나무줄기와 잎들이 쳐놓은 베일 너머로 무한히 펼쳐지는 신비한 공간, 우리의 눈에는 보이지 않지만 행동에는 투명하게 열리는 공간이 있으니, 숲은 진정한 심리적 초월자'인 셈이다.[139]

## 일본의 공간 격자

일본의 전통 건물은 여과된 조망과 천연 재료를 심미적으로 사용한 까닭에 전체적으로 매혹이 넘치는 공간의 장이 된다(260쪽, 261쪽 위). 고정된 벽과 미닫이 벽이 이루는 매트릭스 때문에 수많은 잠재된 행위가 시야에 들어오고, 심지어 닫힌 경계도 의외의 가능성을 암시한다. 인접한 방이나 경로를 식별하는 것에서부터 우묵하게 그늘진 곳이나 햇빛이 비치는 마루를 찾아내는 일에 이르기까지 우리의 능력을 발휘할 수 있는 기회가 모든 방향에서 손짓하고, 실외에서도 그와 비슷한 활동이 겹쳐진 모습으로 출현한다. 약간씩 달라지는 바닥재도 한 몫을 단단히 한다. 매끄러운 마루판에서 가능한 가벼운 동작에서부터 푹신하고 향기로운 다다미의 친밀함에 이르기까지 모든 바닥재는 행동을 극화하고 그 위에서 발생하는 개별적 행위에 근본적으로 다른 가치를 부여한다.

이처럼 인간의 주도권을 작은 볼륨 안에 가득 꾸리는 능력은 일본인이 오래전부터 멋지게 발휘해온 기술로, 황궁의 별장들은 물론이고 가장 오래된 농가주택 중 하나인 요시무라 주택(261쪽 아래)에도 풍부히 존재한다. 스크린과 불완전한 벽들이 만들어내는 미로는 항상 가능성을 내비치며 각각의 관점을 기대로 채워준다. 한 방에서 다른 방으로 눈길을 슬쩍 틀면 반쯤 가려진 십여 개의 방이 몇 발짝의 이동만으로도 탐색할 수 있는 속살을 드러내며 호기심을 일깨운다. 때론 벽과 천장 사이에 열린 공간이 있어 보이진 않아도 그 너머의 상황을 암시해준다. 언뜻 비치는 겹겹의 공간들이 다가가는 만큼 뒤로 물러나며 탐사의 종료를 거부하고, 여행을 끝내고 걸음을 멈출 만한 실질적인 중심이나 목적지가 없어 보이는 점도 이 같은 효과에 일조한다.

일본식 스크린의 중첩은 종종 양파 껍질에 비유된다. 마(에너지가 흐르는 사이 공간, 간격)와 오쿠(보이지 않는 중심)란 단어가 공간의 무한한 깊이감을 잘 표현하며 그 공간에 절대적 경계가 없음을 말해준다. 오쿠는 또한 주관적인 구역을 가리킨다. 분명히 나뉘기보다 막연히 구분되며 서로를 에워싸는 겹겹의 층들 때문에 측정할 수 없고 헤아릴 수도 없는 공간이 탄생한다. 요시무라 주택의 서쪽 끝에 자리한 작은 사랑채도 이처럼 부단히 겹치는 구조를 갖고 있다. 사랑채를 구성하는 두 개의 볼륨은 장지문과 뚫려 있는 광창에 의해 나뉘고, 벽감과 붙박이 책상, 차를 끓이는 오목한 공간, 노출과 조망이 대조되는 양편의 낮은 마루 등 다양한 공간으로 둘러싸여 있다.

인간의 자유를 가장 풍부히 드러내는 건물로, 다카야마 산촌에 있는 쿠사카베 주택과 요시지마 주택(262쪽)을 꼽을 수 있다. 방문객은 발을 들이는 순간부터 행위의 근원이자 중심이 되어 달라는 매혹적인 초대에 따라 나무 턱에 걸터앉고, 가운데에 화로가 놓여 있는 방들로 나아가고, 여과된 공간을 통해 감지한 다른 유혹을 좇아갈 수 있다. 매 단계에서 새로운 꼬부랑길이 탐험을 인도한다.

차를 준비하는 툇마루(위)와 다실 내부(261쪽 위), 쇼킨테이 다실, 가츠라 궁(17 세기), 교토.

차를 준비하기 위한 알코브가 있는 대기실과 반쯤 보이는 게스트룸(아래), 요시무라 주택(1615), 일본.

입구에서 보이는 높은 방들(위 왼쪽), 쿠사카베 주택, 일본.
봉당(도마)과 실내의 마루(히로시키)(위 오른쪽), 요시지마 주택, 일본.
대들보와 스크린을 통해 보이는 실내마루(아래 왼쪽).
개방된 화로방에서 다른 화로방을 본 모습(아래 오른쪽).

공적인 성격이 짙은 출입구 근처엔 커다한 나무틀이 설치되어 있어 보이진 않지만 에둘러 감지할 수 있는 매력이나 위협을 드러내기도 한다. 하나의 방이 다른 수많은 방과 소통하는 것은 신비와 놀라움의 연속을 좋아하는 일본인의 성향을 보여준다. 요시무라, 쿠사카베, 요시니마 주택은 우미한 목공의 솜씨와 매력적인 특징에도 불구하고 자발적 행동을 약화할 만한 그 어떤 형식이나 개인적 표현을 찾아볼 수 없다. 그 건물들은 우리의 자아를 묵살하거나 우리 자신의 존재를 배제하고 홀로 완성되는 그 어떤 경험도 제시하지 않는다는 정신을 공유하고 있기 때문이다. 이 유산은 현대 건축에 큰 영향을 남기진 못했지만, 안도 타다오, 마키 후미히코, SANAA의 다공성 건축과, 하라 히로시와 이츠코 하세가와의 환상의 세계에서 그 명맥을 볼 수 있다.

안도 타다오는 건물이 제공하는 이같은 힘에 새로운 형태를 부여하는 데 특별한 재능을 보여왔다. 오키나와 페스티벌의 구멍 뚫린 박스, 고베의 언덕마을 같은 롯코 집합주택, 효고 현의 아와지 유메부타이 단지와 교토의 자그마한 명화의 정원(위) 같은 크고 다양한 구조의 건축이 대표적이다. 정원의 땅 밑으로 내려가는 길은 계단, 발코니, 다리로 그물처럼 짜여 있어 여러 방향으로 갈라지고, 세 개의 층에 감춰진 폭포와 연못을 지나며 서양미술과 일본미술의 커다란 복제 이미지를 수시로 보여준다. 이 미로 같은 공간은 어떤 명백한 기능도 제거되어 있는 탓에 방문객에게 여러 경로 중 하나를 선택하고 따라갈 권한을 부여한다. 안도는 이렇게 언급했다. '여기서 나는 현대적이고 3차원으로 변형된 산책 정원stroll garden의 경험을 추구한다.' 사람들은 '동선이 겹치고 시선의 방향이 뒤얽히는 방식'으로 구성된 장소에서 행동을 통해 되살아나고 모든 목적이나 용도에서 해방된다.[140]

스즈키 료지의 주장을 인용하자면, 건축의 인과적 구조를 다시 생각한다는 것은 '건축을 개별

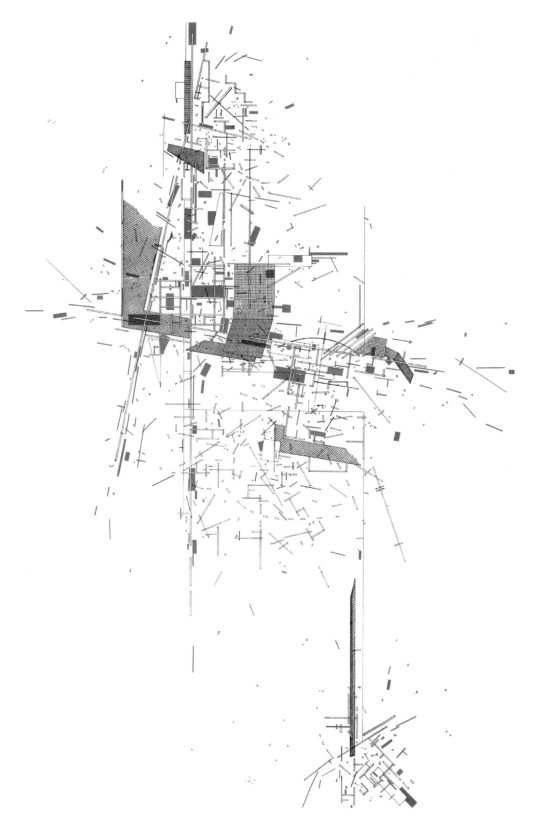

264 개념도, 스즈키 료지 작.

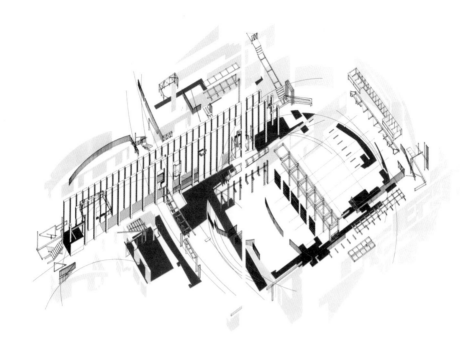

요소들의 종합인 일종의 고형물로 보는 것이 아니라 다양한 에너지가 여러 방향으로 자유롭게 작용할
수 있는 힘의 중심으로 이해한다는 것'을 의미한다. 결정론을 피하려는 스즈키의 목표는 해답보다
의문이 많고, '의외성과 생소함'이 가득하면서도 '자발성'이 분출하는 '열린 세계'를 구축하는
것이다.[141] 그의 건물들은 덩어리와 빈 공간이 분산되어 있는 혼합으로 이루어져 있고, 간헐적인
시점을 가진 헐거운 파편으로만 파악될 수 있다(264쪽).

도쿄 고훈지光雲寺(위와 266쪽)의 경계에는 다양한 크기와 패턴을 가진 틈새들이 새겨져 있다.
이 틈새를 비집고 들어갈 때 수많은 공간적 매혹을 드러내는 복잡한 홈과 균열들이, 파악되지 않는
전체에 고루 퍼져 있어, 다른 무엇보다 에너지가 확연히 느껴지는 투과성이 높은 세계를 구성한다.
이 가능성의 조각들이 겹겹이 상호작용을 하며 복잡한 망을 형성하는 까닭에 사람들은 이를 파악하기
위해 곁눈을 뜨고 예상치 못한 각도와 깊이로 안쪽을 거듭 탐색한다. 벽과 벽 사이의 틈새나 접합부,
모듈 요소들을 분할하는 간극, 좁다란 채광창과 창틀, 기둥의 틈새, 목재나 강철 구조물에 난 구멍,
미세한 틈이 있는 덧창과 난간, 금속판을 잘라낸 흔적, 콘크리트 벽면에 찍혀 나온 자국 등이 그
너머에 있는 공간을 암시한다.

행동의 장을 탈환하고 새롭게 정의하려는 일본 건축의 시도를 다시 한 번 빛낸 사람이 야마모토
리켄이다. 사실 그의 뿌리는 일본의 전통문화 못지않게 헤르만 헤르츠베르거와 르코르뷔지에와도
긴밀히 닿아 있다. 야마모토는 시인 로버트 켈리Robert Kelly가 말한 '양식style은 죽음이다'라는
말의 의미를 가슴에 새긴 듯, 완전히 평범한 산업 재료를 이용해 아주 다양한 공간적 성과를 융통성
있게 구성해내고, 다공성 벽들과 단단한 물체 사이의 여유로운 간극들을 이용하거나 열림과 가림이

유쾌하게 공존하는 중간 영역의 가장자리를 따라 접근할 수 있도록 했다.

자유의지를 부추기려는 야마모토의 시도가 처음 나타난 곳은 요코하마의 가제보와 로툰다 (267쪽)와 도쿄의 햄릿을 비롯한 도시의 옥상주거 시리즈였다. 두 주택 모두 작은 볼륨들을 헐겁게 조립한 구조로, 그 볼륨들은 개방형 계단과 다리로 연결되어 있고 여러 층의 옥외 공간을 공유하며 아치형 덮개 아래 통합되어 있다. 그는 햄릿에 대해 이렇게 설명했다. '크기가 다른 사회적 단위들이 겹치기 때문에 전 가구가 모여 대가족을 이룰 수도 있고, 네 가구가 따로 살 수도 있으며 경우에 따라선 개인별로 독립해서 살 수도 있다. 여기서 중요한 것은 최우선시 되는 가구 단위가 따로 없다는 점이다. 이 아파트먼트는 폭넓은 자유를 허락한다. 즉, 각각의 거주자가 어떻게 살지를 자유롭게 선택할 수 있다.'[142)

이 가벼운 건축 언어는 이후의 여러 주거 프로젝트에서 더 크고 집단적인 형식으로 발전한다. 야마모토는 집합주거를 가리켜 '나란히 배열되고 층층이 쌓여' 있는 '자족적'이고 '닫힌' 형식이라고 평하고 이런 문제점을 보완해 구마모토에 호타쿠보 주거단지(268쪽)를 설계했다. 그의 목표는 영역이 서로 뒤섞이고, 한순간에 많은 사람이 자유롭고 책임감 있게 행동할 기회를 누릴 수 있는 더 열린 세계를 만드는 것이었다.[143) 풀로 덮인 광장을 삼면으로 에워싸고 내려다보는 각 세대는 서로 떨어져 있고, 깊이가 다르며 콘크리트 프레임에서 물러나 있어, 중간 지대가 넉넉할 뿐 아니라

고훈지 사원의 법당 입구(1991), 도쿄, 스즈키 료지 작.

위층에 주거 공간이 있는 로툰다(1987), 요코하마, 야마모토 리켄 작.

개별세대의 존재와 접근성을 강조한다. 발코니, 테라스, 계단, 난간이 포함된 이 투과성 있는 테두리는 주민의 일상적 흐름과 날씨에 따라 어느 순간에든 변할 수 있는, 불명확하지만 매력적인 기회들을 시야에 펼친다.

분명 야마모토가 후기에 설계한 대규모 프로젝트의 실내에는 일본의 옛 주택이나 그가 초기에 보여준 정교한 주택의 따뜻함과 다공성은 부족하지만, 이를 보완하듯 전통주거의 풍부한 실내 공간을 외부로 전환함으로써 은밀하고 사적인 영역 대신 반공개적인 영역에 인간의 존엄성을 부여했다. 이 역전 효과는 그의 교차도시 프로젝트에서 명확히 드러난다. 아파트와 상가를 지나서 기차역에 이르는 보행로에는 자유로운 활동의 여지가 전례 없이 폭넓게 펴져 있다. 보도, 중이층, 계단, 다리로 이루어진 공중 네트워크가 여러 층으로 이루어진 공동 영역을 가로지르며 아파트의 현관들과 합쳐진다. 소박한 재료로 지어진 그 볼륨들은 개방된 안뜰이나 공동 산책로 같은 거대한 틈에서부터 개별 세대 사이의 여유 공간이나 콘크리트 구조에 담긴 틈새에 이르기까지 곳곳에서 자유로움을 보여준다.

특히 과거를 환기하는 곳은 교차도시의 동쪽 끝에 있는 지스투스 단지다(269~71쪽). 반투명 폴리 카보네이트의 미묘한 베일들 덕분에 주택의 입구는 안정적인 모데스티(심한 노출을 피하기 위해 드레스의 가슴 부위에 대는 레이스 장식 따위-옮긴이)와 은신 공간을 확보하고, 거리 전체는 놀라움과 신비감에 싸인다. 어느 지점에서나 보행자는 수백에 이르는 매력적인 목적지와 우연한 만남에 대한 힌트를 찾을 수 있다. 길은 다양한 방향으로 갈라지고, 때론 도로 건너편에서 다시 이어지며 저마다 매혹적인 장소와 경로를 품고 있는 아파트들과 마주한다. 그러나 이런 모든 가능성이 아주 모호한 탓에 눈앞에 펼쳐진 전망은 끝내 의혹과 모험의 안개를 걷어내지 않는다. 이 불투명한 미로는 수동적으로 구경할 수밖에 없는 정해진 연극이 아니라 자연스럽게 참여를 유도하는 열린 드라마를 제시한다. 그 가능성을 헤아리고 활동할 때 연극의 주인공은 건물이 아닌

호타구보 주거단지(1991)의 실외 발코니와 계단(왼쪽), 광장을 향해 있는 실내 파사드(오른쪽), 일본, 야마모토 리켄 작.

우리가 된다.

　사이타마 현립대학과 하코다테 미래대학의 설계를 포함해 야마모토 건축에서 인간적으로 가장 유의미한 것은 물리적 실체가 아니라 그것을 작동해줄 사람을 기다리는 힘에서 나온다. 건축에 대한 관심은 완성된 형태에서 사람들의 행동 방식으로 옮겨졌고, 건축의 경험은 대체로 각 부분의 우발적 연쇄로 이루어진다. 거주자와 방문자 모두 행동을 통해 그들 자신을 되찾고 규정하고 창조하는 존재, 즉 살아있는 상태가 되지만 그 끝은 항상 미지수로 남는다.

　이 상존하는 미래의 가능성을 윌리엄 칼로스 윌리엄스는 다음과 같이 웅변적으로 표현했다. '그 가치는 전적으로, 당연히 비어 있을 줄 알면서도 방문을 열어보는 행위, 진부함과의 단절, 습관에 의해 지속적으로 굳어진 것들을 깨는 행위에 있다. 나에겐 호기심이란 덕목 외에는 아무것도 남아 있지 않다… 시인은 언제나 뱃머리에 있어야 한다.'[144]

지스투스 교차도시(1992)의 거리 쪽 외관, 요코하마, 야마모토 리켄 작.

　　프랭크 로이드 라이트, 루돌프 쉰들러, 루이스 I. 칸, 헤르만 헤르츠베르거, 그래프턴 아키텍츠,
모리스 스미스의 작품과 함께 야마모토의 건축 역시 우리의 건물과 도시가 우리가 원하는대로 마르지
않는 기회의 원천이 되려면 그 형식이 어떻게 관대해져야 하는지를 보여준다. 이 자유를 누리기
위해서는 목적이 없거나 운에 내맡기는 행동에 의존하는 대신, 새로운 선택지들이 시야에 쏟아져
들어오는 상황에서 내적 방향성을 잃지 않고 상충하는 욕구와 대안에 매 순간 주목할 수 있어야 한다.
그럴 때 우리의 삶은 공간의 힘으로 거듭나고, 생명력의 주체로서 자신의 통제하에 풍요로운 행동을
주도할 수 있는 기회를 얻는다. 아울러 바람직한 결과와 행동을 통해 인간으로서 간직해야 할 우리
자신의 근본적인 실존을 거듭 확인하게 된다.

지스투스 교차도시. 각 세대로 통하는 다리와 계단이 있는 위층(위).
실외 다리와 계단, 복도, 테라스에서 내려다보이는 내부 보행로(270쪽). 요코하마. 야마모토 리켄 작.

# 주석

1) Gaston Bachelard, The Poetics of Space, trans. Maria Jolas (New York: Orion Press, 1964), p. 15.

2) R. D. Laing, The Politics of Experience (New York: Ballantine Books, 1967), p. 23.

3) Fyodor Dostoevsky, Notes from Underground, trans. Serge Shishkoff (New York: Thomas Y. Crowell, 1969), p. 32.

4) Ibid., pp. 32-4.

5) Luther Halsey Gulick, A Philosophy of Play (New York: Association Press, 1920), pp. 276-7.

6) Michel Foucault, Discipline and Punish: The Birth of the Prison, trans. Alan Sheridan (Harmondsworth, Middlesex: Penguin, 1977), p. 138.

7) Ibid., p. 154.

8) Charles Olson, 'Human Universe', in Robert Creeley, ed., Selected Writings of Charles Olson (New York: New Directions, 1951), pp. 58–62.

9) John Dewey, Freedom and Culture (Amherst, New York: Prometheus Books, 1989), p. 44.

10) Daniel C. Dennett, Consciousness Explained (Boston: Little Brown, 1991), p. 209.

11) Lewis Mumford, The Myth of the Machine (New York: Harcourt, Brace & World 1967), p. 76.

12) Rene Dubos, So Human an Animal (New York: Charles Scribner's Sons, 1968), pp. 128, 130-32.

13) Erich Fromm, Escape from Freedom (New York: Holt, Rinehart & Winston, 1941), pp. 48–9.

14) Ibid., pp. 284, 288–9.

15) Jean-Paul Sartre, Being and Nothingness: An Essay on Phenomenological Ontology, trans. Hazel E. Barnes (New York: Philosophical Library, 1956), p. 438.

16) Ibid., p. 439.

17) Hannah Arendt, The Human Condition (Chicago: University of Chicago Press, 1958), p. 177.

18) Ibid., p. 179.

19) Dante Alighieri, De Monarchia, Book 1, Chapter XIII, 1559. This fine translation comes from Arendt, The Human Condition, p. 175.

20) Gabriel Marcel, Homo Viator: Introduction to a Metaphysic of Hope, trans. Emma Craufurd (New York: Harper & Row, 1962).

21) Foucault, Discipline and Punish, p. 139.

22) Arendt, The Human Condition, p. 180.

23) R. Creely, ed., Selected Writings of C. Olson, p. 55.

24) Bernard Rudofsky, Streets for People (New York: Doubleday & Co., 1969), p. 176.

25) Bernard Rudofsky, The Prodigious Builders (New York: Harcourt, Brace Jovanovich, 1977), p. 242.

26) Diane Ackerman, Deep Play (New York: Random House, 1999), pp. 19–20.

27) Gaston Bachelard, Air and Dreams: An Essay on the Imagination of Movement, trans. Edith R. Farrell and C. Frederick Farrell (Dallas: Dallas Institute Publications, 1988), p. 33.

28) Erik H. Erikson, Childhood and Society (New York: W.W. Norton & Co., 1950), p. 213.

29) 누구나 건물을 이용할 수 있어야 한다는 규약은 좋은 의도에서 나왔지만 그 제약성 때문에 건물과 도시가 평탄해지는 불행한 결과를 낳았다. 건물의 모든 지점에 평등하게 접근할 수 있도록 하다보니, 바닥면이 제공하는 모험과 즐거움이 사실상 사라졌기 때문이다. 보다 사려가 깊고 진정 평등한 접근 방법은 모든 사람에게 창의적인 움직임을 허락하고, 연령과 능력에 맞는 폭넓은 선택이 가능하도록 접근성을 다양화하는 것이다.

30) 위튼 에셔릭의 조카이자 임시 조수였던 건축가 조지프 에셔릭이 1986년에 필자에게 밝힌 소견의 일부.

31) Wallace Stevens, The Collected Poems (New York: Alfred A. Knopf, 1954), p. 83.

32) Akira Naito and Takeshi Nichikawa, Katsura: A Princely Retreat
(Tokyo: Kodansha International Ltd, 1977), p. 148.

33) Kiyoyuki Nishihara, Japanese Houses: Patterns for Living, trans. Richard L. Gage
(Tokyo: Japan Publications, 1968), p. 126.

34) Erik H. Erikson, 'Play and Actuality', in Maria W. Piers, ed., Play and Development
(New York: W.W. Norton, 1972), p. 133.

35) Ibid., p. 152.

36) Bachelard, Air and Dreams, p. 42.

37) Ibid., p. 121.

38) Mircea Eliade, The Sacred and the Profane: The Nature of Religion, trans. Willard R. Trask
(New York: Harcourt, Brace & World, 1959), pp. 118–19.

39) Bachelard, Air and Dreams, p. 14.

40) Bachelard, Poetics of Space, pp. 194–5.

41) C. Ray Smith, 'Rudolph's Dare-Devil Office Destroyed', in Progressive Architecture 50
(April 1969): 98–105.

42) Henry Plummer, Cosmos of Light: The Sacred Architecture of Le Corbusier
(Bloomington, Indiana: Indiana University Press, 2013), p. 10.

43) Erikson, Childhood, p. 221.

44) Karl Groos, The Play of Man (New York: D. Appleton & Co., 1901), p. 161.

45) Erich Fromm, The Anatomy of Human Destructiveness (New York: Holt, Rinehart and Winston, 1973),
p. 235.

46) Sartre, Being and Nothingness, p. 580.

47) Ibid., pp. 580–1.

48) J.C.F. Schiller, Aesthetical and Philosophical Essays (London: G. Bell, 1884), p. 71.

49) Johan Huizinga, Homo Ludens: A Study of the Play Element in Culture (Boston: Beacon Press, 1955),
P. 7.

50) D.W. Winnicott, Playing and Reality (Harmondsworth, UK: Penguin Books, 1980), p. 63.

51) Ibid., p. 66.

52) Erikson, 'Play and Actuality', p. 127.

53) Ibid., p. 158.

54) Winnicott, Playing, pp. 75, 63.

55) Dubos, So Human, pp. 111-112, 175.

56) 프라이스도 움직이는 요소들이 인간의 손에서 멀어져 가는 비육체적인 세계의 위험성을 안정한다.
'예를 들어 자동문은 전기로 제어되고, 빛이나 소리나 열원으로 작동한다. 감각적으로 디자인되고 사용자들에게
친화적이었던 이전 세대의 문손잡이와 문고리가 통째로 외면당하거나 사라졌다. 요즘에 문을 사용하는 사람들은 시각적
정보가 없는 문 앞에서 작동 장치에 신호를 보낼 요량으로 트리피드 (존 윈덤의 공상 과학 소설 '트리피드의 날'에 나오는
육식성 실물괴수−옮긴이)처럼 몸을 꿈틀거린다.

손은 쓸모가 없어졌다. 물건에서 소음이 많이 사라졌고, 정교한 손기술도 많이 사라졌다.'
Cedric Price, 'Cedric Price Talks at the AA', in AA Files 19 (Spring 1990): 34.

57)  Martin Heidegger, The Question Concerning Technology, trans. William Lovitt
     (New York: Harper & Row, 1977), p. 5.

58)  Junichiro Tanizaki, In Praise of Shadows, trans. Thomas J. Harper and Edward G. Seidensticker
     (New Haven: Leete's Island Books, 1977), pp. 21-2.

59)  Shigeru Ban, Shigeru Ban (New York: Princeton Architectural Press, 2001), p. 51.

60)  Steen Eiler Rasmussen, Experiencing Architecture (Cambridge, Massachusetts: MIT Press, 1959),
     pp. 199-202.

61)  Robert Frost, The Poetry of Robert Frost, ed., Edward Connery Lathem
     (New York: Holt, Rinehart and Winston, 1967), p. 277.

62)  Frank Lloyd Wright, An Autobiography (New York: Duell, Sloan and Pearce, 1943), pp. 310 -12.

63)  Paul Rudolph, The Architecture of Paul Rudolph (New York: Praeger, 1970), p. 42.

64)  Arendt, p. 178.

65)  Kenneth Frampton, 'Maison de Verre,' in Perspecta 12: The Yale Architectural Journal (1969), p. 80.

66)  William Carlos Williams, The Collected Poems of William Carlos Williams Volume II 1939-1962, ed.,
     Christopher MacGowan (New York: New Directions, 1988), p. 310.

67)  Calvin Tomkins, The Bride & The Bachelors: The Heretical Courtship in Modern Art
     (New York: Viking Press, 1965), p. 146.

68)  Steven Holl, Intertwining (New York: Princeton Architectural Press, 1996), p. 110; Steven Holl, Parallax
     (New York: Princeton Architectural Press, 2000), p. 234.

69)  Holl, Parallax, pp. 226, 233.

70)  Daniel C. Dennett, Elbow Room: The Varieties of Free Will Worth Wanting (Cambridge, Massachusetts:
     MIT Press, 1984), p. 145.

71)  Russell Ferguson, ed., Robert Irwin (Los Angeles: Museum of Contemporary Art, 1993), p. 178.

72)  Peter Prangnell, 'The Friendly Object' in Harvard Educational Review 39: 4 (1969): 39, 41.

73)  György Kepes, Language of Vision (Chicago: Paul Theobald, 1951), p. 77.

74)  Marjorie Perloff, The Poetics of Indeterminacy: Rimbaud to Cage (Princeton: Princeton University Press,
     1981), p. 119.

75)  Wallace Stevens, Opus Posthumous , ed., Samuel French Morse (New York: Alfred A. Knopf, 1957),
     pp. 166, 178.

76)  Bruno Bettelheim, A Home for the Heart (New York: Alfred A. Knopf, 1974), pp. 174, 177.

77)  Ibid., p. 162.

78)  Dennett, Elbow Room, p. 51.

79)  Ibid., pp. 63, 73.

80)  1983년 올리베티 전시장을 방문했을 때 나는 이 계단에 네 사람이 있는 것을 목격했는데 그때 계단은 매우 다양한 행동을
     수용하는 능력을 훌륭히 입증하고 있었다. 한 사람은 아래쪽 벤치에 앉아 있었고, 다른 한 사람은 위쪽 계단에 앉아 있었으며,
     세 번째 사람은 캔틸레버에 기대고 있었고, 네 번째 사람은 맨 아래 넓은 디딤판 위에서 있었다. 그 밖에도 다양한 디딤판이
     커피와 다이어리를 놓는 자리로 이용되었다. 그 장면을 사진에 담지 않은 것을 지금도 가끔 후회한다.

81)  Fromm, Anatomy of Human Destructiveness , pp. 239-40.

82)  Rudofsky, Streets for People, p. 191.

83) 미켈란젤로에 따르면 계단의 이용 방식은 원래 이보다 덜 자유로웠다. 군주가 가운데 계단을 이용하고 조신들은 양쪽 계단을 이용하도록 설계된 것이다.

84) Erikson, 'Play and Actuality', pp. 133, 140, 142, 165.

85) Frank Lloyd Wright, 'Two Lectures in Architecture', in Edgar Kaufmann and Ben Raeburn, eds., Frank Lloyd Wright: Writings and Buildings (New York: World Publishing Co., 1960), p. 92.

86) Ibid., pp. 314, 317.

87) Ibid., p. 313.

88) Wright, Autobiography, p. 162.

89) Herman Hertzberger, Lessons for Students in Architecture (Rotterdam: Uitgeverij 010 Publishers, 1991), p. 170.

90) Erikson, Childhood, p. 213.

91) Herman Hertzberger, 'Montessori Primary School in Delft, Holland' in Harvard Educational Review 39:4 (December 1969), p. 66.

92) John Donat, ed., World Architecture 4 (New York: Viking Press, 1967), p. 25.

93) Benedict Zucchi, Giancarlo de Carlo (London: Butterworth Architecture, 1992), p. 168.

94) See Giancarlo de Carlo, Urbino: the History of a City and Plans for its Development 276 notes 277 (Cambridge, Massachusetts: MIT Press, 1970).

95) Aldo van Eyck, ed., Aldo van Eyck: Hubertus House (Amsterdam: Stichting Wonen, 1982), p. 89.

96) Robert Venturi, Complexity and Contradiction in Architecture (New York: Museum of Modern Art, 1977), pp. 78–82.

97) Bachelard, The Poetics of Space, pp. 81, 85.

98) Henry Plummer, Stillness and Light: The Silent Eloquence of Shaker Architecture (Bloomington, Indiana: Indiana University Press, 2009).

99) Kengo Kuma, 'Museum of Hiroshige Ando', in JA The Japan Architect 38 (2000): 12.

100) Wright, p. 339.

101) Ferguson, p. 113.

102) Rudolf Otto, The Idea of the Holy, trans. John W. Harvey (London: Oxford University Press, 1923), pp. 12–30.

103) Tanizaki, p. 20.

104) Henry Plummer, Nordic Light: Modern Scandinavian Architecture (London: Thames & Hudson, 2012), pp. 226–49.

105) Peter Zumthor, Atmospheres (Basel: Birkhauser, 2006), pp. 41–3.

106) 이와 유사하게 갈퀴로 긁은 모래의 바다에 떠 있는 열다섯 개의 바위는 마루 위의 어느 시점에서 보더라도 하나가 항상 다른 것 뒤에 가려지도록 기술적으로 배열되어 있다. 그 결과 논리와 확신에서 해방된 또 다른 자유를 제공하고, 각자가 관조를 통해서 부족한 부분을 채울 수 있도록 무한히 자극한다.

107) Bachelard, The Poetics of Space, pp. 149–50.

108) John Summerson, Heavenly Mansions and Other Essays on Architecture (New York: W.W. Norton & Co., 1963), pp. 1–8.

109) Wilhelm Worringer, Form in Gothic, trans. Herbert Read (London: G.P. Putnam's Sons, 1927), pp. 165–6.

110) Le Corbusier, Le Poeme de l'Angle Droit (Paris: Editions Connivance, 1989), p. 136.

111) Bruno Bettelheim, The Uses of Enchantment: The Meaning and Importance of Fairy Tale (New York: Alfred A. Knopf, 1976), p. 155.

112) Wassily Kandinsky, The Spiritual in Art (New York: George Wittenborn, 1947), p. 39.

113) Francois Jacob, The Possible and the Actual (Seattle: University of Washington Press, 1982), p. 66.

114) William Carlos Williams, Selected Essays of William Carlos Williams (New York: Random House, 1954), pp. 280–91.

115) Stevens, The Collected Poems, p. 488.

116) Williams, pp. 284–5.

117) Robert Harbison, Eccentric Spaces (Boston: David R. Godine, 1988), p. 133.

118) H.B. Chipp, Theories of Modern Art (Berkeley: University of California Press, 1968), p. 186.

119) Sigfried Giedion, Space, Time and Architecture (Cambridge, Massachusetts: Harvard University Press, 1941), pp. 226–7.

120) Charles Moore, Peter Becker and Regula Campbell, The City Observed: Los Angeles (New York: Vintage Books, 1984), p. 24.

121) Giedion, p. 436.

122) Wright, p. 325; Kaufmann and Raeburn, pp. 284–9.

123) Kaufmann and Raeburn, pp. 264, 266.

124) Justin Kaplan, ed., Walt Whitman: Complete Poetry and Prose (New York: Library of America, 1982), p. 297.

125) W. Boesiger and H. Girsberger, eds., Le Corbusier 1910–65 (Zurich: Artemis, 1967), p. 34.

126) David Gebhard, Schindler (New York: Viking Press, 1971), p. 192.

127) David B. Brownlee and David G. DeLong, Louis I. Kahn: In the Realm of Architecture (New York: Rizzoli, 1991), pp. 390–1.

128) 'The Mind of Louis Kahn', in The Architectural Forum 137:1 (July–August 1972): 77.

129) Ibid.

130) Donald Allen, ed., Human Universe and Other Essays by Charles Olson (New York: Grove Press, 1967), p. 123.

131) Lewis MacAdams and Linda Wagner-Martin, 'Robert Creeley, The Art of Poetry No. 10', Paris Review 44 (Fall 1968): 180.

132) Creeley, p. 16.

133) Ibid.

134) Ibid., p. 17.

135) Umberto Eco, The Open Work, trans. Anna Cancogni (Cambridge, Massachusetts: Harvard University Press, 1989), pp. 3–4.

136) Umberto Eco, The Role of the Reader: Explorations in the Semiotics of Texts (Bloomington, Indiana: Indiana University Press, 1979), p. 4.

137) Kaplan, pp. 992–3.

138) See Maurice Smith, 'Not Writing on Built Form', in Harvard Educational Review 39:4 (1969): 69–84.

139) J.E. Marcault and Therese Brosse, L'Education de demain (Paris: F. Alcan, 1939), p. 255.

140) Tadao Ando, Tadao Ando 1983–2000 (Madrid: El Croquis, 2000), p. 344; Tadao Ando, GA Architect 16: Tadao Ando 1994–2000 (Tokyo: A.D.A. Edita, 2000), p. 48.

141) Ryoji Suzuki, 'Experience in Material', in Japan Architect 61 (November 1986): 93.

142) Wilhelm Klauser, Riken Yamamoto (Basel: Birkhauser, 1999), p. 41.

143) Ibid., p. 48.

144) Williams, p. 26.

# 참고문헌

Ackerman, Diane, Deep Play (New York: Random House, 1999).

Allen, Donald, ed., Human Universe and Other Essays by Charles Olson (New York: Grove Press, 1967).

Ando, Tadao, GA Architect 16: Tadao Ando 1994–2000 (Tokyo: A.D.A. Edita, 2000).

——, Tadao Ando 1983–2000 (Madrid: El Croquis, 2000).

Arendt, Hannah, The Human Condition (Chicago: University of Chicago Press, 1958).

Bachelard, Gaston, Air and Dreams: An Essay on the Imagination of Movement, trans. Edith R. Farrell and C. Frederick Farrell (Dallas: Dallas Institute Publications, 1988).

——, The Poetics of Space, trans. Maria Jolas (New York: Orion Press, 1964).

Ban, Shigeru, Shigeru Ban (New York: Princeton Architectural Press, 2001).

Bettelheim, Bruno, A Home for the Heart (New York: Alfred A. Knopf, 1974).

——, The Uses of Enchantment: The Meaning and Importance of Fairy Tales (New York: Alfred A. Knopf, 1976).

Boesiger, W., and H. Girsberger, eds., Le Corbusier 1910–65 (Zurich: Artemis, 1967).

Brownlee, David B., and David G. DeLong, Louis I. Kahn: In the Realm of Architecture (New York: Rizzoli, 1991).

Chipp, H.B., Theories of Modern Art (Berkeley: University of California Press, 1968).

Creeley, Robert, ed., Selected Writings of Charles Olson (New York: New Directions, 1951).

Dante (Dante Alighieri), De Monarchia, book 1, chapter XIII, 1559.

De Carlo, Giancarlo, Urbino: The History of a City and Plans for its Development (Cambridge, Massachusetts: MIT Press, 1970).

Dennett, Daniel, Consciousness Explained (Boston: Little, Brown, 1991).

——, Elbow Room: The Varieties of Free Will Worth Wanting (Cambridge, Massachusetts: MIT Press, 1984).

Dewey, John, Freedom and Culture (Amherst, New York: Prometheus Books, 1989).

Donat, John, ed., World Architecture 4 (New York: Viking Press, 1967).

Dostoyevsky, Fyodor, Notes from Underground, trans. Serge Shishkoff (New York: Thomas Y. Crowell, 1969).

Dubos, René, So Human an Animal (New York: Charles Scribner's Sons, 1968).

Eco, Umberto, The Open Work, trans. Anna Cancogni (Cambridge, Massachusetts: Harvard University Press, 1989).

——, The Role of the Reader: Explorations in the Semiotics of Texts (Bloomington, Indiana: Indiana University Press, 1979).

Eliade, Mircea, The Sacred and the Profane: The Nature of Religion, trans. Willard R. Trask (New York: Harcourt, Brace & World, 1959).

Erikson, Erik, Childhood and Society (New York: W.W. Norton & Co., 1950).

Ferguson, Russell, ed., Robert Irwin (Los Angeles: Museum of Contemporary Art, 1993).

Foucault, Michel, Discipline and Punish: The Birth of the Prison, trans. Alan Sheridan (Harmondsworth, Middlesex: Penguin, 1977).

Frampton, Kenneth, 'Maison de Verre,' in Perspecta 12: The Yale Architectural Journal (1969).

Fromm, Erich, The Anatomy of Human Destructiveness (New York: Holt, Rinehart and Winston, 1973).

——, Escape from Freedom (New York: Holt, Rinehart & Winston, 1941) .

Gebhard, David, Schindler (New York: Viking Press, 1971).

Giedion, Sigfried, Space, Time and Architecture (Cambridge, Massachusetts: Harvard University Press, 1941).

Groos, Karl, The Play of Man (New York: D. Appleton & Co., 1901).

Gulick, Luther Halsey, A Philosophy of Play (New York: Association Press, 1920).

Harbison, Robert, Eccentric Spaces (Boston: David R. Godine, 1988).

Heidegger, Martin, The Question Concerning Technology, trans. William Lovitt (New York: Harper & Row, 1977).

Hertzberger, Herman, Lessons for Students in Architecture (Rotterdam: Uitgeverij 010 Publishers, 1991).

——, 'Montessori Primary School in Delft, Holland', in Harvard Educational Review 39:4 (1969): 58-67.

Hertzberger, Herman, Addie van Roijen-Wortmann and Francis Strauven, Aldo van Eyck: Hubertus House (Amsterdam: Stichting Wonen, 1982).

Holl, Steven, Intertwining (New York: Princeton Architectural Press, 1996).

——, Parallax (New York: Princeton Architectural Press, 2000).

Huizinga, Johan, Homo Ludens: A Study of the Play Element in Culture (Boston: Beacon Press, 1955).

Jacob, François, The Possible and the Actual (Seattle: University of Washington Press, 1982).

Kandinsky, Wassily, The Spiritual in Art (New York: George Wittenborn, 1947).

Kaplan, Justin, ed., Walt Whitman: Complete Poetry and Prose (New York: Library of America, 1982).

Kaufmann, Edgar, and Ben Raeburn, eds., Frank Lloyd Wright: Writings and Buildings (New York: World Publishing Co., 1960).

Kepes, György, Language of Vision (Chicago: Paul Theobald, 1951).

Klauser, Wilhelm, Riken Yamamoto (Basel: Birkhäuser, 1999).

Kuma, Kengo, 'Museum of Hiroshige Ando', in JA The Japan Architect 38 (2000).

Laing, R.D., The Politics of Experience (New York: Ballantine Books, 1967).

Lathem, Edward Connery, ed., The Poetry of Robert Frost (New York: Holt, Rinehart and Winston, 1967).

Le Corbusier, Le Poème de l'Angle Droit (Paris: Éditions Connivance, 1989).

MacAdams, Lewis, and Linda Wagner-Martin, 'Robert Creeley, The Art of Poetry No. 10', in Paris Review 44 (Fall 1968): 180.

MacGowan, Christopher, ed., The Collected Poems of William Carlos Williams, Volume II: 1939–1962 (New York: New Directions, 1988).

Marcault, J.E., and Thérèse Brosse, L'Éducation de demain (Paris: F. Alcan, 1939).

Marcel, Gabriel, Homo Viator: Introduction to a Metaphysic of Hope, trans. Emma Craufurd (New York: Harper & Row, 1962).

'Marlin, William, 'The mind of Louis Kahn', in The Architectural Forum 137:1 (July–August 1972): 1-67.

Moore, Charles, Peter Becker and Regula Campbell, The City Observed: Los Angeles (New York: Vintage Books, 1984).

Mumford, Lewis, The Myth of the Machine (New York: Harcourt, Brace & World, 1967).

Naito, Akira, Katsura: A Princely Retreat (Tokyo: Kodansha International Ltd, 1977).

Nishihara, Kiyoyuki, Japanese Houses: Patterns for Living, trans. Richard L. Gage (Tokyo: Japan Publications, 1968).

Otto, Rudolf, The Idea of the Holy, trans. John W. Harvey (London: Oxford University Press, 1923).

Perloff, Marjorie, The Poetics of Indeterminacy: Rimbaud to Cage (New York: Princeton University Press, 1981).

Piers, Maria W., ed., Play and Development (New York: W.W. Norton, 1972).

Plummer, Henry, Cosmos of Light: The Sacred Architecture of Le Corbusier (Bloomington, Indiana: Indiana University Press, 2013).

——, Nordic Light: Modern Scandinavian Architecture (London: Thames & Hudson, 2012).

——, Stillness and Light: The Silent Eloquence of Shaker Architecture (Bloomington, Indiana: Indiana University Press, 2009).

Prangnell, Peter, 'The Friendly Object', in Harvard Educational Review 39:4 (1969): 36–41.

Rasmussen, Steen Eiler, Experiencing Architecture (Cambridge, Massachusetts: MIT Press, 1959).

Rudofsky, Bernard, The Prodigious Builders (New York: Harcourt, Brace Jovanovich, 1977).

——, Streets for People (New York: Doubleday & Co., 1969).

Rudolph, Paul, The Architecture of Paul Rudolph (New York: Praeger, 1970).

Sartre, Jean-Paul, Being and Nothingness: An Essay on Phenomenological Ontology, trans. Hazel E. Barnes (New York: Philosophical Library, 1956).

Schiller, Friedrich, Aesthetical and Philosophical Essays (London: G. Bell, 1884).

Smith, C. Ray, 'Rudolph's Dare-devil Office Destroyed', in Progressive Architecture 50 (April 1969): 98–105.

Smith, Maurice, 'Not Writing on Built Form', in Harvard Educational Review 39:4 (1969): 69–84.

Stevens, Wallace, The Collected Poems (New York: Alfred A. Knopf, 1954).

——, Opus Posthumous (New York: Alfred A. Knopf, 1957).

Summerson, John, Heavenly Mansions and Other Essays on Architecture (New York: W.W. Norton & Co., 1963).

Suzuki, Ryoji, 'Experience in Material', in Japan Architect 61 (November 1986).

Tanizaki, Jun'ichirō, In Praise of Shadows, trans. Thomas J. Harper and Edward G. Seidensticker (New Haven, Connecticut: Leete's Island Books, 1977).

Tomkins, Calvin, The Bride and The Bachelors: The Heretical Courtship in Modern Art (New York: Viking Press, 1965).

Venturi, Robert, Complexity and Contradiction in Architecture (New York: Museum of Modern Art, 1977).

Williams, William Carlos, Selected Essays of William Carlos Williams (New York: Random House, 1954).

Winnicott, D.W., Playing and Reality (Harmondsworth, Middlesex: Penguin Books, 1980).

Worringer, Wilhelm, Form in Gothic, trans. Herbert Read (London: G.P. Putnam's Sons, 1927).

Wright, Frank Lloyd, An Autobiography (New York: Duell, Sloan and Pearce, 1943).

Zucchi, Benedict, Giancarlo de Carlo (London: Butterworth Architecture, 1992).

Zumthor, Peter, Atmospheres (Basel: Birkhäuser, 2006).

# 사진 저작권

# 찾아보기

굵게 표시된 이탤릭체 숫자는 도판 쪽수를 가리킨다.

# 감사의 말

이책은 많은 사람에게 빚지고 있다. 나는 이책의 기본적인 개념들을 오래전 MIT대학교 대학원생 시절에 처음 구상했고, 당시 그 학교의 실험적 분위기와 인문 정신에서 자양분을 얻었다. 학과장인 던린 린든의 지도력, 조지 케페스, 케빈 린치, 마이너 화이트를 비롯한 여러 스승의 영향을 받았는데, 특히 모리스 스미스 교수의 실험적인 스튜디오는 내가 이책에서 논한 몇몇 개념에 단초를 제공했다.

건축이 인간의 힘과 공간적 행동의 원천이 될 수 있다는 가능성은 나의 스튜디오와 박사과정 세미나에서 검토되었지만, 어바나-샴페인 소재의 일리노이 대학교에서 학생들의 논문을 지도할 때 그들과 나눈 활기찬 교류에서도 영감을 얻었다. 그와 동시에 나는 학술지에 발표한 수많은 논문과 포토에세이를 통해 그 주제를 탐구했다. 이와 관련하여 〈a+u〉의 전 편집장 토시오 나카무라에게 특별한 감사를 표하고 싶다. 완성된 것은 단 두 편이지만, 그는 '힘의 그릇Vessels of Power'이란 제목으로 일련의 논문을 쓰도록 격려하고 출판했다.

이책에 실린 사진은 오랜 시간 진행된 현장답사의 결과인 만큼 그간 관련 내용의 조사와 여행을 지원해준 많은 기관에게 감사드린다. 지원금과 연구비는 대부분 건축에서 빛의 예술light art을 연구하는 명목으로 승인되었지만, 이 책의 기초 자료가 된 여러 건축적 특징들을 조사하고 사진에 담을 수 있는 여건도 마련해주었다. 이와 관련해 그레이엄 재단이 승인해준 세 번의 지원, 글래디스 크리블 델마스 재단과 아메리칸-스칸디나비안 재단의 지원에 감사한다. 또한 로렌스 B. 앤더슨 상을 준 MIT대학교와 여러 번에 걸쳐 탐사 여행을 지원해준 일리노이 대학교에도 감사드린다.

이 책에 담긴 건물의 건축가, 소유자, 거주자, 관리자, 직원들이 베풀어준 너그러움과 인내에 개인적으로 감사드린다. 너무 많아 일일이 열거할 수는 없지만 감사의 마음은 다르지 않다. 또한 사진 게재를 위해 도움을 주고 연구비 승인을 위해 편지를 써준 여러분에게 깊이 감사드리며 이분들의 이름을 여기에 남긴다. 웨인 앤더슨, 스탠퍼드 앤더슨, 잭 베이커, 보턴드 보그너, 모하메드 부베크리, 데이비드 차스코, 월터 크리스, 조지프 에셔릭, 앨런 포레스터, 케네스 프램턴, 조너선 그린, 페이 존스, 조지 케페스, 알레한드로 라푸치나, 케빈 린치, 던린 린든, 헨리 밀런, 토시오 나카무라, 베아 네틀스, 유하니 팔라스마, 리처드 피터스, 로버트 라일리, 모리스 스미스, 마이너 화이트, A. 리처드 윌리엄스.

템스 & 허드슨 출판사의 건축 편집자 루카스 디트리히에겐 보다 직접적인 감사를 표해야 할 듯하다. 처음에 이 기획을 수용하고 위태로운 순간마다 확신을 보여주었기 때문이다.

이책의 기초가 된 작업은 나의 아내, 패티의 꾸준한 뒷받침과 유쾌함이 없었다면 절대 이루지 못했을 것이다. 숱한 해외여행의 고단함과 고독했던 집필 작업의 어려움을 함께 감내해주었으며, 특히 나의 기나긴 건축 탐사에 최고의 동행자가 되어주었다. 진심으로 감사의 마음을 전한다.

## 헨리 플러머 Henry Plummer

미국의 건축가이자 사진작가로 현재 일리노이 대학교 어바나·샴페인 캠퍼스의 건축학과 명예교수로 있다.
매사추세츠 공과대학교(MIT) 건축학부에서 모리스 스미스 Maurice Smith 교수에게 건축을, 고등시각연구센터
the Center for Advanced Visual Studies에서 조지 케페스 György Kepes 교수에게 라이트 아트 light art를
사사했다. 오리건 대학교 건축학부의 특임교수를 역임했으며, 사진에 관한 연구로 로렌스 B. 앤더슨 상을 수상했다.

저서로는 『빛의 시학』(1987), 『정적과 빛: 셰이커 건축의 묵시적 웅변』(2009), 『빛의 우주: 르 코르뷔제의 신성한 건축』(2013)
등이 있다. 그의 최근작 『건축의 경험』(2016)은 인간의 마음에 자발적 능력을 불러일으키는 건축의 힘을 철학의 관점에서
해석하고 이를 구체적인 사례를 통해 보여주는 책이다. 그의 연구는 우리에게 공간적 활동의 주체로서 건축을 경험하고
이해할 수 있는 기회와 자유를 선물한다.

## 김한영

강원도 원주에서 태어나 서울대 미학과를 졸업했고, 서울예대에서 문예창작을 공부했다. 오랫동안 번역에 종사하며
문학과 예술의 곁자리를 지키고 있다. 대표적인 역서로는 『빈센트가 사랑한 책』, 『미를 욕보이다』, 『무엇이 예술인가』,
『나는 공산주의자와 결혼했다』, 『빈 서판』, 『언어본능』, 『아이작 뉴턴』, 『갈리아 전쟁기』, 『카이사르의 내전기』 등이 있다.
제45회 백상출판문화상 번역부문을 수상했다.

## 건축의 경험  헨리 플러머 지음 | 김한영 옮김

**초판 1쇄 발행** 2017년 9월 11일
       **2쇄 발행** 2022년 4월 11일
**펴낸이** 이민 · 유정미 | **디자인** 이경아
**펴낸곳** 이유출판 | **등록** 2008년 10월 28일(제25100-2008-000049호)
**주소** 대전시 동구 대전천동로 514 (34630)
**전화** 070.4200.1118 | **팩스** 070.4170.4107 | **이메일** iu14@iubooks.com

**ISBN** 979-11-953255-7-3 03610

이 도서의 국립중앙도서관 출판예정도서목록(CIP)은 서지정보유통지원시스템 홈페이지
(http://seoji.nl.go.kr)와 국가자료공동목록시스템(http://www.nl.go.kr/kolisnet)에서
이용하실 수 있습니다.(CIP제어번호: CIP2017010334)

*가격은 뒤표지에 있습니다.